支持幼儿主动学习与探索丛书

幼儿有效学习的支持策略

赵旭莹　主编

北京师范大学出版集团
BEIJING NORMAL UNIVERSITY PUBLISHING GROUP
北京师范大学出版社

图书在版编目（CIP）数据

幼儿有效学习的支持策略 / 赵旭莹著. —北京：北京
师范大学出版社，2025.1
（支持幼儿主动学习与探索丛书）
ISBN 978-7-303-29808-2

Ⅰ．①幼…　Ⅱ．①赵…　Ⅲ．①学前教育－教学研究
Ⅳ．①G612

中国国家版本馆 CIP 数据核字（2024）第 034802 号

YOU'ER YOUXIAO XUEXI DE ZHICHI CELÜE

出版发行：北京师范大学出版社 https://www.bnupg.com
　　　　　北京市西城区新街口外大街 12-3 号
　　　　　邮政编码：100088
印　　刷：北京虎彩文化传播有限公司
经　　销：全国新华书店
开　　本：710mm×1000mm　1/16
印　　张：18.25
字　　数：299 千字
版　　次：2025 年 1 月第 1 版
印　　次：2025 年 1 月第 1 次印刷
定　　价：58.60 元

策划编辑：郭凌云　　　　　　　责任编辑：郭凌云
美术编辑：李向昕　　　　　　　装帧设计：李向昕　李　尘
责任校对：段立超　　　　　　　责任印制：赵　龙

编委会

序

"致天下之治者在人才"。当今世界的竞争，归根结底是人才的竞争。古往今来，人才都是富国之本、兴邦大计。习近平总书记在党的二十大报告中指出，必须坚持"人才是第一资源"，深入实施"人才强国战略"，坚持"人才引领驱动"。人才培养在党和国家发展战略规划中具有举足轻重的地位。幼儿是国家未来发展的希望与力量，学前教育是"基础中的基础"。在建设教育强国和教育高质量发展的背景下，推动幼儿深度学习、有效学习已成为幼儿园教育质量提升的关键所在。《3—6岁儿童学习与发展指南》《幼儿园教育指导纲要（试行）》《幼儿园保育教育质量评估指南》等相关政策文件均为幼儿学习设置了相应的内容要求和指导原则。教师如何"教"，幼儿如何"学"，如何"有效学"，是学前教育工作者需要深入思考的问题。

这本《幼儿有效学习的支持策略》从不同角度对幼儿的有效学习提出了具体可操作的支持策略。全书共七章，分别从幼儿有效学习的内涵与特征、幼儿有效学习的方法策略、幼儿有效学习的环境支持、路径与策略支持、评价支持、教师和家园共育支持等方面，对幼儿有效学习到底是什么、意旨何在、路径何在等一系列问题逐一展开阐释和论述。通读完整本书，有两方面的强烈感受。

一方面，这本书体现出了明显的理论和实践相结合的特点。幼儿园园长和教师作为在学前教育实践领域的深耕者，往往在著书论说上体现出重实践经验总结、轻理论分析与提升的趋向。该书开篇第一章就"幼儿有效学习的内涵与特征"进行了理论梳理，在理论分析的基础上结合实践，对幼儿有效学习的内涵给出了操作性定义，阐述了幼儿有效学习的行为表现。从第二章开始，该书的阐述夹叙夹议，不仅举证了大量的实践案例，还进行了必要的理论性陈述和反思，在一定程度上回应了"为什么是这样""为什么这么做"等现象背后更深层次的原理性、逻辑性问题。"理论是思想的先导，思想是行动的指南"。理论与实践相结合的写作方式既符合大多数人的阅读习惯，形象、生动、具体，又能够满足读者的学习目的，可借鉴性、可模仿性、迁移性、可操作性强。

另一方面，这本书体现出了强烈的"以人为本"的主体性取向。"幼儿有效学习"，显而易见，幼儿是主体。在前五章的内容中，该书都紧紧围绕幼儿、围绕幼儿的有效学习，以幼儿为本阐述了各种方法、路径、策略。其中思维导图和儿童会议，尤其是儿童会议，是在国际社会都比较前沿而时尚的以幼儿为本的教育方法。主题活动、自主游戏、生活活动、户外活动是幼儿园对保教活动较为经典的划分方式，在这些经典的保教活动中如何支持幼儿的有效学习，该书的阐述也无处不在地体现了"儿童视角""儿童为本""支持为主"等特征。第六章和第七章分别从教师和家园共育的角度论述如何支持幼儿有效学习。第六章以教师为本，围绕教师这一"教的主体"，探讨通过园本培训、园本教研、课题研究、深入班级指导等方式，在有针对性、导向性地推动教师专业发展的基础上，助力教师作为"支架"成为幼儿有效学习的支持者。第七章开篇就明确"家园共育既不是所谓的一方主导与另一方的'协作'，也不是传统概念上的'家长工作'，而是家长和幼儿园之间相互配合、相互尊重，以促进孩子的身心和谐发展为共同目的而实施的一种教育实践活动"，即家园共育是在发挥"家"和"园"各自主体性作用的基础上对幼儿的全面和谐发展起促进作用。书中所探讨的定位家园沟通主题、家长参与课程建设、构建专业家长课堂和多形式亲子活动等路径，都体现了开头就确定的"主体性彰显基础上的配角促进性"。

这本书汇集了很多人的智慧。我和主编赵旭莹园长相识始于2016年。她作为北京市推选的两名园长之一来教育部幼儿园园长培训中心参加为期一个月的第26期全国幼儿园骨干园长高级研修班（简称"骨干班"）的学习，被全班同学推选为班长。2019年，赵园长再次来到中心，作为北京市推选的唯一一位园长参加为期两年的第7期全国幼儿园优秀园长高级研究班（简称"优研班"）的学习，也被全班同学推选为班长。2023年，赵园长又一次来到中心，作为北京市唯一、全国23位园长之一，参加为期三年的"新时代中小学名师名校长培养计划"（简称"双名计划"）学习。教育部领导曾将骨干班、优研班和"双名计划"的培养依次类比为学士、硕士、博士。这8年间，赵园长不仅在中心研修中实现了本、硕、博的接连提升，也在北京市被先后评为特级教师、特级校长。成长历程中的累累硕果来自奋斗过程中的孜孜不息。不管是中心的专家老师、工作人员，还是全国各地的园长同学们，对赵园长的印象都是实干而亲和、低调而坚韧、谦逊而有学者风范。一如她主编的这本书给人的印象：理论和实践兼具，前沿且实用。

　　"求木之长者，必固其根本；欲流之远者，必浚其泉源。"在当前终身学习的浪潮中，从学前时期即帮助、支持幼儿有效学习，对于培养他们的终身学习能力具有重要意义，对于未来人才培养具有重要作用。衷心希望这本书能够为一线幼教工作者、理论研究者及家长等多维读者群体提供帮助，对幼儿学习和幼儿园保教质量的提升起到实质性的效用。

缴润凯

2024年12月2日

于教育部幼儿园园长培训中心

目 录

第一章

幼儿有效学习的内涵与特征

学习是人类发展的根本途径，对学习问题的探讨历来是科学研究的关键领域。当前，科学技术发展日新月异，综合国力竞争日趋激烈，关于学习问题的研究已远远超越学术研究的范畴，成为世界各国提高综合国力和创新能力的重要举措和手段。古往今来，人才都是富国之本、兴邦大计。党的二十大报告指出，必须坚持"人才是第一资源"，深入实施"人才强国战略"，坚持"人才引领驱动"。习近平总书记指出，"世界新一轮科技革命和产业变革正在重构全球创新版图、重塑全球经济结构"。人才是创新的根基，创新驱动实质上是人才驱动，谁拥有一流的创新人才，谁就拥有了科技创新的优势和主导权。在党和国家事业发展布局中，深刻阐释了新时代实施科教兴国战略、强化现代化建设人才支撑的总体要求和重点任务，明确了加快建设教育强国、科技强国、人才强国的出发点，具有非常重大的战略意义。

作为教育工作者，从多角度围绕学习开展研究，通过揭示学习的本质、认知和脑机制基础，探讨如何提高人的学习效率，培养高素质创新型人才，对于推进我国人才强国战略、建立学习型社会具有重大意义。人才培养要从娃娃抓起，早期学习对幼儿一生发展的重要作用不言而喻，特别是游戏中潜移默化地学习对幼儿未来的发展具有长远效应。

长期以来，教师对"如何教"非常关注，而对"如何学"则重视不够，普遍认为"所教即所学"，把主要精力投入提高自身教学能力来促进学生的学习。在幼儿园的教育中，我们会发现，教师花费大力气精心设计的教学活动却不一定都能达到预期的效果。主要原因在于，教师对教育对象的个体差异、学习方式缺乏了解，教师的教学还没有转变为基于幼儿个人兴趣的学习。教师有效教学的"有效"必须取决于幼儿的有效学习。如果教师不关注幼儿的学习行为，不注重通过对幼儿学习行为的观察来调整自身的教学行为，就有可能陷入固定的教学模式中，再努力也徒劳无功。本章重在帮助教师了解幼儿是如何学习的，明确幼儿有效学习的概念、内涵、特征及行为表现，深刻理解幼儿有效学习对幼儿发展的价值和长远意义，从而为适宜的教育实践打下理论基础。

第一节　幼儿是如何学习的

从心理学角度来看，幼儿的学习是一种复杂的认知和情感过程，涉及他们在早期生活中通过感觉、知觉、认知和情感等方面的经验和发展。不同的心理学流派对于幼儿学习有着不同的观点和理论。行为主义强调环境对幼儿学习的影响，认为学习是通过对刺激和反应之间的关联进行建立和加强的，是通过外部刺激和反馈来形成习惯和行为模式的，重视外界的激励和奖惩对塑造幼儿行为和学习成果的作用。认知发展理论强调幼儿的认知能力和内部心理过程对学习的重要性。例如，皮亚杰认为，儿童在不同的年龄阶段会经历不同的认知发展阶段，他们通过自主探索和与环境互动来建构自己的认知结构。认知发展理论强调幼儿自主学习和自我调节的能力，认为儿童在学习中是积极参与者。社会文化理论强调社会和文化环境对幼儿学习的重要性。例如，维果茨基认为，幼儿的学习是通过与他人的社会互动和文化工具（如语言、符号和工具）的使用来进行的。社会文化理论强调幼儿在社会互动中的学习过程，包括与成年人和同伴的合作、社会化和情境化的学习过程。发展心理学强调幼儿的发展和成长对学习的影响。幼儿的学习是在多个生态系统层面（如家庭、学校、社区）的相互作用中进行的，这些层面相互影响并对幼儿的学习产生影响。发展心理学强调幼儿的整体发展背景和情境对学习的综合影响。

这些心理学流派提供了不同的观点和理论，强调了不同因素对幼儿学习的重要性，包括外部环境、认知能力、社会互动和发展背景等。从心理学的角度来看，幼儿的学习涉及对外界信息的感知、加工和理解，包括语言、认知、情感、社会和运动等各个层面，同时也包括自主探索、试错、反思和与他人的互动等多种学习方式。幼儿学习的过程是动态的、个体化的，并受到环境、文化、社会和个体因素的相互作用影响。幼儿学习不仅是知识和技能的积累，还是认知和情感的综合发展，对幼儿整体发展和成长具有重要影响。

一、幼儿的学习特征

概括来说，现代儿童教育学、心理学对幼儿学习的理解已达成广泛共识：幼儿的学习是幼儿以自己的方式与环境互动，积极探索周围的社会环境、自然环境和物质世界的过程。[①] 克努兹的"全视角学习理论"认为在儿童期，幼儿的学习通常是无条件并且充满信任的，幼儿是天生的学习者，掌握环境和征服世界是其与生俱来的本能和驱力，但幼儿的学习又具有独特性。

幼儿具有探索和尝试的天性，在学习中表现出一定的自主性和主动性，通过自我调节和自我监控来掌握学习任务，通过自主的学习行为积极参与学习过程。张博、周欣都提出幼儿的学习应该是主动发现性学习，而不是被动地接受性学习。[②]

幼儿的学习具有整体性，幼儿的学习涉及感知、认知、情感、社会和行为等多个方面。幼儿在学习中通过感知世界、认知思维、情感体验、社会互动和行为表现等多种方式来获取新的知识、技能和经验。《3—6岁儿童学习与发展指南》(以下简称《指南》)指出"儿童的发展是一个整体"，因此幼儿的学习"要注重领域之间、目标之间的相互渗透和整合"。学者们也从多个角度论证了其整体性的特征。卢玲从生态学习观的整体性出发，认为儿童的学习活动应该是完整的生态系统，其独有的自组织特点能够促进儿童学习的协调和平衡。[③] 叶岚从经历学习的角度出发，认为幼儿阶段是一个学习的未分化期，因此幼儿真正的学习和所习得的经验都应该是综合而非分解和割裂的。[④]

幼儿的学习具有游戏性，学习往往通过玩耍和游戏的方式进行，他们通过与环境的互动和角色扮演等形式来探索和体验世界，从中获得乐趣和满足。幼儿在玩耍和游戏中逐步发展认知、情感、社交和运动等多个方面的能力。幼儿的学习还具有个体差异性。幼儿的学习会受到个体的认知能力、兴趣爱好、学习风格等方面的影响，还会受到个体成长的背景和环境等多方面的影响，因此每名幼儿都有其自身的学习特点和需求。我们要充

---

① 罗媛媛. 师幼互动情境对幼儿学习内容与动机的影响研究——基于全视角学习理论的观察与分析[D]. 金华：浙江师范大学，2022.

② 张博. 论儿童的学习方式[J]. 学前教育研究，2001(1)：11-13.

③ 卢玲. 生态学习观视野下的儿童学习初探[J]. 四川文理学院学报，2011，21(1)：127-129.

④ 叶岚. 经历学习：回归幼儿学习的本真[J]. 学前教育研究，2008(9)：58-59.

分理解和尊重幼儿发展进程中的个别差异，支持和引导他们从原有水平向更高水平发展，按照自身的速度和方式到达《指南》所呈现的发展"阶梯"，切忌用一把"尺子"衡量所有幼儿。

二、幼儿的学习方式

学习方式是学习者在学习过程中所采取的形式。幼儿的学习是建立在丰富的感性经验基础上的，幼儿倾向于通过感觉和经验来认知世界，他们喜欢通过触摸、咀嚼、嗅闻等方式来探索和了解事物。陈纳基于对直接经验获得和幼儿发展之间的关系的认识，提出直接经验的获得是幼儿期发展最适切的一种方式和途径。[①] 幼儿的学习通常是通过感性认知开始，从感觉和经验中获取信息，进而逐渐形成抽象的概念和认知结构。幼儿是在交往互动中学习，通过与环境中的人、事、物积极互动来获取新的知识和经验。有学者提出了交往学习、模仿学习、合作学习、冲突学习（根据学习过程中幼儿与他人的关系）是幼儿重要的学习方式。[②] 幼儿喜欢与他人互动、合作和分享，通过与同伴和成年人的互动来获得反馈和支持。社交互动对幼儿的学习过程具有重要促进作用，可以帮助幼儿构建语言、情感和社会技能。

游戏对幼儿的学习至关重要，幼儿通过游戏的方式在愉悦和放松的氛围中进行学习，通过角色扮演、模拟和探索等活动来获取新的知识和技能。游戏能够激发幼儿的学习兴趣和动力，提高他们的学习积极性和参与度。《指南》中明确提出"幼儿的学习是以直接经验为基础，在游戏和日常生活中进行的"。幼儿喜欢通过动手实践的方式来学习，他们倾向于通过亲自参与和操作来体验和掌握新的事物，通过制作、建构、装置等活动来加深对事物的理解和记忆。曹中平指出幼儿的学习都是通过言语和操作来进行的，其中操作学习是幼儿学习的基本活动模式。[③] 幼儿的学习通常是通过身体的运动和操作来实现的。同时，幼儿的学习还伴随着多感官的参与，如视觉、听觉、触觉、嗅觉、味觉等。幼儿通过多感官的参与可以更加全面地了解事物，从不同的感觉通道获取信息，促进他们的综合认知和综合发展。

---

① 陈纳. 幼儿应该主要学习什么——经验获得与幼儿发展关系的思考[D]. 武汉：华中师范大学，2014.

② 张博. 论儿童的学习方式[J]. 学前教育研究，2001(1)：11-13.

③ 曹中平. 操作学习——幼儿学习的基本活动模式[J]. 学前教育研究，2001(4)：14-16.

综上所述，幼儿的学习方式通常包括感性认知、在交往互动中学习、在游戏中学习、在动手操作中学习、多感官参与等，这些方式相互交织，共同影响着幼儿的学习过程和学习效果。因此，对于幼儿的学习，我们应该充分考虑其感性认知和亲身体验，创造丰富多样的学习环境，提供丰富的社交互动机会，鼓励他们通过游戏的方式进行探索和学习，提供丰富的动手实践机会，引导他们通过多感官参与来全面认知事物，并培养他们的自主学习能力。

此外，幼儿的学习方式通常是通过情感和兴趣来驱动的。因此，我们应该关注幼儿的情感需求，激发他们的兴趣和动机，使他们对学习充满热情和兴趣。同时，我们也要尊重幼儿的个体差异，充分考虑他们的兴趣、能力和发展水平，提供个性化和差异化的学习支持。

综上所述，幼儿学习的特征主要体现为幼儿学习的整体性与幼儿学习的积极主动性。在对学习内容的划分上，注重多样性和丰富性，强调通过参与真实的生活实践，在真实的情境中学习，而不是通过书本学习。在学习方式的划分上，强调直接经验的获得与操作性学习的重要性。前人的研究有助于我们更深入地理解幼儿的学习，对幼儿有效学习的深入研究具有启发意义。

第二节　如何定义有效学习

20 世纪 80 年代以前，人们对学习是如何发生的研究还只局限于获得过程。克努兹在提到学习过程这一观点时指出学习只有被作为一种社会过程才能得到理解，而所有的学习都包含两个非常不同的过程，这两个过程必须都是活跃的，学习才有可能发生。这两个过程，一为个体与所处环境互动的过程，二为心理的获得过程。[①] 所有的学习都是在一定的情境中发生的，忽略个体与环境互动的学习，必然无法真正地概括学习的实质。因而，学习的本质不仅要考虑幼儿在活动中学到了什么，还要兼顾学习的整个过程。本节重在探讨什么是幼儿的学习，明晰学习品质、深度学习、有意义的学习几个概念，并在此基础上厘清关于幼儿有效学习的概念，对其内涵进行深入的解读。

---

① 张满满. 活动区幼儿学习有效性研究[D]. 重庆：西南大学，2015.

一、幼儿"学习"的相关概念辨析

（一）学习

从语义角度看，我国《辞源》对"学"的解释有仿效、学习、学问、学说、学派等意义；而"习"则解释为复习、通晓、习惯等意义。[①] 现代学习理论认为，有意义的学习一定是学习者主动建构的过程。中国传统文化中对学习过程的理解，一般概述为学——感知知识，思——理解知识，习——巩固知识，行——运用知识几个步骤。[②] 学习不仅是指经验的获取，还包括感情的投入、整个人的参与。幼儿的学习是在游戏和生活中通过直接感知、亲身体验、实际操作，不断建构对自我、对他人、对外部世界认知的过程，也是有意义的自我建构的过程。

（二）学习品质

学习品质主要是指学习态度、行为习惯、方法等与学习密切相关的基本素质，是在幼儿期开始出现与发展，并对幼儿现在与将来的学习都具有重要影响的基本素质。[③] 显然，学习品质不是指儿童学习的知识、技能本身，而是指儿童如何去获得知识、技能，包括学习知识、技能时的态度、倾向。《指南》在"说明"部分列举了好奇心和学习兴趣、积极主动、认真专注、不怕困难、敢于探究和尝试、乐于想象和创造等良好学习品质。其中"不怕""敢于""乐于"几个关键字，表明幼儿对活动和任务的积极态度和倾向。例如，教师教穿衣服，有的幼儿两手一摆跟教师说："我不会"；还有的幼儿画画的时候不敢下笔，说自己不会画。在具体的事件、任务面前，幼儿是愿意、乐于、善于，还是不愿、不敢、羞于，有着很大的区别，而这也是培养幼儿学习品质的重要性所在。学习品质作为一种态度、倾向对幼儿的学习有重要影响，包括幼儿的学习动机、过程和效果，也会影响到幼儿是否积极地运用所学的知识、技能。正如鄢超云教授所言，儿童拥有一种知识、技能、能力，并不一定意味着会使用。如果只是关注知识、技能本身，将知识、技能视作教育唯一的、最终的结果，儿童即使获得了这

---

① 广东、广西、湖南、河南辞源修订组，商务印书馆编辑部编. 辞源[M]. 北京：商务印书馆，1979：795.

② 张满满. 活动区幼儿学习有效性研究[D]. 重庆：西南大学，2015.

③ 李季湄，冯晓霞.《3～6岁儿童学习与发展指南》解读[M]. 北京，人民教育出版社，2013：50.

些知识、技能，也可能不会运用，不会继续探索、进一步持续学习。[①]

学习品质包括什么？根据《指南》及国内外学者的研究结果，归纳起来说，幼儿的学习品质主要包括好奇心与学习兴趣、主动性、坚持与专注、想象与创造、反思与解释等。[②] 各种学习品质之间是互相影响、互相促进的，幼儿对感兴趣的事物，在学习的过程中会更加主动、专注，遇到困难能坚持，反过来，专注和坚持获得了成功，也能增加幼儿对事物持续的兴趣，从而引发深度的学习和探究。总体来说，幼儿期是学习品质形成的重要时期，良好学习品质的形成可以帮助幼儿建立自信，养成良好的学习习惯，培养自主学习能力，为未来学业发展奠定坚实的基础，忽视幼儿学习品质的培养是短视而有害的。

（三）深度学习

美国教育心理学家本杰明·布卢姆提出的布卢姆学习分类法，是对学习层次的分类，将学习的层次分为记忆、理解、运用、分析、评估、创造六个层次，反映了人们思考和处理信息的路径。记忆和理解属于浅层学习的认知水平，倾向于对知识的简单描述、记忆或复制。四个较高级的层次：运用、分析、评估和创造属于深度学习的认知水平，更注重知识的运用和再创造。

从概念上来看，国外相关研究认为深度学习是学生在急剧改变中的世界里获得成功所需的知识与技能。深度学习帮助学生掌握核心的学术内容、批判性思考和解决复杂问题、协同工作、有效沟通，以及为学会如何学习做好准备。[③] 我国学者何玲、黎家厚提出，深度学习是指在理解学习的基础上，学习者能够批判性地学习新的思想和事实，并将它们融入原有的认知结构中，能够在众多思想间进行联系，并能够将已有的知识迁移到新的情境中，并做出决策和解决问题的学习。[④]

幼儿的深度学习在保留深度学习的理解与批判、联系与建构、迁移与应用的特征的基础上，强调幼儿深度学习的内容并不是一味复杂的，深度学习并不是超越幼儿理解能力的高难度内容的学习。田波琼、杨晓萍提出

---

① 鄢超云. 关于儿童的学习品质及其评价[J]. 学前教育，2021(6)：8-13.

② 鄢超云. 关于儿童的学习品质及其评价[J]. 学前教育，2021(6)：8-13.

③ ［美］詹姆斯·A. 贝兰卡. 深度学习：超越 21 世纪技能[M]. 赵健，等，译. 上海：华东师范大学出版社，2020：20.

④ 何玲，黎加厚. 促进学生深度学习[J]. 现代教学，2005(5)：29-30.

幼儿深度学习是指幼儿在与周围环境互动的过程中，通过自己特有的学习方式，积极主动地学习新的知识和经验，探索周围的社会环境、自然环境和物质世界，并将这些知识和经验纳入原有认知结构和迁移到新情境中，以发展其高阶思维和问题解决能力的一种学习。① 王小英教授认为幼儿深度学习是指幼儿在与周围环境互动的过程中，在较长的一个时段，围绕着富有挑战性的课题，全身心地积极投入，以及通过与同伴间的合作与探究，运用高阶思维，迁移已有经验，最终解决实际问题的有意义的学习过程。②

幼儿的深度学习绝不是指向高深的学习内容，也不是超越幼儿认知能力的小学化的学习内容。在幼儿深度学习的概念中，包含了几个核心的要素。在认知层面，强调问题解决能力的培养，是一种基于问题的学习，是一种主动的、批判性的学习；在动机层面，强调幼儿积极情绪的培养，是全人整体性投入的活动；在社会文化层面，体现的是一种人际互动，是植根于社会文化的建构过程。幼儿深度学习的逻辑框架包括：以问题解决为导向、以积极情绪为动力、以动手制作为依托、以同伴合作为支撑、以评价反思为主轴。③

（四）有意义的学习

自 20 世纪末以来，学习科学领域开始关注对更为真实的人类学习的研究，尤其关注实践中知识获得的学习，有意义学习便是其中之一。奥苏贝尔和罗杰斯都提出过有意义学习的理论。奥苏贝尔认为有意义的学习有以下几个特征：主动性，即学习者的学习是积极主动的，在学习活动中扮演主要角色；真实性，强调学习者在情境化的真实学习中建构新知识；建构性，学习者把他们的新思想融入先前已有的知识和经验中；合作性，学习者和同伴一起解决问题或完成任务。罗杰斯认为大多数有意义学习都是从做中学的，当学生负责任地参与学习过程时，就会促进学习；涉及学习者整个人（包括情感与理智）的自我发起的学习，是最持久、最深刻的。罗杰斯鼓励学生的自我评价，认为只有学习者自身才能对自己的学习效果做出

---

① 田波琼，杨晓萍. 幼儿深度学习的内涵、特征及支持策略[J]. 今日教育（幼教金刊），2017(Z1)：18-20.

② 王小英，刘思源. 幼儿深度学习的基本特质与逻辑架构[J]. 学前教育研究，2020(1)：3-10.

③ 王小英，刘思源. 幼儿深度学习的基本特质与逻辑架构[J]. 学前教育研究，2020(1)：3-10.

最合适的评价。① 因而，有意义的学习必须是建立在学习者已有的认知经验基础上的，能够引起内部的共鸣，并调动其好奇心、主动性等全身心积极参与，并会对全人的持续发展产生影响。幼儿有意义的学习主要是发现学习，是学习者通过提出问题、分析问题、解决问题进而自己发现主要的学习内容。因此，教师要以幼儿的认知结构和生活世界为逻辑起点，将知识学习与幼儿生活建立联系，帮助幼儿体会知识的意义和自己的价值。

对于以上有关幼儿"学习"概念的辨析，有助于我们更好地理解"有效学习"。综合上述理论研究，本文所指的"有效学习"不局限于对学习"有效率""有结果"的思考，而是对学习整个过程的一种强调，同时又注重全人的发展及情绪情感的充分调动。有几点思考是值得明确的：一是有效学习不仅是简单地获取知识，还需要理解、应用、分析、评价和创新等多种认知和实践能力的综合运用；二是有效学习还需要学习者有一种积极的学习态度和方法，如探究精神、自主学习、思维方法和学习策略等，以实现持续、深入、个性化地学习；三是有效学习不仅有助于学习者的知识储备和能力提升，还能帮助学习者更好地适应变化、解决问题和实现个人发展，成为一个具有终身学习能力的人。

二、幼儿"有效学习"的概念界定

在第 7 版《现代汉语词典》中，"有效"解释为"能实现预期目的；有效果"②。有效包括过程的有效和结果的有效两个方面。③ 单纯追逐结果的有效性侧重的是经济上的效益，讲求付出后的回报；而从过程的角度出发来论证有效性，则要求我们更多地关注人及人的全面发展。④ 因而，本文中提到的有效学习是在不忽视结果的前提下侧重于学习过程的有效。

沈舷指出有效学习是学会学习、发现学习，是知识的建构。⑤ 此观点将"有效学习"看作是一个过程，强调的是怎样学习，是探索性、研究性、理解性的学习过程。因此，不同研究者的视角不同，对何为有效学习给出的定义也各有差异，具体见表 1-1。

---

① 张满满. 活动区幼儿学习有效性研究[D]. 重庆：西南大学，2015.

② 中国社会科学院语言研究所词典编辑室. 现代汉语词典[M]. 7 版. 北京：商务印书馆，2016：1591。

③ 田兴江. 幼儿园数学教学的有效性研究[D]. 重庆：西南大学，2013.

④ 张满满. 活动区幼儿学习有效性研究[D]. 重庆：西南大学，2015.

⑤ 沈舷. 有效学习与有效教学[J]. 继续教育研究，2006(1)：132-134.

表 1-1 有效学习的不同定义

国内研究者	侧重点	定义
王玲玲	影响因素	兴趣；丰富精神生活；元认知能力；成功感；创造性思维。①
张庆林、杨东	知识的运用	是能够真正理解、灵活运用所学知识的学习，是推动能力和态度发展的学习。②
鲍银霞	学习策略 学习结果	在教师的指导下学生应用恰当的策略对学习内容进行主动的加工，在一定时间内较好地完成学习任务，达成学习目标，使自身获得发展的过程。③
贺雯	学习的整体	既应该包括学习过程中的高效率，学习结果的高收益，也应该体现在学习体验的积极性上，其中学习结果是衡量学习有效性的核心指标。④
李建平	教师指导	在一定的时间内，教师利用一些有效可行的教学方法，让学生学习掌握到更多的知识。⑤

通过上表可以看出，对学习有效性的分析，除了传统意义上对学习结果的侧重之外，仍有学者从影响因素、学习整体出发来对这一概念提出见解。但研究重点多在学习者自身知识获取的过程，没有把学习者放到大的社会背景下考虑何为有效学习。因此可以发现，现有的关于有效学习的研究多是侧重于学习的某一个方面，缺少将学习当成一个整体来考虑的研究。

综合上述研究及幼儿"学习"的相关概念辨析，本书认为，幼儿的有效学习是指幼儿在学习中能够充分利用自身潜力和资源，积极参与学习活动，建构和应用知识、技能和价值观，实现自我发展和终身学习的目标。有效学习是一种探究式、主动式、合作式的学习方式，强调学习者自主选择、

---

① 王玲玲. 有效学习的心理因素分析[J]. 江苏教育学院学报（社会科学版），2000，16(2)：35-36.

② 张庆林，杨东主编. 高效率教学[M]. 北京：人民教育出版社，2002.

③ 鲍银霞. 有效学习发生的条件及其对教师教学的要求[J]. 教育导刊（上半月），2005(9)：14-16.

④ 贺雯. 了解学习——学业心智模型的构建和测评[M]. 北京：北京大学出版社，2011：26.

⑤ 李建平. 小学数学有效性学习探究[J]. 教育教学论坛，2014(2)：96-97.

自我评价和自我调整，培养学习者的自我意识、自我控制和自我指导能力。

三、幼儿"有效学习"的内涵

现代儿童学习观认为，儿童的学习应该是主动的发现性学习，而不是被动的接受性学习，是生活体系而不是学科体系。教育的基本原则是使儿童身心获得自由、主动、全面、和谐的发展，因此，学习活动应以儿童为主体，发挥儿童的主体性，重视儿童在游戏中的学习和交往中的学习。[①]幼儿有效学习强调学习者在已有认知经验基础上，通过对学习内容主动掌握、学习过程积极投入、与周围环境良好互动所实现的人的全面发展的程度。

（一）幼儿有效学习强调有意义的学习过程

幼儿的有效学习强调的是学习过程而不是学习结果。对于幼儿来说，学习过程比学习结果更为重要，它们需要通过探索、发现和实践来建构知识和技能。只注重学习结果，不仅会降低幼儿的学习兴趣和积极性，还会限制幼儿的创造性和探究精神。幼儿的学习要经历的思考、探索、试错和发现等有意义的过程。在这个过程中，幼儿通过积极参与和互动来建构知识和技能，提高自己的认知水平和学习能力。有效学习不仅关注知识和技能的掌握，更关注幼儿的思维方式和学习策略，以及其在学习中的表现和态度。因此，有意义的学习过程是幼儿有效学习的重要组成部分。

（二）幼儿有效学习强调全身心参与

幼儿的有效学习强调全人参与，这意味着在学习过程中，幼儿应该全身心地参与学习，而不仅仅是被动地接受教师的指导。全人参与涉及幼儿的身体、情感、认知和社会等方面，是一种全面的学习体验。身体参与，是说幼儿的有效学习强调做中学，教师可以鼓励幼儿通过实验、绘画、手工制作、实地考察等多种方式亲身感知和体验；情感参与，是说有效学习注重鼓励幼儿在学习过程中表达自己的感受和想法，在学习过程中调动积极情绪，尊重他们的情感体验、兴趣爱好和个性发展；认知参与，是说有效学习强调幼儿主动探究、提问、思考，激发幼儿的好奇心和求知欲；社会参与，是说有效学习鼓励幼儿与他人交流合作，培养幼儿的社交技能和团队意识。

（三）幼儿有效学习强调积极的人际互动

在幼儿有效学习过程中，人际互动对幼儿的发展和学习都有着至关重

① 张博. 论儿童的学习方式[J]. 学前教育研究，2001(1)：11-13.

要的作用。幼儿往往会与同伴、教师及其他成年人有着频繁的交流和互动，这不仅可以增强幼儿的语言表达能力，还可以通过言语和思维的交流，建立幼儿的认知框架。积极的人际互动能帮助幼儿从他人的经验、观点和知识中获得启示和灵感，激发自己的好奇心和求知欲，还可以让幼儿感受到学习的乐趣和成就感，从而更加热爱学习和探索新知识。积极的人际互动还可以帮助幼儿建立自己的情感支持网络，获得来自家庭、学校和社区的支持和关爱，从而更好地应对学习、生活中的挑战和困难，促进他们的认知、语言、社交和情感发展。总之，幼儿有效学习离不开积极的人际交流和互动。

（四）幼儿有效学习强调自我评价和反思

在幼儿的有效学习中，自我评价和反思也是非常重要的一环。幼儿需要了解自己的学习进程，理解自己在学习过程中的优势和不足，通过自我评价和反思来发现自己的问题，探索解决方案，进一步提高学习效果。自我评价和反思可以帮助幼儿建立对自己的认知和理解，从而进一步提高学习效果。教师需要引导幼儿积极反思，帮助幼儿了解自己的进步和成长，同时，鼓励幼儿思考自己在学习中遇到的问题，并提供相应的帮助和指导。在这个过程中，教师还需要注意，不要强迫幼儿进行自我评价和反思，也不要给予过多的帮助，要让幼儿自己尝试思考和解决问题，这样才能真正提高幼儿的自主学习能力。

第三节　幼儿有效学习的价值、特征及行为表现

幼儿早期学习对终身发展起着奠基作用，其质量的优劣对人一生的学习和发展都有重要的意义，特别是游戏中的学习对幼儿的发展具有潜移默化的影响，影响着幼儿未来的发展。在实践领域，我们也逐渐认识到了幼儿早期学习的重要价值，从关注"学什么"，逐步转向对儿童"如何学"的研究。幼儿的学习是通过自己特有的方式与周围环境互动的过程，是幼儿主动地探索周围的社会环境、自然环境和物质世界的过程。因此，3～6岁儿童学习的关键是通过探究和问题解决促进儿童经验的发生和发展。但在实践研究中，我们发现在幼儿园教育实践中存在忽视幼儿个体发展、忽视幼儿个体学习的问题；在生活活动中则存在大量消极等待和时间隐性浪费等现象。基于以上情况，如何促进幼儿有效学习呢？学习的起点在于先验知

识，学习的两大关键在于记忆力和注意力，一旦人们懂得如何学习，将会更高效、更深入地掌握所学的专业技能。学习的终点在于清楚地了解学习目标，不仅在于懂得、更在于运用。因此，幼儿的发展离不开有效的学习，在游戏中学和在探究中学是幼儿最有效的学习。本节主要阐述幼儿有效学习的理论价值和实践意义，明晰幼儿有效学习的主要特征及行为表现，为教师观察和评价幼儿有效学习提供思路和借鉴。

一、幼儿有效学习的理论价值和实践意义

幼儿期是人类生命中最为重要的阶段之一，也是人类学习能力最为强大的时期。在这一阶段，幼儿的大脑发育迅速，身体协调能力逐渐增强，感知、认知和情感方面的能力得到迅速发展。对于幼儿来说，有效学习是他们全面发展和未来有所成就的关键之一，对幼儿有重要的发展价值。

(一)对幼儿而言：养成良好学习习惯，建立终身学习态度

幼儿在进行有效学习的过程中，通过制订自己的学习计划、主动积极思考和操作，在成人的引导、自我激励的坚持下，达成学习目标的自主性学习；通过自己的主动参与、师幼和幼幼之间的有效互动、学习材料上的支持、时间和空间上的支持、自身对知识的真正理解、自我反思和自我评价、积极的情感体验等进行的探索性学习；把所学的知识和技能应用于与他人的合作性交往活动中，能够认同合作的价值，具有合作学习的渴求和技能的合作性学习。幼儿像小科学家一样发现问题、解决问题，并在探究过程中获取知识、发展技能、培养创造力，逐步养成高效率、高效果、高效用的良好习惯，锻炼高批判性思维能力和养成终身学习的态度。

(二)对教师而言：重新认识教师的角色定位

"是故学然后知不足，教然后知困"，教师的"有效教学"和幼儿的"有效学习"是相互成就的，没有好的教师就不可能有幼儿的有效学习。教师在幼儿的有效学习过程中到底起着怎样的作用？尤其是在信息时代，需要我们重新思考教师的角色和定位。教师不能只作为知识的传递者，还需要在幼儿学习过程中扮演导师、引导者、启发者、合作者的角色。为了使幼儿能够有效学习，教师需要制订具体的活动计划，并根据幼儿的发展水平和兴趣特点调整教学策略。在教学过程中，教师需要及时地给予幼儿正面的反馈和鼓励，提高幼儿的自我效能感和学习兴趣；为幼儿创设适宜的学习情境，适时出场为幼儿提供必要的学习支持；识别与判断幼儿的最近发展区，确定学习内容，提供适宜的学习情境与材料，引导幼儿在实践中建构经验与获得发展。教师还需要捕捉引发幼儿有效学习的教育契机，一切脱离幼儿实际需求的"教"都将是无效教学。例如，当班内值日生因抢墩布发生冲突的时候，便体现了幼儿对于墩布是否好用已经有了一个初步的判断，此时教师可以选择购置新的墩布或者去尝试调停幼儿间的冲突，但这显然很难引发幼儿的有效学习。如果此时教师了解并确认班内幼儿对于此问题的认识与兴趣所在，为幼儿创设"制作墩布"的游戏情境，则会引发幼儿对于材料的吸水性、如何捆绑组装等问题的深入探究，则更可能引发幼儿与材料和同伴的互动，从而产生有效的学习行为。

（三）对幼儿园而言：深刻认识教育的根本目的——立德树人

幼儿园的教育目的是培养人，其根本任务是立德树人，促进幼儿全面发展。有效学习的过程不仅是学习知识，更不止于学习知识，还包括了情感、态度、价值观的培养。因此，幼儿有效的学习活动需要涵盖多个方面，包括绘画、手工、游戏、音乐、舞蹈、戏剧等各种形式的活动，通过多样化的学习活动来促进幼儿的全面发展。在有效学习过程中，注重培养幼儿的自主学习能力和主动探究精神，引导他们通过亲身体验和实践活动，积累丰富的经验，发展自己的认知结构和思维方式。幼儿的有效学习也强调学习的多样性和个性化。每名幼儿都是独特的个体，他们有着不同的兴趣、特长、优势和需求。教师应该根据幼儿的个体差异，采用多种多样的教学方法和策略，让每名幼儿都能够以自己的方式进行学习和探究。这样，才能最大程度地发挥幼儿的学习潜能，让他们在学习中感到自信和快乐。总之，幼儿的有效学习是一种注重过程、探究和个性化的学习，学习的过程是知识转化的过程，也是幼儿成长的过程，更是帮助幼儿形成正确的价值观和思维方式的过程，促进他们社会性的发展，从而为他们未来的发展奠定坚实的基础。

二、幼儿有效学习的特征及行为表现

学习是一个过程、一种方法、一套理解事物的体系。《应用学习科学——心理学大师给教师的建议》中明确提出："学习是指由经验引起的学习者知识的变化。"[①]早期的学习研究更倾向于将学习看作是个体层面知识与能力的获得，近期的研究则承认学习具有个体和社会的双重性。例如，丹麦学者克努兹·伊列雷斯提出学习包括内容、动机和互动三个维度。内

---

① ［美］理查德·E.梅耶（Richard E. Mayer）.应用学习科学——心理学大师给教师的建议[M].盛群力，丁旭，钟丽佳，译.北京：中国轻工业出版社，2016：14.

容与动机维度与个体的获得过程相关，互动维度则指个体和环境之间的相互作用。内容维度指我们学了什么，如知识、理解、能力。这是传统学习研究中备受关注的领域。动机维度指动力、情绪和意志等在学习过程中表现出的品质特征。动机维度是学习过程中不可分割的一部分。互动维度是指个体与其所处社会及物质环境之间的交互作用。由此可知，只有综合考虑这三个维度，我们才能理解个体学习的多样性。

对于有意义学习层次的研究，美国 L. 迪·芬克在他的著作《创造有意义的学习经历——综合性大学课程设计原则》中就布卢姆的学习分类的局限性做了分析，并据此提出了他自己关于有效学习的界定。芬克从六个层面对有意义学习的目标进行了阐释，提出这六个层面在其目标上是逐层加深的①，具体内容见表 1-2。

表 1-2　芬克有意义学习目标六个层面的具体内容

目标	要求
基础知识	掌握扎实完整的基础知识。
应用	增强对所学新知识的运用能力。
综合	将所学的知识与其背后所隐含的思想、环境、任务及条件等进行整合，建立联系。
人文维度	学会从人文与道德的角度看问题。
关心	保持学习探究的锐气与兴趣。
学会学习	提高学习能力。

英国的《早期基础阶段法定框架》（*Early Years Foundation Stage Statutory Framework*，以下简称《法定框架》）把儿童的学习与发展描述为这样一个等式（图 1-1）。

独一无二的儿童 ＋ 积极的关系 ＋ 支持的环境 ＝ 学习与发展

图 1-1　儿童的学习与发展等式②

---

① ［美］芬克. 创造有意义的学习经历——综合性大学课程设计原则[M]. 胡美馨，刘颖，译. 杭州：浙江大学出版社，2006：58.

② ［英］海伦·莫勒特（Helen Moyletls）. 有效早期学习的特点：帮助幼儿成为终身学习者[M]. 王兴华，等，译. 北京：北京师范大学出版社，2019：5.

可以说，这个等式反映了儿童学习的个体（独一无二的儿童）与社会（积极的关系、支持的环境）的双重性。在"独一无二的儿童"这一原则下，英国的《早期儿童基础教育指南》（*Development Matters in the Early Years Foundation Stage*，以下简称《教育指南》，与《法定框架》为同一系列的政府文件，非法定的，用于支持实践工作者更好地落实《法定框架》的内容，达成《法定框架》要求的早期基础阶段发展目标）提出可以从三个方面观察儿童有效学习的特点：游戏与探索、主动学习、创造性与批判性思维。[①]

综合以上研究，幼儿的有效学习有以下几个特征。

（一）主动参与

主动参与是幼儿有效学习的典型特征，幼儿在探索世界、学习的过程中表现出主动性和自主性。幼儿是热情、投入的主动学习者，即使没有外部奖励，幼儿也有动力去学习新事物，探索和发现自己的行为对环境的影响。[②] 幼儿在有效学习的过程中积极参与，表现出好奇心，通过自己的努力探索、发现和创造取得学习的成果。同时，有效学习还具有一定的自主性，在教师的指导下，幼儿自主选择在哪里、和谁一起、做什么及如何做，逐步形成独立思考、决策的能力。这不仅可以帮助幼儿获得知识和技能，还能够培养他们的学习兴趣和自信心。幼儿主动参与的主要行为表现见表 1-3。

表 1-3　幼儿主动参与的主要行为表现

维度	幼儿行为表现
全神贯注	○在一段时间内持续地专注于活动。 ○精力旺盛且入迷。 ○集中注意力。 ○关注细节。
不断尝试	○遇到挑战时，坚持完成活动。 ○相信多努力，多尝试，就会成功。 ○遇到困难后能重整旗鼓。
为目标的实现而欣喜	○对自己的目标达成感到满意。 ○为完成任务的过程而不仅仅是得到的结果而感到骄傲。 ○享受挑战，而不是外在的奖励或表扬。

---

① 任建龙. 英国早期儿童基础教育指南（EYFS）概览——以 2017 年修订版为例[J]. 早期教育（教育教学），2018(5)：15-17.

② ［美］安·S. 爱泼斯坦（Ann S. Epstein）. 学习品质：关键发展指标与支持性教学策略[M]. 霍力岩，等，译. 北京：教育科学出版社，2018：28.

对于早期学习而言，让幼儿自己选择感兴趣的学习内容，他们会更容易投入。有效学习十分关注幼儿的兴趣——他们自己如何发现事物，以及他们对学习的热爱。有效学习中的幼儿沉醉于自己的想法时，会经常重复、练习和发展这些想法，这体现了他们深度参与学习的方式。学习投入可以作为衡量个体心理活动的指标，观察幼儿的学习投入状态能看出是否真的有学习发生。拉弗斯对学习投入做了如下描述：很强的动机、对活动本身着迷、完全地投入、不计较收益……关键是投入过程中的满足感都来自内在(而不是外在的强化)探索的动力、对人或物的内在兴趣等。

（二）批判创造

幼儿开始了解周围的世界时，会通过创造和批判性思维改变自己对世界的认识。这部分内容强调了给予幼儿时间去重复、记忆和拓展他们的想法的重要性。幼儿如何生发想法、如何掌控自己的学习，从而具备独立性是有效学习的重点。反思是儿童批判性思维的主要表现之一。儿童将他们现有的知识应用到新的情境中时，如何增长知识，如何在想法、感情、关系之间建立联系的？有效学习强调在幼儿学习方式背后的思维方式，例如，当幼儿讨论他们在做什么及为什么这么做时，一个想法引出另一个想法。幼儿的思维方式让他们有自己的观点，他们能迁移已有的经验去解决问题，做事情有自己的策略和方式。观察幼儿的日常游戏，我们可以发现，他们有很多精彩的想法和问题，这充分说明他们有能力进行深入的、有想象力的、有创造性的思考。幼儿批判创造的主要行为表现见表 1-4。

表 1-4　幼儿批判创造的主要行为表现

维度	幼儿行为表现
有自己的想法	○想出主意。 ○寻求解决问题的办法。 ○探求做事的新方法。
建立联系	○联系已有经验，关注经验中的模式。 ○做出预测。 ○验证想法。 ○学习分组、排序、因果关系。
选择做事的方式	○制订计划，为如何完成任务、解决问题和达到目标做出决定。 ○检查活动开展的情况。 ○根据需要改变策略。 ○反思运用的方法是否奏效。

（三）合作互助

幼儿的有效学习强调积极的人际交往互动，人际交往有以下几个基本功能：交流信息；组织共同活动；形成和发展人与人之间的关系，增进人与人之间的相互了解。幼儿的学习是自主建构与社会建构的统一。自主建构指学习主体在学习过程中生成和建构知识的过程。幼儿自主建构是在主动学习的基础上强调幼儿学会学习，透过内在的驱动力，主导自己的学习，是对自己的学习进行自我设计和自我转化的主动建构过程。

除了自主建构活动，幼儿的学习方式还有合作学习，尤其是同伴间的合作互助。幼儿与同伴围绕一个共同目标，分工协作、克服困难、齐心协力完成任务或解决问题，合作的过程不仅帮助幼儿联合建构新的知识，也帮助幼儿实现认知、情感及社会性等多方面的发展。幼儿学会合作的前提是具有一定的人际交往能力。幼儿知识的获得固然来自自己的经验和感受，但是在交往的过程中，通过与别人的分享也无形之中扩大了幼儿的信息获取渠道。人际关系越丰富，幼儿就能在越广阔的交往空间中得到更广阔的发展。在有效学习过程中，幼儿需要学习与他人合作，并进行分工、交流、分享、互助等。教师要引导幼儿在合作过程中了解他人的权利，不过度指挥或顺从，区分有意或无意的行为，平衡自己的需求和他人的需求。幼儿合作互助的主要行为表现见表1-5。

表 1-5　幼儿合作互助的主要行为表现

维度	幼儿行为表现
配合或支持同伴的行为	○愿意加入同伴游戏。 ○轮流分享玩具、材料。 ○能够与同伴进行分工合作。 ○愿意接受同伴的意见和建议。
尝试做一个领导者	○发起游戏，邀请他人加入游戏。 ○分配任务、角色。 ○引导同伴之间的合作。 ○认真倾听同伴的表达、情绪，平衡需求。 ○做出决策。
为达成团队共同目标而努力	○一起做事，考虑每个人的想法和贡献。 ○遇到问题互相协商、互相帮助。 ○团结一致，克服困难。

（四）评价反思

幼儿在学习过程中需要主动参与自我评价和反思，以便更好地了解自己的学习状况，及时调整学习策略，提高学习效果。评价和反思是幼儿发展自我认知和元认知能力的关键。自我评价是指幼儿能够通过对自己的行为、思考和成果进行观察和评估，对自己的表现和能力做出判断和评价。反思是指幼儿在自我评价的基础上，通过深入思考和总结，找到问题所在并改进学习方法和策略，提高学习效果。评价和反思能够帮助幼儿发现自己的潜在能力和不足之处，从而更有针对性地制订学习目标和计划，还能促进幼儿的学习动机和兴趣，提高学习积极性和自主性。更重要的是，学会评价和反思有助于幼儿元认知能力的发展，即能力意识和学习策略的提高，从而提高学习自觉性和能力。幼儿在进行自我评价和反思时，需要借助各种方法和工具。例如，幼儿可以使用记录表、画板、口头表达等多种方式记录自己的学习过程和成果，通过观察、比较和分析，自主发现问题和解决问题。同时，教师也应该及时给予幼儿反馈和指导，帮助幼儿更好地进行自我评价和反思。幼儿评价反思的主要行为表现见表1-6。

表1-6　幼儿评价反思的主要行为表现

维度	幼儿行为表现
回忆描述事情	○向他人展示玩过的东西或制作的作品。 ○回忆起做过的一件事的某些细节。
联系相关经验	○讲述一些做过的与当前事件联系密切的事情。 ○说出一段经历与已有经历相比，哪些一样，哪些不一样。
基于前期经验行动	○把自己正在做的事情和幼儿最初的计划联系起来。 ○学会分析原因，基于前期经验来行动。 ○发现问题，思考解决对策，通过验证后评价反思对策。

了解有效学习的特征和行为表现可以帮助教师全面了解幼儿的学习状况和学习需要，通过对这些行为的观察和评价，可以更好地了解幼儿的学习情况和进展，从而为幼儿的学习提供更好的支持和指导。总之，幼儿的有效学习需要综合考虑幼儿的兴趣、需求、感官体验、社会互动、游戏和探索及个性化教育等方面的特点。只有通过综合考虑这些方面，才能真正实现幼儿的有效学习。在评价幼儿的有效学习时，教师需要注意避免简单地以学习成果作为唯一的评价标准，应该多关注幼儿在学习过程中的表现和成长。

第四节　幼儿有效学习的影响因素

根据皮亚杰的认知发展阶段理论，3～6岁幼儿的思维发展主要处于前运算阶段。这一阶段幼儿的学习具有积极性、启蒙性、综合性、体验性、内隐性等特点，学习的方式包括动手操作、观察模仿、语言理解、社会交往、游戏活动等，这决定了幼儿的学习必然受到内部因素和外部因素的影响。[①] 幼儿的有效学习活动涉及幼儿自身、教师、同伴和家长等多个个体。因此，与这些个体相关的各种因素也影响着幼儿的有效学习。通过分析幼儿有效学习的影响因素，可以有针对性地提高幼儿学习活动的质量，促进幼儿的全面发展。对于幼儿有效学习的影响因素，学者们从不同维度进行了划分。本节从内部因素和外部因素两个角度来分析幼儿有效学习的影响因素。

一、内部因素

幼儿有效学习的内部因素，主要是幼儿自身因素，包括幼儿的学习动机、学习准备、学习兴趣、学习能力、智力等。

（一）幼儿的学习动机

学习动机指的是学习者在整个学习过程中，通过自我调节激发和维持学习行为，促进学习行为指向预定目标的内部力量。[②] 幼儿的学习动机是指他们在学习过程中产生的内在或外在的动力或欲望，驱使他们参与学习活动并持续努力取得学习成果，对其学习成就和学习行为有着深刻的影响。没有明确的动机，便没有自觉的行动。幼儿良好的学习动机能维持和调节学习活动的稳定并持久地向着完成既定目标的方向发展。

（二）幼儿的学习准备

学习准备是指幼儿原有知识水平和心理发展对新的学习的适应性。原有的知识和技能是新的学习产生的重要内部条件，不仅影响新的学习的成功，而且影响着学习的效率。注重新旧知识的联系是有效学习产生的重要条件，只有以幼儿原有的知识为基础，才能寻找到解决问题的线索，重组知识结构，从而形成新的知识和技能。

---

① 王小英. 幼儿深度学习的理论与实践探索研究. 理论篇[M]. 北京：清华大学出版社，2022：89.

② 孙红刚. 90后大学生学习动机的实证研究[D]. 上海：华东师范大学，2019.

（三）幼儿的学习兴趣

幼儿的学习兴趣是幼儿力求探究某种事物或从事某种活动并带有强烈情绪色彩的意识倾向。学习兴趣是幼儿学习积极性的一个重要方面，也是成长的"起点"，它通常不需要外在刺激来维持，是能够推动自己独立地、积极地、深入地探索事物的本质。学习兴趣既是过去学习的产物，也是促进今后学习的手段。

（四）幼儿的学习能力

幼儿的学习能力就是一切能够引导幼儿达到其学习目标的内在因素，解决"能不能"的问题。它是实现培养目标的基础，是有效学习的保障因素，也是"学会学习"这一目标的具体体现，在很大程度上会影响学习的结果。学习能力的差异不仅会影响到幼儿学习目标的实现，而且能影响到教学活动的有效进行。"自主学习"是幼儿通过自学、探索、发现获得知识的教学方式。幼儿成为主体的重要标志是能够自主操作特定的对象（客体），并从中获得发展。学习是幼儿自己的事，幼儿是学习的主导者，可以自主安排学习的整个过程，在明确的目的和方向指引下自觉、主动、有效地学习。幼儿自主学习能培养其主动发展的能力，使其形成良好的学习品质，培养自信心，激发学习兴趣。

（五）幼儿的智力

智力因素通常是指记忆力、观察力、思维能力、注意力、想象力等，即认知能力的总和，是一个人先天遗传和后天培养的结果。由于每名幼儿所处的生活环境不同，先天因素也存在差异，幼儿的智力因素会在一定程度上影响幼儿的有效学习。

二、外部因素

对于幼儿来说，学习的过程是与同伴、教师、学习环境互动的过程，学习的结果是获得关于周围环境的诸多经验，而非系统化的知识。因此，影响幼儿有效学习的外部因素，具体包括同伴关系、师生关系、家庭关系等。相对而言，合作学习是幼儿联合建构新知识的过程。在此过程中，幼儿能够实现认知、情感、社会性等方面的发展，因此培养幼儿与同伴、幼儿与教师、幼儿园与家庭及更大社会环境之间的学习伙伴关系，有助于形成合作的学习文化，助推幼儿全面发展。

（一）同伴

有效学习是幼儿从感知觉、思维、情感、意志、价值观等全面参与的、全身心投入的活动。同伴间的合作学习让幼儿在互帮互学、积极向上的氛围中主动地学习，不但能解决问题，还能培养幼儿乐于寻找规律、善于思考问题的好习惯。同伴间的互相探讨、交流、共同解决问题，使幼儿主动思考问题、积极发言、敢于表达、交流与合作、体验成功的喜悦，从而达到共同提高、共同进步的目的。同时，幼儿置身于一个充满信任、互相帮助、互相激励的学习环境中，可以培养其善于欣赏他人、学会倾听的习惯；还可以培养幼儿的探究能力和交际能力，激发其进行讨论与研究学习的愿望，增强对自己学习的责任意识。在同伴间的学习环境中，可以强化幼儿的团队合作意识和技能，促进幼儿积极地参与竞争，展现其个性特征，充分发挥他们的特长和智慧，从而提高幼儿的学习效率和教师教学活动的教学效果。

（二）教师

在教学活动中，既要有高效的教，也要有高效的学，只有两者相互配合的教学才是最优化的教学，才能真正达到有效教学。从根本上讲，教学的有效性取决于学习行为的质量，任何教学活动都应服从和服务于幼儿的学习。影响幼儿学习的外在因素很多，教师是对幼儿学习影响最大的外在因素，是影响幼儿有效学习最主要的直接因素。有效学习是教学中的幼儿学习，而不是一般的学习者的自学，因而需要教师的引导和帮助。有效教学关注的是教师的教学行为，但其最终的目的还是幼儿学习的效果。教师不再是教学活动中唯我独尊的控制者，而是转化为尊重幼儿主体性、欣赏幼儿独特性、支持幼儿创造性的促进者，具体表现为以下五个方面。

1. 教师的素质修养

教师肩负着教育和培养幼儿的神圣使命，其素质的高低直接关系到中国能否兴旺发达、繁荣昌盛。加强师德修养，提高教师的专业化素质，已成为新时代对教师职业素养的必然要求。幼儿教师职业的特殊性表现之一就是其劳动对象是可塑性强、模仿性强的幼儿。因此，教师要不断加强自身素质修养，用自己的人格魅力影响幼儿，用道德力量感染幼儿，为幼儿塑造良好的榜样。在具有良好职业道德与人格魅力的教师的影响下学习，幼儿的学习兴趣浓厚，学习效果明显。良好的素质修养不仅是教师个人的职业优势，也是幼儿有效学习的不竭动力。

2. 教师的专业知识

教师的专业知识是其学习、研究、总结的产物，良好的知识背景可以帮助教师有效地组织教材、选择教学行为并最终保证教学目标的实现。具有良好的专业知识是成为教师的最基本要求，也是教学能够成功的前提条件，能保障教学顺利开展并得到有效实施，还是幼儿有效学习的基础。教师专业知识上存在的缺陷会影响幼儿知识的获得和智力的发展，甚至影响到整个教育活动的质量和成效。教师只有深刻理解教学内容，才能在教学时由浅入深、循序渐进地将幼儿的间接经验转化为系统性的知识，使幼儿易于领会，只有教师的专业知识扎实了，教师队伍的整体水平才能提高，教学才会发挥出更大的作用。因此，实现幼儿的有效学习，提高教学活动的时效性，教师的专业知识至关重要。有效学习的提出，绝不是又多了一种新的教学模式或教学方式，而是鼓励教师深入探讨教学规律，研究幼儿的学习规律，从而真正地去帮助幼儿学习与成长。

3. 教师的教学方法

"教学无法、教无定法，贵在得法。"教师在教学中运用什么样的教学方法，不仅对幼儿掌握知识和技能有很大的影响，而且也影响着幼儿智能和个性的发展。教学方法的灵活多样是有效学习的根本途径。一个合格的教师只有根据自己和幼儿的实际情况，才能找到真正属于自己的独特方法。前提是先确立幼儿的最近发展区，即先确定幼儿的现有水平。幼儿的现有水平是指幼儿在没有任何外力帮助的情况下，能够独立完成任务的水平。换言之，教师要先确定幼儿现在知道什么、能做什么、对什么有兴趣、能够操作什么内容、能够以什么样的方式完成什么样的活动等，即知道幼儿"在哪里"；再选择恰当的教学方法来激发幼儿主动参与学习过程的兴趣。是提高幼儿学习有效性的必要条件。教师要根据教学内容和实际需要，采用适合教学情境的教学方法，并科学合理地组织教学，从而调动幼儿学习的积极性，使教学达到事半功倍的效果。不当的教学方法不仅达不到预期的教学目标，还会影响幼儿对学习的兴趣，浪费教师和幼儿的时间及精力。

4. 教师的教学能力

教师的教学能力是教师能力结构的核心，是影响教学效果的教师因素中最直接、最明显、最具效力的因素，对于幼儿的发展具有重要作用。信息技术的发展为教育的发展提供了空前的动力，教师要具有信息技术的运用能力。运用信息技术既有利于培养幼儿的学习兴趣，提高幼儿的参与程度，又有利于节约时间，把有限的课堂时间还给幼儿。教师学习信息技术，并掌握这项新的教学技能，是时代和职业的要求，也是自我发展的需要。

5.教师的教学态度

教学态度是教学行为的基础，任何教学行为都是在一定的教学态度指导下进行的。教师的教学态度在很大程度上决定了教师的教学质量和教学效果，是完成教学任务的重要手段之一。教学活动过程是师幼共同的活动过程。在这期间，教师的教学态度是一种潜移默化的强大力量，从知、情、意等多方面影响着幼儿。

（三）学习环境

有效学习的目的指向具体的、社会的人的全面发展，是形成幼儿核心素养的基本途径。有效学习强调有意义学习的教育性、发展性、目的性——无论是教学目标、教学内容、教学方法，还是师幼间的互动，都应该是有意义的，是积极健康地培养人的过程。有效的学习环境可以把有效学习进一步推向实践，设计良好的学习环境可以成为实现幼儿学习有效性的重要保证。良好的学习环境能给幼儿营造一种好的心境，是幼儿乐学的必要条件之一。因此，教师要给幼儿创造一个宽松的学习氛围，在良好的学习环境中激发幼儿学习的主动性、创造性。在接纳的、宽松的教学活动中，强调的是一种相互认同、相互接纳的关系，是为幼儿提供各种便利，促进幼儿主动地、富有个性地学习的活动课堂，是以幼儿的互动、帮助与分享为纽带的。环境中的"乱"与否彰显了幼儿主动探索的学习状态。环境作为"第三位教师"的支持促进作用表现在三方面。一是理解"乱"背后的幼儿学习契机，教师可以换个角度发现和解读幼儿的学习。二是识别支持，联结拓展。教师可以通过拍照，和幼儿一起讨论图片中有什么，为什么要这样摆放等内容。三是对标《指南》，理解发展。教师可以从《指南》中查找发展依据，对接幼儿学习与发展目标，聚焦幼儿发展，及时调整环境，为幼儿提供有兴趣的、全面的、差异的、深入的学习支架。在这样的教学环境中，幼儿的主体地位得到了重视，师幼间、幼儿间产生了良好的情感体验，可以激发幼儿学习的需要，强化幼儿学习的动机，有利于幼儿保持学习欲望，最终促进幼儿的有效学习。

第二章

幼儿有效学习的方法策略

幼儿是天生的学习者，掌握环境和征服世界是他们与生俱来的本能。从出生起，他们就积极地适应环境，用自己的方式方法认识和理解周围的世界。他们总是想努力弄懂他们所遇到的每一件事情，运用他们的已有经验来理解它们，构建自己关于周围世界的理论。幼儿有自己的思维，有自己对事物的逻辑关系理解和认知，他们也正在用自己的方式，不断地梳理和总结经验。

幼儿园是一个小的社会活动场域，幼儿在与人交往和互动的过程中不断碰撞出新的认知事物，用螺旋上升的方式积累自己的学习经验。有效学习是他们活动经验的直接来源，那么针对幼儿有效学习的方法和策略，幼儿积极地运用图画、符号、对话、倾听等方式进行学习，了解未知领域。

第一节　幼儿运用思维导图进行有效学习

幼儿运用思维导图能够迅速地将表达的关键信息整合，将思维的过程显性化、可视化，更加清晰观点、经验之间的联系。通过思维导图的运用，幼儿能够有效地进行思考与讨论，关注以真正需求为中心的进一步设计；能够帮助幼儿系统梳理和提升经验，逐步帮助幼儿建构逻辑思维，更好地推动幼儿的有效学习。

一、幼儿运用思维导图的内涵解析与价值

（一）思维导图的内涵

思维导图，是一种用图表形式表达发散思维的工具，把图像、色彩、关键词和想法等联系起来思考问题，能够可视化并有效地展现信息和观点。作为一种实用性的思维工具，以图文结合的方式表达层级及隶属关系。

（二）幼儿运用思维导图进行有效学习的背景及意义

1. 思维导图的背景

1960 年，东尼·博赞提出了思维导图的理念，作为一种认知性质的工具。思维导图自诞生以来被广泛应用于学习、工作、生活各个方面。英国已经把思维导图作为国民中小学的必修课程，新加坡、韩国、日本、德国、美国等国家的教育教学机构也已经开始对此进行研究和探索。思维导图已经被越来越多的人掌握和使用。什么是思维导图呢？它是表达发散性思维的一种图形思维工具，就像神经细胞一样，由一个点散发出多条线。思维导图作为一种革命性的思维工具，有效运用图、文信息，把各级主题的关系，用相互隶属或相关层级图表现出来，把主题关键词与图像、颜色等建立记忆链接，充分运用左右脑的机能，利用记忆、阅读、思维的规律，协助人们在科学与艺术、逻辑与想象之间平衡发展，从而开启人类大脑的无限潜能。它能够把我们大脑中的想法有层次、有重难点地在纸上体现出来，让看的人一目了然。绘制思维导图的同时能够让人思路明确、条理清晰，帮助大脑更好地记忆。

目前，思维导图也逐渐被应用到幼儿园的教育实践中，研究者提出思维导图注重快乐的情感融入，建立愉悦的神经链，对幼儿的思维发展有很多益处。[①]

2. 幼儿运用思维导图进行有效学习的意义

幼儿处于以自我为中心阶段，说话表达多以自我的成长经验和学习经验为中心，通过思维导图的运用，可以有效帮助幼儿共享学习经验，扩大同伴学习的辐射面，从而更快地提升幼儿的经验。幼儿的思维发展特点就是从形象思维发展特点向抽象思维过渡的一个过程，他们喜欢涂涂画画，用自己的方式进行表达。他们在理解抽象概念的同时，也学会了整理、分析、自我反思。

（1）思维导图是一种基于大脑自然的思维方式，它赋予幼儿的思维以最大的开放性和灵活性，从一个中心点开始向四周发散。这种独特的发散性结构，能够培养幼儿的放射性思维，激发幼儿丰富的联想力和创造力。

（2）思维导图增强幼儿思维的条理性。幼儿在绘制思维导图时，必须将脑中出现的各种想法按照一定顺序排列或者按照一定属性予以分类，绘制

---

① 吴丹丹. 初探思维导图在幼儿园教学中的运用[J]. 科学大众（科学教育），2017（12）：109.

成思维导图，让幼儿的思维变得更有组织、更清晰、更有条理。

（3）思维导图帮助幼儿把注意力专注在一个主题上，围绕主题思考与它相关的所有因素，对所研究的问题进行全面系统的思考，引领幼儿学习如何去思考一个问题，学会如何去做一件事情，不断提升幼儿提取信息、解决问题的能力。

（4）思维导图能够充分体现幼儿的思维特点，具有非常强的个性化特征，有利于幼儿个性的张扬，充分体现个体思维的多样性。

（三）幼儿运用思维导图进行有效学习的价值

1. 思维导图的运用助力幼儿有效整合所有信息

我们常常发现，孩子们会对生活中各种事情感兴趣，产生多样化的问题和好奇。这些有意思、有意义、值得被记录的事情之间是否存在联系呢？是否能够通过探寻其背后的现象、特点和关联，为幼儿提供更加适宜、更为有效的课程支持呢？思维导图的记录方式，能够帮助记录关键信息和整合信息，建构信息之间的联系，能够更加清楚地发现信息的归类、来源和引发这些信息或事件的线索，便于幼儿直观地看到自己的各种关注点。

户外活动时，孩子们发现了一只蜗牛，他们小心翼翼地接近它，并尝试用长长的树枝来挑动它。一个胆子大点的孩子伸出手摸蜗牛的壳。有的孩子说："这些虫子都有毒，不能用手来摸。"有的孩子说："这个就是下雨之后才有，晒一会儿就死了……"回班后，孩子们在图书区发现了一本关于蜗牛的书，于是老师和孩子们一起分享了这本图书。回家后，家长还上网给孩子们搜索了关于蜗牛的知识，他们了解到更多关于蜗牛的知识，同时了解了益虫和害虫的区别。

教师提出了关于蜗牛的话题，幼儿根据自己的理解进行了绘画补充说明。其中，中心内容是蜗牛，分支问题分别有：在哪里发现了蜗牛？蜗牛是益虫还是害虫？你从哪里获得关于蜗牛的知识的？你还有哪些新发现？在班里我们养蜗牛需要准备什么？这样的整理，让幼儿的思路更加清晰、明确，更好地捕捉和辨别自己的需求和同伴的关注内容，全身心投入活动中，倾听同伴的对话，积极查阅相关资料，攻克每一个问题，成功地激发了幼儿的有效学习兴趣点。

2. 思维导图的运用助推幼儿多元思考

思维导图能够助推幼儿进行联想和发散性思考，从多角度建构对主题的思考和关键意义，突破原有的思维定式，呈现出批判性思考、形象性思考、类比性思考等特点。思维导图开拓幼儿天马行空的想法，让幼儿的学习更加充满乐趣和不确定性，支持幼儿打开思路去进行实践，产生更多的对话和参与行为，与同伴和教师的互动行为更加深入，让学习更加丰富多彩。

例如，区域活动中幼儿对湿拓画的兴趣，引发一系列的主动猜想、探索和感知行为，如何推动幼儿更为有效地探索和学习呢？教师可以引导幼儿运用树状图和多重流程图，从环境变化、材料使用、同伴经验、成人介入，以及可能引发的学习行为、可能产生的问题等方面激发幼儿有效学习的思考。在这个过程中，幼儿不断回顾和分析现有的兴趣和行为表现，分析已有经验和实际需求，并与进一步学习和研究之间建立连接。

3. 思维导图的运用能有效构建和谐的师幼关系

在使用思维导图的过程中，幼儿会先把自己的想法都记录下来，后续进行整合并与教师进行沟通，双向的交流及互听心声。这样开放性的活动，能让幼儿感觉到自己的想法被认可、自己的做法能够得到支持、自己的活动更有意义、自信心更加强大。教师支持幼儿的想法实现，让幼儿能够发现自己的力量和自己的独特价值。

例如，幼儿在观察螃蟹和乌龟的时候，因为碎了一个器皿，小乌龟没有地方住了。幼儿打算把小乌龟和螃蟹放到一起来饲养。这时候有的幼儿提出疑问："它们在一起会不会打架呢？""小螃蟹会不会把小乌龟夹伤？""小乌龟会不会用坚硬的壳来保护自己呢？"……幼儿有了很多的担忧。教师提示幼儿可以把自己的想法绘画出来，并尝试运用气泡图的方式进行整理，可以清晰地看到自己的担忧。在这样不断地调整过程中，幼儿把后续可能发生的一些事情也自主地进行了完善。就这样，教师与幼儿一起完成的设想和担忧都在计划内，并且通过大家都可以理解的方式进行了呈现。幼儿学会了使用思维导图整理内容，也和教师成了无话不说的朋友，这种关系的改变让教师能够发现幼儿身上更多的闪光点。教师总会说："原来孩子的想法这么多。以前我都认为孩子可能没有成人知识丰富，所以都需要我们来教。现在我发现在和孩子聊天的时候，他们有梦想、有希望。这样的精神也感染着我。思维导图呈现了他们庞大的认知。共建思维导图一起营造学习分享的过程，是那么的美妙。"

活动中，幼儿天马行空的想法，以及打破范式的游戏内容，总是能够吸引教师主动观察幼儿的游戏内容，并对幼儿的想法感到好奇，积极地近距离与幼儿接触，真正走进幼儿并和他们对话，倾听、参与他们的活动。教师能够倾听幼儿的每一个想法，同时能够让幼儿在活动中表达自己的观点，真正和幼儿一起成长、共同查阅资料、探寻答案，在这样的活动中，教师已经不是一个权威的人物，而是幼儿成长路上的同行者。一个个的活动实践之后，教师和幼儿都获得了很多以前不知道的答案。

4. 思维导图的运用能激发幼儿学习的内驱力

幼儿学习能力很强，教师可以在平时进行主题活动时潜移默化地渗透思维导图的内容，帮助他们更好地整合所有人说的问题，并且能够更加迅速地把每一个问题进行层次清晰的归类，目标明确。在运用思维导图的过程中，幼儿通过积极地思考，查阅资料，询问有经验的人等，去学习探索未知领域。通过思维导图的绘制，每一名幼儿都能够从整体到细节明确自己要做的事情，也能够清楚地知道同伴在做的事情，积极地去学习，互相鼓励，这是从发现问题到解决问题的一个过渡。幼儿在做自己事情的同时，也在不停地关注着思维导图图纸。在这种思维方式下，幼儿更能捋清自己的思考过程，知道自己下一步该做什么，有利于幼儿学会规划自己，长期使用思维导图更有利于幼儿养成良好的习惯，形成良好的思维模式。

绘制思维导图的过程，对幼儿有效学习起到了积极助推和丰富整合的作用，对帮助他们系统全面地学习有很大的价值。通过思维导图的绘画，幼儿学会了学习，丰富了学习方式，拓展了学习领域，能够根据一个主题进行思维发散，同时也能够试着把发散的思维进行归类和整合，他们在试着系统整合外界的资源和分析出所看所思所想。在使用思维导图的过程中教师学会了思考和整理，同时也打开了思路，整合了教育资源，并且成功地激发了幼儿对于思维导图使用的参与性，促进了幼儿的有效学习。

二、幼儿运用思维导图进行有效学习的策略

（一）思维导图常见的八种形式

根据对幼儿行为的细化和分解，建立与之相关联的思维导图内容，支持幼儿自主建立连接，主动进行设想，丰富经验认知，找准问题需要，有效运用思维导图，促进幼儿有效学习的发生和发展。

常见的思维导图有以下八种形式：圆圈图、气泡图、双气泡图、流程图、树状图、多重流程图、括号图、桥状图。

圆圈图：通过描述相关信息，展示与主题相关的知识的一种工具。在圆圈中心运用文字、图画或其他象征物展示被理解或定义的事物，在圆圈外面写下或画下与圆圈中心事物相关的信息。

气泡图：使用形容词或形容词短语描述物体性质或特点的一种工具。中心圆圈是被描述的主题，外面圆圈是描述主题的形容词或短语。

双气泡图：用来比较两个或多个事物的一种思维工具。在两个中心圆圈内展示被比较的文字或图片，中间共同连接的圆圈内展示两个事物间的相同点，外面连接的圆圈内展示两个事物间的不同点。

流程图：用来列举顺序、时间、过程和步骤等的一种工具。它主要用来分析事件发生的顺序及事件发展过程之间的关系。大方框中是事物发展的每一个主要过程，下面小方框是每个过程的子过程。

树状图：对事物进行分组或分类的一种工具。在最顶端，画出或写出被分类的事物，下面依次写出次级分类的事物。

多重流程图：用来展示和分析事物因果关系的一种工具。中心框是事件，左边是事件产生的原因，右边是事件导致的结果，多重流程图展示的是一个事件发生的原因和结果。

括号图：用于分析、理解事物整体与部分之间关系的一种工具。括号左面是写出或画出的事物名字或图像，括号右面是事物的主要组成部分。

桥状图：是一种用来类比事物的思维工具。桥型最左边横线的上下分别展示具有相关性的一组事物，按照事物的内在相关性，在桥的右边依次展示具有类似相关性的事物。

（二）幼儿常用的思维导图形式

在幼儿园中，不是所有的思维导图形式都适用，幼儿经常使用的有以下几种思维导图形式。

1. 气泡图

气泡图可以帮助幼儿总结原有经验，系统地理解中心事物，还可以培养幼儿的发散思维。

（1）幼儿运用气泡图进行有效学习

①气泡图需要一个中心点。

这个中心点一般情况下是幼儿关注的事物，小到蚂蚁、苹果，大到宇宙飞船、航空母舰，都可以作为气泡图的中心点。针对这个事物，幼儿会有很多种描述的方式。用定点的方式，满足幼儿生动丰富的探索观察需要。确定这个中心点一般情况下要遵循以下几个有效选择。

第一，中心点是一个具备多种特征的事物。对于特征单一或者特征较少的事物，幼儿能够一目了然地发现特征，但会导致幼儿探索和观察的兴趣减弱及气泡图的分支较少，不能有效地发展幼儿的思维。例如，识别瓶子盖就不适宜作为中心点，因为幼儿可以直接进行判断，没有太多的讨论点。但如果将瓶子盖的用途作为中心点，幼儿可以讨论的话题则趋于多元，可以拓展幼儿的思维。

第二，便于观察。自然界中存在的事物千千万万，其中不乏一些因地区、气候等原因不便于观察的现象和事物，如生活在北方的幼儿不方便观察江南水乡的小桥流水人家，生活在青藏高原的幼儿不方便观察海洋和沙滩等。在选择中心点的时候要根据生活的实际环境选择便于观察的事物。

第三，遵循幼儿兴趣。兴趣是幼儿学习的原动力，在选择中心点的时候，幼儿的兴趣不可忽视。幼儿对感兴趣的事物非常乐意去发现和观察，会主动进行询问并积极寻找解决问题的方法。例如，大班幼儿不再对萝卜、青菜感兴趣，而对宇宙探索更感兴趣，那么针对宇宙奥秘方面的内容教师要积极引导幼儿去运用，这样会带给我们意想不到的学习效果。

②气泡图要有很多分支。

中心点是幼儿关注的事物，分支则是这个事物在幼儿眼中的反映。但同一个事物在不同的幼儿眼中也不同，因此，在描述时使用的观察方法也不尽相同，总体来说有以下几种方法。

第一，按照一定的顺序进行观察，可以由上到下、由内到外、由表及里、由中心到四周等。按照顺序观察的优点是描述比较全面，基本不会有遗漏。

第二，没有顺序，随机进行观察。这种观察方法是幼儿比较常用的，大部分幼儿往往是按照自己的兴趣，先描述兴趣度高的，再描述兴趣度低的，对于不感兴趣的特征，往往描述不到。这种方式能够给幼儿很大的自由度，幼儿观察的热情比较高，参与度高，缺点是容易出现遗漏。

(2)不同年龄段幼儿应用气泡图的特点

小班幼儿在中心点的选择上往往会比较简单，食物、植物、动物这三类比较多，如苹果、小花、蚂蚁等。小班幼儿生成的分支数量较少，并且对于中心点的描述集中在表面现象，基本上是所见即所得，此刻看到什么就会描述什么。在使用熟练程度上，小班幼儿基本无法自己绘制气泡图，大部分需要幼儿口述、教师进行记录。

中班幼儿在中心点的选择上比小班幼儿要复杂一些，如面条、海棠树、金鱼等。在分支的构建上，中班幼儿在描述所见的前提下会增加一些对原有知识的运用，如对金鱼的描述中就出现了圆圆的眼睛、漂亮的尾巴、一直吐泡泡等特征。在使用熟练程度上，中班幼儿能够简单使用图标表示自己发现的特征，能够使用气泡图模板进行记录，在教师的提示和帮助下能够尝试自己绘制气泡图。

大班幼儿在中心点的选择上更为复杂，如解放军战士、航空母舰、战斗飞机等。在分支的建构上，大班幼儿除了会运用原有经验，还能够在进行查阅资料或者小实验之后将获得的新经验运用到气泡图中。在使用熟练程度上，大班幼儿基本能够自己运用气泡图描述比较简单的事物，如西红柿、奶牛等。

（3）幼儿使用气泡图进行有效学习的实践案例

寻找"越狱"的小仓鼠

活动由来

和往常一样，早晨值日生韵初和子航去照顾小仓鼠。突然她们慌慌张张地喊道："老师，咱们班仓鼠笼子门开了。"老师走过去一看，果然如孩子们所说，笼子门半开着。"还有小仓鼠吗?"珈玉闻声赶来。孩子们小心翼翼地在笼子里寻找小仓鼠的身影，满心期待之后却在孩子们脸上看到了失落的神情，小仓鼠不见了! 它会去哪儿呢?

活动过程

孩子们放下手里的书本和玩具赶紧四处寻找……一番寻找无果，就要开饭了。子航提议："咱们这样找下去不行，大家容易重复找一些地方，还会有遗落的地方没有找，咱们一起把所想到的地方都画下来吧。这样到时候大家分头去找可以找更多的地方。"大家对子航的提议都很赞同。为了更快地找到小仓鼠，孩子们运用了气泡图的方式进行记录。一轩画了一个有水源的地方，他认为小仓鼠离开了一段时间一定会口渴，所以会到有水的地方，于是标注了盥洗室和教师办公室。瀚墨："可是我见过幼儿园周围有猫，小仓鼠不会被猫抓走了吧?"他标注的地点是幼儿园后墙位置，那里常有猫出现。韵初说："老师之前说小仓鼠鼻子很灵，也许小仓鼠闻到香香的味道，想找一些吃的，跑到咱们厨房那边了。"她标注了去往厨房方向的路。孩子们认为小仓鼠也喜欢有花等植物的地方，所以画了像公园的植物角。大家还画了床，并用符号标注了床底下，觉得这个地方漆黑而且安全，还可以和小朋友一起午睡。他们还画了大滑梯，觉得小仓鼠"越狱"可能因为笼子里地方小很无聊，去孩子们平时户外最喜欢的滑梯玩了……就这样，孩子们用思维导图的方式记录了小仓鼠有可能去到的地方（图 2-1）。在之后的寻找小仓鼠行动中，大家手里拿着小棍、手电筒、花生米等，为了让小仓鼠能够听到声音，看到光亮，闻到食物的香气而迅速地出来。

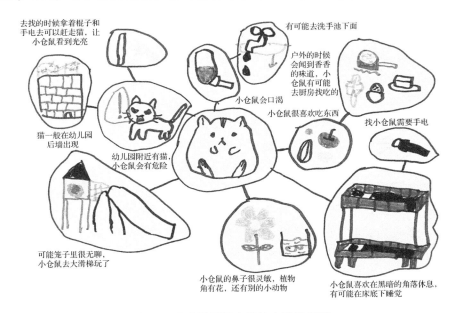

去找的时候拿着棍子和手电去可以赶走猫，让小仓鼠看到光亮

有可能去洗手池下面

户外的时候会闻到香香的味道，小仓鼠有可能去厨房找吃的

小仓鼠会口渴

小仓鼠很喜欢吃东西

找小仓鼠需要手电

猫一般在幼儿园后墙出现

幼儿园附近有猫，小仓鼠会有危险

可能笼子里很无聊，小仓鼠去大滑梯玩了

小仓鼠的鼻子很灵敏，植物角有花，还有别的小动物

小仓鼠喜欢在黑暗的角落休息，有可能在床底下睡觉

图 2-1　小仓鼠可能去的地方思维导图

经过积极地分组寻找，孩子们最后在老师办公室桌子下面的角落里找到了小仓鼠。孩子们哈哈大笑。老师说："原来小仓鼠也是一个爱学习的小家伙，想到这里找本书看呢。"有过这样一次经历，小仓鼠每天都能听到孩子们给它讲故事的声音。笼子的门也被大家进行了加固。

活动反思

幼儿遇到问题的时候能够冷静思考，并能够通过气泡图的方式，针对小仓鼠可能去的地方进行分析，有效地分散力量，发挥最大的价值。思维导图的运用，让幼儿将集体力量可视化，人员分工明确，地点标注清晰，为幼儿进行了有效的提取信息展示。

（案例作者：北京市大兴区第二幼儿园　薛静宜）

2. 流程图

流程图能够帮助幼儿发展先后思维，其特点是让幼儿的思维一直处于先干什么、后干什么、然后干什么的状态中，从而让幼儿对先后顺序、步骤或者时间进行感知。

（1）幼儿运用流程图进行有效学习

①流程图需要一个起点。

流程图所要表示的是一个事件。这一定是一个动态的，具有发展或变化的事件。起点就是这个事件的开始，可以是一个动作，也可以是一件事情。在确定起点时，幼儿应有以下考虑。

第一，起点是最先发生的。事件的特点具有明显的时间顺序，最先开始的一定可以作为起点。例如，洗手这件事情的起点是打开水龙头，吃饭这件事情的起点是拿起餐具，在幼儿园和小朋友分享自己家的玩具车这件事情的起点是要把玩具车从家带到幼儿园来等。

第二，起点具有代表性，是一个能够表示清楚事件部分内容的片段。事件的发展是一个动态的过程，发生变化的因素或者元素很多，我们无法将动态的事件全部记录下来，只能通过很多相对固定的片段来表示。在确定起点的时候，不可能把所有的片段都表示出来，这就要选取其中一个最能表示事件内容的片段作为起点。以洗手这件事情为例，我们要选取的片段是打开水龙头而不是把手放在水龙头开关上。

②流程图需要若干子过程。

子过程就是事件发展过程中的某一个片段，与起点一样，子过程同样具备代表性。每一个子过程都表示事件发生了比较大的变化。再以洗手这件事情为例，手部动作每发生一次改变，都是一次子过程，洗手的子过程有：内、外、夹、弓、大、立、腕。

③流程图会有明确的指向。

流程图的指向是指从一个子过程进行到另一个子过程，在绘制时用箭头表示。流程图的指向要按照时间顺序，这就要求在使用时要分得清先后，即起点之后是第一个子过程，再之后是第二个子过程……以此类推，直至事件结束。

（2）不同年龄段幼儿应用流程图的特点

小班幼儿在使用流程图时一般使用子过程较少的流程图，3个子过程比较适宜，一般不会超过5个子过程。小班幼儿应用的事件比较简单，如叠裤子、用毛巾擦手等，基本上是使用图片来表示子过程，一般能够分得清子过程发生的先后顺序，能够看懂箭头表示的含义。

中班幼儿在使用流程图时可以使用子过程在5个左右的流程图，最多不宜超过7个，可以看懂复杂一些的事件的流程图，如早来园五部曲、幼儿园的一日生活等。中班幼儿能够使用图画来表示子过程，但是表示的内容比较粗糙，能够使用箭头表示子过程发生的先后顺序，在教师的提示下基本能够完成比较短小的、内容相对简单的流程图绘制。

大班幼儿在使用流程图时能够使用子过程为 7 个左右的流程图，基本能够看懂比较细致的幼儿园一日生活各环节的流程图，能够在教师的提示下选取表示子过程的片段内容，并绘制内容比较细致的子过程，能够比较熟练地使用箭头表示指向，能够独立完成简单的流程图绘制，在教师的指导下能够绘制内容复杂一些的流程图。

（3）幼儿运用流程图进行有效学习的实践案例

有趣的扎染

活动由来

孩子们很喜欢最近新开的扎染活动区，都尝试着用各种折叠方式进行扎染。琪琪今天也特别想玩这个区域活动，她来到这里，直接拿起颜料就往方手绢上进行涂画。萱萱赶紧阻止他说："这个不是这样玩的，你应该先把这个方手绢折叠并用皮筋勒紧，固定造型，再……"

活动过程

琪琪认真听了萱萱的介绍，夸奖萱萱介绍得真详细，并且在萱萱的介绍下进行了一次方手绢的扎染。打开方手绢的时候，她兴奋地说："这个图案真漂亮，我当时做的时候都不知道会出现这样的图案。"她和萱萱说："你一个一个给小朋友介绍太辛苦啦，咱们把这个步骤都记录下来，这样大家来到这个区域的时候就知道怎么进行扎染了。"两个人觉得这是个特别棒的创想，于是开始行动起来。在行动的过程中，楚楚也主动参与了流程图的制作。在制作流程图的时候，萱萱说："这个图应该标注序号，还应该有个箭头，能够让学习的人一下子看出来。"楚楚说："一定要用一个明显的颜色来做箭头。"三个孩子制作了扎染流程图（图 2-2）。

活动反思

这是一次幼儿自发自主的学习。在互相学习的过程中，幼儿能够主动为他人考虑。此活动促进了幼儿逻辑思维的发展，帮助幼儿理清事物的发生过程和先后顺序，分析了扎染的内在程序和内在逻辑，帮助幼儿合理调控后续的活动。

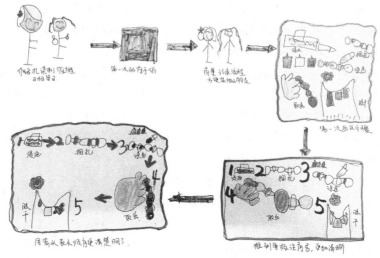

图 2-2　扎染流程图

（案例作者：北京市大兴区第二幼儿园　刘健）

3. 树状图

树状图中包含的元素有顶点、分支和连接二者的线。树状图能够培养幼儿的分类思维，通过按照特定的方式或者维度对同一个事物进行分类。

（1）幼儿运用树状图进行有效学习

①树状图要有一个顶点。

树状图中所谓的顶点可以理解成主干或者中心，位于树状图的顶端，对下面分支起着领导作用，同时也是思维的起点。在进行树状图的绘制时，最先要确定的就是顶点，顶点确定之后才能确定分类方式，进而对顶点进行分类。在确定树状图顶端时需要注意以下事项。

第一，顶点是一个内部存在一些复杂关系的事物。作为顶点，在树状图中需要进行下一步的细分，因此顶点具备被分类的基础，应是一个存在一定复杂关系的事物。适合幼儿使用的顶点一般内部关系比较简单，能够按照常见的分类方式进行分类，如有趣的昆虫、热带鱼等。

第二，顶点是一个贴近幼儿实际生活的事物。适合幼儿使用的顶点在选择上必须有利于幼儿的探索性思维发展，便于幼儿根据经验进行分类，因此要贴近幼儿生活，便于幼儿操作和发现，以便进行直接感知、实际体验和亲身操作，如班级里的玩具、幼儿园中的大树等。

②树状图需要一定的分类方式。

分类方式也可以说是思考的维度或者视角，对一个事物的分类方式可以有很多种。例如，班级中的玩具可以按照颜色、区域、大小等分类。幼儿通常会选择一种经验最丰富、使用最熟练的方式进行分类。由于每个年龄段的情况不同，详细使用情况将会在不同年龄段的幼儿使用情况中进行阐述。幼儿常用的分类方式有以下几种。

第一，能够描述事物外表特征的分类方式，如按颜色、大小、长短、形状等分类。

第二，能够描述事物常见特性的分类方式，如按生活环境、使用方式等分类。

第三，个别特殊的分类方式。这类方式主要是根据幼儿的兴趣来进行分类，可能幼儿并不能表述出分类依据或者为什么这样分类，但实际幼儿就按照这种特殊的方式进行操作。

（2）不同年龄段幼儿运用树状图的特点

小班幼儿的思维处在发展初期，一般不会独立选择顶点，需要在教师的提示和辅助下进行。小班幼儿能够接受树状图的基本样式，但不明白或者不能清楚表述顶点与分支之间的关系；在分类方式的选择上，能够按照图形、大小、长短、高矮等基本特征进行分类。在绘制树状图方面，小班幼儿需要在教师的帮助下进行，主要是幼儿口述，教师帮助绘制。

中班幼儿的分类思维发展具备了一定的经验，对于顶点的选择有自己的意愿，需要教师帮助进行简单提炼。中班幼儿能够读懂树状图，理解树状图所表述的分类思维；能够进行简单的树状图绘制，能够熟练使用基本特征进行分类并绘制出简单的一层分支，但对于比较复杂的树状图，需要在教师的辅助下完成。在分类方式的选择上，除了基本特征的使用，还会使用生活环境、生物特性等特征分类。

大班幼儿能够熟练地进行树状图第一层分支的绘制，在教师的提示下能够尝试进行第二层分支的绘制，但并不熟练。大班幼儿能够理解树状图所表示的分类思维，能够关注到性别、亲缘关系等具有社会属性的分类方式。

（3）幼儿运用树状图进行有效学习的实践案例

磁悬浮列车引发的磁力游戏

活动由来

小智从上海回来，就一直在说关于磁悬浮列车的事情。他说："磁悬浮列车可以开得很快，并且很稳，还没有那么大的噪声。爸爸说这是磁力的一种扩大。"所以在益智区中，他经常去摆弄磁铁。

活动过程

小智开始尝试用积木和磁铁制作他心中的"磁悬浮列车"。最开始，他用一块积木当作列车，用一块磁铁在后面推动。老师问他在做什么，他说："为什么我的磁铁不能推动这个木头呢?"然后他转手的时候磁铁遇到了铁珠子，一下子就吸了上来。这时候他恍然大悟，找出来好几块磁铁，在手中不停地对着摆弄，发现有的时候磁铁一下子吸在一起，有的时候感觉有力量在相互推。在不断地感知中，他用橡皮泥在积木尾端粘贴了好几块圆形磁铁，并且不断地调整手中磁铁的位置和方向，尝试推动积木，积木真的隐隐在动。他又找来一块大一点儿的磁铁，积木被推动了。他把磁铁反过来之后，积木一下子就被吸了过来。他感觉这样速度更快，于是开始用其他金属类的材料来吸这辆"列车"，发现有的东西可以把"列车"吸过来，有的不可以。在玩的过程中，他还自己用树状图的形式记录了可以被磁铁吸上来的物品，以及不能被吸上来的物品。通过树状图的制作，他不断尝试，并且不断丰富自己的树状图(图2-3)。他拿着一片小小的记录纸不停地在班级中走动，好像一个科学家在不停地尝试和记录。

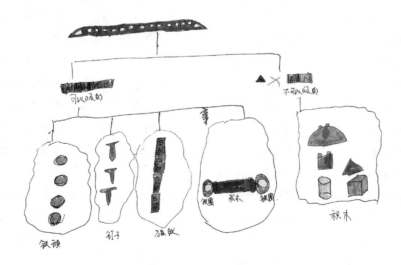

图2-3 磁铁可以吸和不可以吸的物品树状图

活动反思

幼儿在生活中能够有更多的学习空间。树状图的运用可以提升幼儿的分类思维，帮助幼儿认识事物之间的分类关系，从而培养幼儿的概括能力。幼儿借助树状图归类事物之间的共同属性，有利于幼儿同化知识，建构新的概念。

（案例作者：北京市大兴区第二幼儿园　许思佳）

4. 括号图

括号图包含的元素有整体、部分和表示整体与部分关系的括号。括号图所表示的思维关系是整体与部分之间的关系，通过括号这一符号将整体与部分连接起来。括号图发展的是幼儿的拆分思维，让幼儿能够通过括号图将某一个事物拆分成若干部分。

（1）幼儿运用括号图进行有效学习

①括号图要有一个整体。

括号图的整体也是思维的起点和中心点，作为整体或者起点的事物一定要具备整体性，也就是能够被拆分。在适合幼儿使用的括号图中，作为起点的整体事物一般是生活中常见的具体事物，如火车、地铁、和谐号、大兴机场等。起点也是制作一个括号图最先开始的部分，只有起点确定了，才能进行拆分。

②括号图有很多分支。

括号图中的分支也就是从整体中拆分出来的若干部分。一个整体存在两个及以上的部分，不存在只有一个部分的整体，因此括号图会有两个及以上分支。在对整体进行拆分的过程中，如何拆分是一个非常具有创造性的过程，特别是幼儿对一个整体进行拆分时会出现很多新奇古怪又富有趣味性的答案。例如，在对人体进行拆分时，幼儿就出现了脚指头这样有趣的答案。

（2）不同年龄段幼儿应用括号图的特点

小班幼儿能够大致理解整体与部分之间的组成关系，很难自己确定整体和拆分，一般是教师确定整体并引导其进行拆分。拆分的过程一般遵循事物的组织构成，也就是常见的拆分方式，由内到外，或者由上到下，比较简单的事物能够拆分出较多的部分，而比较难的事物拆分的部分较少且不完整。幼儿在绘制的过程中需要教师的帮助。

中班幼儿能够理解整体可以拆分成若干部分的逻辑，在教师的提示下能够理解若干部分构成整体，能够自主确定简单的整体，如香蕉、豆芽等结构简单的物品，能够在教师或者辅助材料的帮助下完成简单的括号图，对于结构复杂的事物在拆分时会遗漏一些部分，但是会在自己的实践中主动运用括号图。

大班幼儿基本能够理解若干部分构成整体的思维，能够自主确定较为复杂的整体，如人体器官的构成、动物的身体结构等。他们能够自主进行括号图的绘制，但在拆分整体时仍然存在部分遗漏现象。

(3)幼儿运用括号图进行有效学习的实践案例

搭建天安门

活动由来

国庆节刚过，孩子们都在谈论关于国庆节的内容，有很多孩子表示自己参观过天安门，并且在天安门城楼前拍照留念过。孩子们的讨论引发了教师的关注。孩子们眼中天安门到底是什么样子的呢？

活动过程

天安门到底是什么样子的？孩子们有的说天安门是红色的，有的说天安门有两层……老师提议用括号图画出自己喜欢的天安门，激发了孩子们的兴趣。大家开始思考可以从哪几个方面绘制括号图。经过一轮讨论，大家认为可以从天安门的外形、天安门的历史及天安门的地形分布三方面表达。通过进一步的细化，孩子们把三方面的内容进行了延伸。天安门场景及孩子们喜欢的天安门括号图(图 2-4)清晰地表达了孩子们的各种观点之间的交锋与关联。

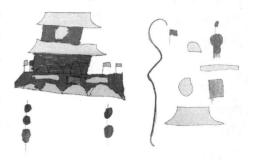

图 2-4 天安门场景及孩子们
喜欢的天安门括号图

活动反思

括号图的使用将天安门的主要知识系统化。特别是关于天安门的外形、构造等可观察的内容与历史沿革、爱家乡和爱祖国的情感进行了关联，构成了一个统一的整体，让幼儿对关于天安门的认识更加立体与丰满。

(案例作者：北京市大兴区第二幼儿园　王嘉美)

三、幼儿运用思维导图进行有效学习带来的改变

(一)幼儿运用思维导图进行有效学习给自身带来的改变

1. 经验迁移，延伸更多方法进行有效学习

在绘制思维导图的过程中，幼儿的思维方式发生了改变。思维导图就

是一种思维逻辑的呈现。在不断运用的过程中，幼儿学习了这种思维模式，对于思维导图也不再局限在八种思维形式上，开始了自己思维方式的迁移。表格的使用、列表的分类等都开始在他们中间发生、发展。思维逻辑也越来越有条理。运用思维导图让幼儿学会了思考的模式和思维的梳理方式。

2. 经验共享，促进同伴互相学习

每个人的想法都是不一样的。以前我们通常会用少数服从多数或者石头、剪刀、布的方式来做出决定。但是现在在绘制思维导图的过程中，幼儿在表达自己观点的时候，能够看到并听到其他人的观点，会进行自我调节，自觉地分析出别人和自己的观点相同的地方和不同的地方，分析并做出合理的决定。幼儿在实践中学会了尊重、理解，也学会了分析比较问题的方法。

3. 审美提升，助力色彩格局的学习

思维导图带给幼儿更多的审美体验。一个很好的思维导图画面很美、很整洁，让人既能看到思维方式，又能看到很多有意思的图画。由于幼儿大多数使用的是图画表示法，他们之间有模仿，有创新，能够互相取长补短，绘画水平有了很大提高。随着幼儿绘制思维导图能力的提升，他们从追求内容逐渐发展到关注画面的美观。

4. 利用社会资源，让资源利用最大化

思维导图的运用让幼儿由原来只关注自己眼前的事情，逐渐着眼身边的资源，如家庭、周边社区、街道、公园等。幼儿将自己的所见所闻甚至是社会资源运用到思维导图中，积极地共享经验，让资源利用最大化。

(二)幼儿运用思维导图进行有效学习给教师带来的改变

1. 构建平等的师幼关系

随着幼儿不断地使用思维导图进行有效学习，他们的思考模式越来越清晰，但是在主线索方面有的时候还不是很清晰，这就需要教师运用一些方式方法对幼儿进行沟通和引导。教师需要做的就是一个方向性的把握，让幼儿学会从几个大枝干开始不断地反问、归类、整理。通过这样积极的对话与学习，教师不再是权威的领导者，幼儿和教师平等地进行心与心的交流和沟通，师幼关系越来越平等和谐。

2. 激发彼此学习的动力

在运用思维导图的过程中，幼儿天马行空的想法总是激励教师要不断学习，才能跟上幼儿的脚步。幼儿的兴趣需要，以及对思维导图想了解的未知领域，让教师对幼儿的有效学习和深度发展充满期待。

（三）幼儿运用思维导图进行有效学习给家长带来的改变

1. 积极参与幼儿园活动

家长以前认为幼儿园里就是玩。但看到幼儿绘制的各种思维导图，以及其中涉及的问题解决方法和有效信息分享、问题解析、提取信息等内容时，家长是惊讶的，他们没有想到幼儿能这么有想法，有能力，于是主动参与活动，积极与幼儿一起探索有意思的事情。

2. 转变了交流的方式

家长不再把幼儿看成一个孩子，而是像对待成人一样平等地与他们交流。遇到事情的时候，家长也会问问幼儿有哪些想法，可以怎样去解决这个问题，而不是以往的我说你听的方式去解决。与家长的平等沟通，让幼儿有了更多的思考动力。

四、幼儿运用思维导图开展深入学习的连续案例

热气球的故事

活动由来

到了大班，孩子们已经不再喜欢那些萝卜、青菜的研究故事了，他们开始对社会、周围世界新鲜的认知感到好奇，愿意去探索更多的科学内容并建立自己的理论，进行大胆尝试和实践。结合孩子们的发展兴趣和需要，在区域投放材料的过程中，老师注重了低结构材料的投放，并制订了投放计划（图 2-5），在实际操作的过程中尽量满足幼儿不同的想法。

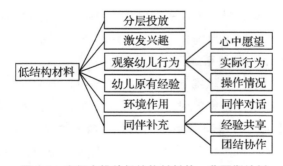

图 2-5　班级中投放低结构材料的一些预期计划

美工区中的小木棍就引发了孩子们对热气球的畅想，并且经过自己的努力在一步一步地实现他们的梦想。

活动过程

故事一 我想做个热气球

实录：4月9日，整个区域活动时间，杰成都用吸管和纸杯在活动区里摆弄着，甚至连头都没有抬起过。老师很好奇他在做什么。杰成告诉老师，他做的是热气球。旁边的洛林看到后，觉得很有意思，也想做一个这样的热气球。杰成很认真地给洛林讲了自己设想的制作方法。老师问他们在哪里见过热气球，热气球是什么样子的等，他们一一向老师讲述，也说了自己还不太了解的地方。对于不太了解的问题，老师请他们想办法。他们决定问问其他老师或者小朋友。老师建议也可以在班级电脑里上网查询一下。

解读：幼儿总有令人意想不到的想法！杰成不仅在心里对热气球有了初步的设计，而且能够从材料盒里找到想用的材料，还热情地把自己的设想讲给同伴听。杰成和他的同伴正在建构自己的理论（图2-6），就是利用吸管和纸杯制作热气球。教师因为对杰成的奇思妙想感兴趣而关注他并询问他，让杰成对自己的设计有了更多自信。对于杰成和洛林自由而主动地交流沟通，教师带着好奇和问题参与进来，发现问题并协商解决办法。

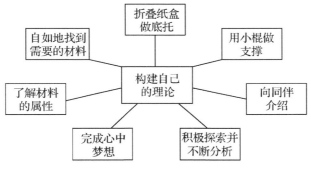

图2-6 构建自己的理论

故事二 带有小筐子的热气球

实录：4月15日，杰成和朋友们这几天一直在用吸管和纸杯做热气球。今天他们有了新的想法，想做一个跟以前不一样的热气球。于是，老师建议大家先讨论一下，说说真正的热气球到底应该是什么样的。他们说，真正的热气球应该是可以飞起来的、下面有个筐子，能够点火。还有的孩子说应该有艘大船拽着热气球，所以还应该有绳索……（图2-7）

是的，真正的热气球下面都应该有个筐子。于是，杰成找来一张白纸铺在桌子上，反复比画，又经过测量、折叠、剪贴，几乎花了一个上午的

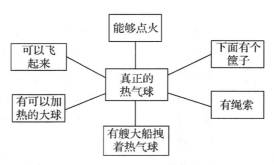

能够点火

可以飞起来

下面有个筐子

真正的热气球

有可以加热的大球

有绳索

有艘大船拽着热气球

图 2-7 真正的热气球是什么样的

时间，终于做出来一个方方正正的筐子。杰成兴奋地跑过来给老师看。老师赶紧拿出手机，为杰成拍了下来。这不是一个简单的筐子，而是杰成完成梦想的第一步。

4月17日，杰成从家里带来了一个吹好的气球，想在这个气球下面装上他前几天做好的筐子。他在组装的过程中似乎遇到了一些小麻烦。不过，杰成并没有着急，他在筐子的四个角上分别插上小棍，用胶条把小棍和气球粘在一起。可能觉得还不够结实，他又拿了个纸杯，将纸杯下半部分剪下来粘到了气球的下面。杰成说这是热气球的燃料盒。最后，他在气球的两个侧面贴上两根绳子，这个带有筐子的热气球就做好了。杰成的热气球吸引了孩子们，洛林举着这个带有燃料盒和筐子的热气球高兴地说："看，热气球飞起来了！"不少孩子也想做这样带筐子的热气球，杰成耐心地把自己的制作方法告诉他们，大家听得都很认真。杰成成了班里的热气球专家！

解读：杰成的设计越来越完美了。他能够接受同伴的信息和建议，想到用平面的纸张制作出立体的筐子。教师对他的新设想给予了充分的支持，没有计较他在这方面所花费的时间。当他高兴地拿给教师看时，教师为他拍下来表达了对他的支持与肯定。杰成也感受到教师的鼓励和支持，回到家里也在琢磨完善自己的热气球，才会从家里拿来吹好的气球，而且又有了更新、更独特的见解和做法。杰成的成功也带动了其他幼儿，他们都开始对热气球产生兴趣。好几名幼儿都围在杰成身边，用他的方法做热气球。看到这样的情景，教师也开始为他们准备更多的材料，等待着杰成为大家带来新的惊喜。

故事三 不会飞的热气球

实录：4月20日，杰成希望尝试让自己的热气球飞起来。于是，老师和班里的孩子们一起随杰成来到天台上。孩子们都兴奋地说啊，蹦啊。杰成反倒是很沉稳，老师想他一定更希望让热气球飞起来。

垚垚拿起热气球，却不知道如何让它飞起来。杰成建议给热气球一些气，有气才会让热气球飞起来。垚垚托起热气球，开始用嘴吹气，但是并没有成功。杰成说："垚垚一个人吹的气太少了。"于是，又有两个孩子加入了吹气的队伍。后来，他们又拿来一本书，用书使劲地扇着，但是，热气球还是没有飞起来。是不是热气球的高度不够才影响它飞起来呢？杰成提议把教室中的一张桌子搬出来，并请了班里最高的老师站在桌子上，尝试了很多方法（图2-8），热气球还是没有飞起来。杰成和朋友们都觉得很遗憾。

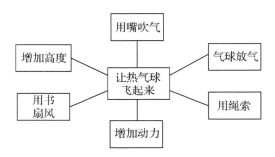

图 2-8　让热气球飞起来的尝试

解读：杰成和同伴正在发展着自己对科学家的身份建构，对各种尝试充满兴趣，对出现的问题也有着自己的思考和设想的解决办法。虽然他们这些小想法是不会让热气球飞起来的，但是教师没有立刻否定或直接告诉他们答案，而是让他们的每个想法都有机会得到验证。虽然吹气、扇风、抬高等多种方法都没有成功，但他们没有放弃。回教室的时候，他们还在商量新办法。

故事四　会飞的孔明灯

实录：4月22日，时雨带来了一个孔明灯。她说："孔明灯和热气球一样可以飞起来，只要点火就能够飞起来。"大家都很想看看孔明灯是怎样飞起来的，于是对着说明书动手组装起来。其间，大家遇到了一点儿小麻烦，好在请到了老师帮忙，孔明灯顺利地装完了。

在放飞孔明灯之前，杰成想到了安全问题，他们在孔明灯的两端分别系上了两根绳子，这样就能够控制孔明灯的方向和高度。点上了火，孔明灯缓缓飞起来了。孩子们高兴地跳着、喊着，感受着孔明灯带来的那种向上的力度。

解读：每一项成功的发明都离不开想象、坚持和信心。幼儿发现孔明灯与热气球的飞翔是相似的，虽然还不明白其中的原理，但是孔明灯的放飞成功为他们带来了很多信心。当然，幼儿不具备成人分析和思考的能力。所以，教师带着幼儿仔细观察了孔明灯和热气球，找出其中相似的地方，看看可以为大家的热气球带来什么样的启发。

故事五　热气球被烧着了

实录：4月24日，孩子们突然发现孔明灯的包装纸上写着"不怕烧的纸"。他们灵机一动，想用孔明灯做一个热气球。他们把没有组装的孔明灯裁剪好，用宽胶带粘贴，又找来一段不太粗的铜线连接底座。杰成很有信心地说："铜线是不会被火烧着的。"

然后，大家又一次来到天台，准备放飞热气球。老师帮孩子们点燃了火。就在大家等待热气球起飞的时候，热气球上冒出了小火苗。好多孩子喊道："着火了！"幸好大家提前准备好了灭火用的水，杰成赶快把水桶拎来，用水把火苗浇灭了。

解读：幼儿细心地发现孔明灯是用"不怕烧的纸"做成的，于是改用这种材料制作。杰成还想到了用耐燃的铜线连接热气球和底座。看样子，他们还是有生活经验的，而教师投放的很多材料也终于有了用武之地。这一次，幼儿还对安全问题进行了考虑，提前准备了灭火用的水，还真的派上了用场。当然，热气球还是没有飞上天，教师和幼儿分析了原因，并协商继续查找有用的资料，还可以去问更多的人。

故事六　热气球终于飞起来了

实录：4月27日，从杰成开始做热气球到现在，已经过去了18天。老师和孩子们分别上网、找书或是询问家长，一起分享着各自得到的信息。大家发现，放飞热气球并没有我们想象的那么难。杰成还告诉大家网上的一个小实验，用塑料袋做热气球，让热空气充满塑料袋，塑料袋就会飞起来。孩子们的讨论被教体育的袋鼠老师听到了，他是个爱玩的大男孩，也曾做过这样的实验，立刻充满兴趣地和孩子们一起做了起来。这一次，孩子们的热气球虽然外形比较简单，但是却充满了热空气。当他们放开绳子，热气球终于升向天空，"我们成功了！"（图2-9）热气球在孩子们的欢呼中飘得越来越远，带着他们的梦想飞向远方。

解读：热气球终于飞起来了。整整18天，从热气球的雏形，到一次次尝试飞翔，幼儿展示出自己的想象力、创造力，自信、灵活的解决问题方

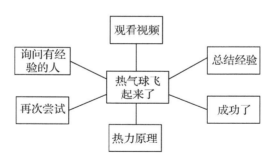

图 2-9　热气球飞起来了

式和有效的交流沟通能力。他们在遇到失败时并没有放弃，而是在教师的建议下，多方查找资料，最终找到了热气球飞翔的简单原理，也邀请了有相关经验的体育老师一起实验。最终，他们的梦想得以实现。

活动反思

走进幼儿的世界，教师开始了发现、支持幼儿的学习之旅。对教师和幼儿来说，每天都有美妙的故事发生。但教师的不少回应方法只是源于经验，甚至是一时灵感。思维导图的介入，让教师对幼儿的学习路径和方法策略有了更为理性的分析和思考，不仅会为自己和同事带来启发，还在不断尝试和总结的过程中，逐渐打磨自己的教育行为，提炼适宜的方法措施，让我们的教育理想得以实现并为幼儿带来美好的童年！

（案例作者：北京市大兴区第二幼儿园　刘健）

第二节　幼儿运用儿童会议进行有效学习

儿童会议是 20 世纪末期由英国学者艾莉森·克拉克和彼得·莫斯开展的"倾听幼儿"研究中提出的马赛克方法中的一种参与式研究工具，是儿童访谈的一种形式。

在幼儿园实践中，儿童会议往往被用于组织幼儿围绕一些关键主题提出问题并进行讨论，将得到的信息进行收集、归纳整理，推进活动的深入开展，从而依托实践促进幼儿的有效学习和深度发展。

一、儿童会议的内涵解析与价值

（一）儿童会议的背景

在提出儿童会议之前，我们需要先了解将其包含在内的马赛克方法。马赛克方法起源于 1999—2000 年的"倾听幼儿"研究项目，最初是作为特定的研究工具而开发的，旨在倾听 5 岁以下幼儿的意见和经验，以服务于评估幼儿，目的是为幼儿的声音做出贡献，并认识到幼儿对其环境的看法。它实则是用来倾听幼儿的研究范式，并不单单指一种方法，而是由一系列方法组成的"工具箱"，主要包含儿童会议、儿童拍照、幼儿园之旅、魔毯等，方便教师能够更好地了解幼儿在区域环境创设方面的想法、兴趣与需要。马赛克方法是一种融合了多元方法、多重声音的研究方式，把不同的视角结合到一起以便和幼儿共同构建一幅有关幼儿世界的图景。这个图景既可以是实践者和个别幼儿一起构建的，也可以是实践者和成群的幼儿、成人一起构建的，从而创造出既属于个人又能彼此共享的故事。

（二）儿童会议的内涵

我们常常说"儿童有一百种语言"，那么同样地就需要创建出"一百种聆听的方法"。儿童会议就是这了解"儿童一百种语言"的"一百种方法"中的一个。其使用的原则也是脱胎于马赛克方法中体现的四个儿童观及四个儿童形象，分别为：幼儿是"他们自身生活方面的专家"，幼儿是熟练的交流者，幼儿是权利的持有者，幼儿是意义创造者。

儿童会议很重视与幼儿的对话，可以由教师组织，也可以由幼儿组织，让幼儿围绕一定的主题表达自己的观点。通过儿童会议的开展，幼儿一方面可以锻炼自己的思维梳理和语言表达能力，另一方面可以聆听到他人的想法，去自我中心，使得讨论的主题内容趋于完善。

儿童会议的主题来源于幼儿一日生活的各个方面，尤其是幼儿出现认知冲突、游戏需要进一步拓展时。儿童会议的形式也是多种多样的，有会议、辩论赛、演讲、体验等形式。开展儿童会议的场地并不局限于室内或封闭的空间，可以移步户外或根据讨论的主题选择场地，机动灵活的讨论环境能帮助幼儿放松紧张的心理，促进幼儿观点的表达。

儿童会议的形式为幼儿自发地围绕一定的主题进行讨论，与以往的教师组织幼儿进行讨论活动不同。儿童会议更加强调幼儿在讨论活动中的主体地位与主动的角色形象，其认为幼儿是对自己的生活事务最有发言权的人，对自己需要什么是最知道的。儿童会议一改幼儿"被动、被组织"的形象，让他们不仅成为活动的参与者，而且成为活动的组织者、信息分享和提供者，为他们提供平等交流的机会和平台，通过访谈交流激发幼儿之间的同频共振与经验共享，丰富和充实自身的经验。

（三）儿童会议的作用及价值

儿童会议建立在幼儿平等地表达与交流基础上，其价值在于尊重幼儿的主体地位，充分发挥幼儿的主观能动性，让幼儿平等地输出自己的观点、进行经验的交流与共享，从而商讨出当下的共识。

第一，儿童会议鼓励幼儿在集体中公开表达自己的意见，并和同伴、教师进行沟通交流，认清自身需求，形成并表达自己的观点，有助于促进幼儿语言能力的发展。

第二，儿童会议允许幼儿参与决定自己在幼儿园的活动，不仅有助于培养幼儿的独立自主性，而且能让幼儿意识到可以通过自己的行动影响和改变环境，体验到自己行为的效果和影响，增强幼儿的自我效能感。

第三，儿童会议有助于提升幼儿的社会交往能力。会议交流中，幼儿需要与同伴、教师合作、协商，共同寻找解决问题的方案。在这个过程中，幼儿学会了倾听、尊重和接纳他人。

第四，儿童会议有助于幼儿从小熟悉议事和决策的规则，支持幼儿关心身边的人和事务，培养幼儿的环境适应和统筹安排能力，支持幼儿为参与社会生活做好准备。

二、幼儿运用儿童会议进行有效学习的策略

（一）幼儿在开展儿童会议时需要的支持

幼儿开展儿童会议时需要外部支持，促进儿童会议的有效开展，主要分为三大类。

1. 环境支持

（1）幼儿在讨论时需要自由的讨论环境

教师要给予幼儿宽松、自由的环境，能够激发幼儿参与表达的愿望。一般情况下，教师可以是参与者，也可以是旁观者。例如，在确定儿童会议应该由谁来主持的过程中，幼儿进行自由发言，积极地表达自己的想法和看法，发挥了个体在集体中的作用，有效地从儿童会议中体验着被尊重的权利和自由发言的权利，幼儿能够感觉到环境是安全的，是属于他们的。

（2）幼儿需要自主发言的权利

教师要给予幼儿最大限度的权利，尊重他们自主发言，如在开展儿童会议中让幼儿自己全程自主发言，体验秩序与自我之间的呼应。让每个人既是独立的个体，又是参与的集体。例如，在开学初进行图书区活动设置的时候，教师组织幼儿开展了一次儿童会议，讨论的话题是什么样的图书区让大家更喜欢。因为图书区是一个冷门区域，进区的幼儿人数较少，教师把问题抛给幼儿，让幼儿充分表达自己的观点，结合自己的需求进行说明。在发表看法的过程中，幼儿主要从图书内容、图书区环境、图书区辅助材料等几个方面进行了阐释。后续，幼儿根据儿童会议开展的内容进行了决议和实施，对图书区有了前所未有的关注和跟进。

（3）幼儿需要仪式感

教师要给予幼儿环境上的仪式感，促进幼儿在氛围中感受儿童会议的内涵。例如，在开展儿童会议的时候，幼儿会自由摆放桌椅，调整活动场地，用他们喜欢的方式进行设计，有时候他们会用围坐的方式，并在中间架起一个盆栽或者绿植，他们说很多会议室都是这样摆放的，很有氛围；有时候他们会每个人准备一张纸和一支笔，觉得这样可以及时把自己的问题和想法记录在纸上，能够提示自己表达的内容，不容易忘记；有时候他们会随意坐在地毯上，说这样像家一样很轻松。总之，幼儿每次在开展儿童会议之前都会根据儿童会议的内容设计环境上的仪式感。

2. 实物支持

（1）幼儿需要支持材料

根据儿童会议的需求，幼儿会有一些自己不能完成的事项，会直接向成年人发出申请和援助。例如，在幼儿园开展主持人大赛的时候，大二班幼儿自发开展了一次"怎么能够在大赛上胜出"的儿童会议，并积极确定主题。在进行会议的过程中，幼儿找到教师，想试一下台子的感觉，申请能不能将一个台子放到班级中来。教师找到门卫师傅帮忙抬了一个台子放到班级中，幼儿说这样的台子站上去次数多了，就可以减少紧张感，在表达的时候就可以很顺利，同时他们也会模拟比赛现场，让"观众"坐在台子下面，让"选手"登台演讲。实物材料的现场支持，满足了幼儿在儿童会议中的一些场景需要，对儿童会议的有效开展起到了支持和促进作用。

（2）幼儿讨论的结果需要给予实施

幼儿在儿童会议中谈及的所需要的材料和技能帮助等，教师要及时给幼儿反馈并给予足够的尊重和放手。幼儿在开展儿童会议的过程中，会有一些活动设想是自己不能独立完成的，教师应提供帮助，甚至代替幼儿完成部分内容，满足幼儿实施条件，为后续开展活动做好铺垫。

3. 决议支持

在儿童会议开展的最后会形成一定的决议，这个决议需要每个人都去支持和完成。教师和幼儿要一起遵守决议要求，并且积极地朝着这个设想去努力，可以把活动过程中的困难或者问题记录下来，但是每个人都要发挥力量。例如，在开展儿童会议"周末小兔子去哪里"之后，大家决定每个周末按照前期讨论的为小兔子创设的环境及接送的时间等排序进行周末领养。有一次，妍妍生病没有来幼儿园，但是周末该她进行领养了，她让妈妈周五的时候联系教师，把小兔子接回家。教师和家长都劝她，说她还在生病，没有时间照顾小兔子，但是妍妍坚持要领养回来，她说："当初我们说好的决议不能轻易改变。我要多喝水，让嗓子快点好起来。大家都放心吧，我会把小兔子照顾好的。"看到幼儿这样的保证，以及让家长哭笑不得的理由，小兔子成功地到了妍妍家。妍妍严格按照喂养方式进行喂养，谁也不用帮忙，都是她一个人在完成。

（二）儿童会议主题的确定

1. 幼儿实际生长、生活的需要

会议主题可以是幼儿在幼儿园一日生活中的某一项活动安排，也可以是幼儿在生活中遇到的一些需要集中解决的问题，如区域活动具体活动内容、材料选择及活动流程安排等都可以是儿童会议确定的主题。小班主要是儿童常规方面的会议，如大家都从外面回来，上厕所的人比较多怎么办；小朋友都喜欢玩娃娃家，但是收得比较慢怎么办。中班主要是以学习目标为主题的会议内容，如建筑区的搭建活动什么时候拆比较合适，怎么保持光盘行动和身体健康等。大班幼儿大多喜欢生活中的探索活动，主要以发现、探索为主，如纸片为什么不能自己飞起来，为什么一种植物的两片叶子不一样等生活中的科学问题。

儿童会议——图书借阅时间

活动由来

之前班级中的图书借阅时间是区域活动时间，但是有一次陀螺区的几个孩子因为专注玩玩具而遗忘图书借阅。在快要午睡的时候，他们想自己悄悄地进行图书借阅，却被小柏发现了。小柏说："已经过了图书借阅时间了，你们不能借阅了。"但是他们反驳道："现在不是没有什么事情吗？我们吃饭快，还是可以借阅的。"于是几个人因为图书借阅时间发生了争执。围观的智博说："你们这样也不是办法，咱们开展一次会议进行图书借阅时间的约定吧。"就这样，一次有意义的儿童会议的主题确定了。孩子们的想法很好，而且也能够解决实际生活中的问题，并且人人参与，做到人人遵守。

活动过程

主持人发起关于图书借阅时间的讨论。博颐："可以在课间十分钟的时候借书。这个时间是可以自由活动、自己支配的时间。"沐然："小朋友都吃完早饭以后可以借书。这个时间比较充足，而且小朋友不容易聚集在一起。"梓豪："我觉得可以在区域活动时间找图书管理员借书，就是管理员有些累，大家可以轮流当管理员。"祐米："现在就可以，户外活动回来，小便洗手后可以借书。"孩子们充分表达自己的观点，同时也提出了质疑。这时"主持人"再次提出问题：那么到底需不需要固定时间来借阅图书呢？大家都认为统一时间最好了。经过大家针对图书借阅时间的多轮讨论，最后形成决议：借阅图书应该时间充裕，并且避免人多拥挤，定在了吃完早饭的时间借阅图书。

活动反思

沐子在本次儿童会议中担任记录员，这次她选择了分类的形式进行记录，有创新，但是在记录过程中紧跟其他幼儿发言的速度，还是有些考验技术的。智博担任此次活动的主持人，能够很好地抓住问题的关键点及时提问，引发其他幼儿进行思考，最后用投票的方式形成决议。今天特别有新意的地方是大家一起读决议。智博说："大家读出来才能记忆更加深刻，同时也更加有仪式感。"

（案例作者：大兴区第二幼儿园　顾雅静）

2. 同伴交往中需要解决的冲突分歧

幼儿在交往互动过程中具体的冲突分歧点可以作为会议的主题，让幼儿进行讨论商议，最终提出解决的方式、方法。例如，中班幼儿很喜欢告状，对于规则开始有了自己的理解并愿意监督，遇到事情也是总喜欢问个为什么。面对这样的冲突分歧时，儿童会议可以很好地帮助他们理清思路。

儿童会议——陀螺游戏规则

活动由来

孩子们喜欢玩儿陀螺，更喜欢陀螺比赛。区域活动时间，几个孩子围在一起总想比试比试，但在比赛的时候总是发生冲突。有一次，在睡眠室较宽敞的空地上进行陀螺比赛时，传出争吵的声音："哎，我陀螺跑床底下啦，这局不算啊！""不行，你就是输了！""凭什么啊？你又不知道我陀螺在床底下转没转！"过了一会儿："我不跟你玩儿啦！""嘿，是你怕输！""才不是呢！你那个有发射器的陀螺就是爱转，不信咱俩换换！""我才不跟你换呢！"随着争吵的声音，孩子们不欢而散。

又一次陀螺比赛时，小樊找了一个大玩具筐："我玩儿过斗陀螺，有个赛场。我们把这个盒子当赛场吧!"有了这个经验,孩子们在区域活动时间也能继续比赛了,但又产生了新的争执:"哎,你陀螺放晚了!""你刚碰着我的陀螺,我才输的!""你别离太近,我都看不见我的陀螺啦!"在本该愉快的区域活动时间,孩子们都是气鼓鼓的脸。杜飞说:"这样也不是办法呀,咱们开一次儿童会议吧。"小组成员围坐在一起,一场临时儿童会议开始了。

活动过程

杜飞自动当起了活动的主持人。他说:"大家都很喜欢玩陀螺比赛,但是在比赛的过程中我们应该有一个标准,要不然比赛就没有意义了,评比不出来。大家可以说一说自己的方法。"

子旋说:"比赛要有固定的场地,要不然陀螺总是满处跑,跑到床底下,大家都看不到了。"

梦轩说:"还应该有一个计时表,这样咱们能够知道第一名到底转了多长时间。"

小高说:"咱们应该同一时间松手,有一个人要喊好号。即使这次没有跟上也不要重新来,让正常发射的小朋友进行比赛。"

兰兰说:"大家还要在开始的时候找到好的位置,不要互相影响。"

杜飞总结:"我觉得大家说得都很好。这样,我们用图示的方法把这些好方法记录下来,放到墙上,让来参加的小朋友可以快速知道游戏规则。"

活动反思

一次冲突的产生,也是一次互相学习的机会。杜飞的主持抓住了争论点,通过儿童会议的方式成功地解决了问题,形成了游戏的秩序。成功解决了陀螺到处跑、比赛吵闹的问题后,最后用图示的方法实现了从"我知道"到"他知道"的一个共享的过程。

(案例作者:北京市大兴区第二幼儿园　刘璐)

3. 班级需要集体决策的公共事务

教师可以将班级区域游戏、环境创设主题等公共事务交由儿童会议进行讨论决议,如班级公约、活动区规则的制定等班级集体活动的具体规则。

儿童会议——角色区开个什么饭店

活动由来

在之前的一期儿童会议中,孩子们已经形成决议:要开一个饭店。他们认为饭店最有意思,能够有很多小朋友参与。但是具体开什么饭店,大家没有达成共识,于是引发了今天的话题:开什么饭店。

活动过程

主持人："今天我们来选择到底开什么饭店。餐厅是吃什么的？有什么特色？怎么能吸引顾客来吃？"

孩子们分组商讨到底要开什么饭店，并把想法画出来。小组成员进行分工，还在纸张上记录着"1，2，3，4，5"，这些是他们要表达的顺序。

主持人："我们有三组小朋友来竞选咱们饭店的营业内容，分别是火锅店、酒吧、烧烤店。下面就有请这三组小朋友到台上来说一说自己开饭店的理由。"

第一组，火锅店组。子睿用列举的方式说出自己饭店的食物，还凭着自己的经验说出了饭店还有小礼物赠送，最后对大家情绪激昂地说："欢迎大家来吃火锅。"

第二组，酒吧组。灏霆想开个酒吧，他和凯文两个人为一组。策划的全程，灏霆边说边画，凯文都比较认同。介绍中灏霆说："我们有白酒、啤酒，但是小朋友都不能喝。不过我们有很多果汁，还有机器人送餐。欢迎大家来很有意思的酒吧哟。"

第三组，烧烤店组。思姚介绍："我们的烧烤店里特别热闹，大家都可以来吃。各种各样的东西都可以进行烧烤，而且还可以在这里露营，多好呀！羊肉串，羊肉串，大家快来呀！"

三组分别介绍完毕，主持人宣布投票开始。三组设计者紧张地看着自己获得的票数，最后火锅店胜出。大家纷纷问子睿："真的可以有小礼物赠送吗？"

活动反思

成在坚持，贵在坚持。在进行儿童会议的过程中，幼儿能够积极思考，并且能够从食物种类、大家喜好等方面进行入手；在表达的过程中，条理非常清晰，可以按顺序进行介绍。最后教师采访获胜队员子睿时，他说："我笑得都没有眼睛了！"

（案例作者：北京市大兴区第二幼儿园　刘舫　陈银河）

（三）儿童会议的开展形式

1. 会议形式

会议形式主要有小组会议和集体会议。小组会议是幼儿围绕共同感兴趣的话题，以小组形式围绕一个问题进行交流讨论的方式。它既能尊重幼儿发展差异，又能促进小组内同伴的合作学习。集体会议是幼儿按照既定主题，由班里全体幼儿讨论决定班级事务，如规划节庆活动、布置游戏空间、制定解决冲突的规则等问题。它支持幼儿参与集体事务，同时增强幼儿服从集体决议的自主性。

2. 辩论赛形式

在辩论的过程中，根据某一个观点进行不同方面的拓展，并积极说服对方，既可以发展幼儿的语言表达能力，也可以发挥幼儿集体协作、倾听对方观点的能力。例如，在到底需要不需要教师来做主持人这一观点上，幼儿就形成了一场辩论。有的幼儿认为自己完全可以承担主持人的角色，有的幼儿认为教师组织起来更方便。根据这一内容，大家积极丰富完善自己的观点，并通过多方资料进行说明。最后大家达成决议，主持人主要以幼儿为主，教师可以辅助主持人一起完成，不要过多出现。大家都很认同这一决议，所有的问题也都解决了，体现了辩论的价值。

3. 演讲形式

在儿童会议进行中，有时候每个人都是一个演讲者，主持人按类型让不同的演讲人员通过图文并茂的形式进行演讲，听众可以从演讲的内容中选择自己支持的观点。演讲的过程也是幼儿自我提升的一个过程。例如，在设计户外游戏的过程中，大家都希望自己的游戏被采纳，所以想玩相同游戏的幼儿一组进行游戏活动的演讲，征得更多同伴的认可。

4. 体验形式

在开展儿童会议的过程中，幼儿不会受某种形式的约束，会选择适宜的方式召开。例如，在开展儿童会议"什么样的方法可以更快地整理好衣服"时，大家运用的就是体验的方式，每名幼儿说出自己的方法，大家跟着一起来做，亲身感受。主持人专门找人负责记录时间，大家将用时最短的方法作为会议的决议。

（四）儿童会议的场地

1. 室内区域

室内儿童会议主要选择在宽敞、明亮的班级活动室进行。具体场景则是要根据会议内容选择具体场景模式，如采用圆桌会议，则会议中幼儿排座应选择四周围绕的方式；如采用辩论会议，则会议中幼儿排座应选择按次序排座位的方式。

2. 室外公共区域

室外公共区域与会议主题的匹配程度是选择室外公共区域的重要考量

因素。例如，幼儿需要商议户外活动规则及场地设施安全使用，可以优先选择更直观的室外公共区域作为幼儿会议场景。此外，室外的季节、气候应有利于幼儿身心健康及会议有序进行。

三、幼儿运用儿童会议进行有效学习带来的改变

（一）儿童会议的开展带给幼儿的改变

1. 强化小组学习行为和同伴交往行为

借助小组会议，幼儿的主动性更强，能够有机会自主脱离教师，尝试自主学习。幼儿有机会在小组会议中表达自身的想法并接受同伴的意见。在这一过程中，幼儿个体的想法会经过小组的集中讨论，彼此激励迸发出更多意见与建议。所有围绕会议主题的想法都成为小组学习共同的成果，并深入激发新一轮的学习议题。幼儿在这个过程中能更专注、更全面地参与活动，深度学习应运而生。

同时，在儿童会议中，幼儿自然产生了更多的同伴交往行为。儿童会议中，每名参与的幼儿需要对同伴的意见进行一系列信息处理，包括信息接收、采纳、分析、对比内容要素等。在一次讨论班级中开展美食店的儿童会议中，由于会议记录员不能及时完成记录，幼儿商议临时新增一名记录员。我们在总结整理时发现，两位记录员通过倾听彼此意见，合作记录讨论成果，不断产生互动交往，协商解决问题，最终首创完成了一份"图画＋标记"的会议记录。

会议的讨论甚至一直延续到会后的区域活动中。例如，幼儿对会议中延伸出关于美食菜谱的话题持续保持高涨的兴趣。他们每天都在讨论美食店的相关内容，如今天的菜单主打菜，提供何种饮料和小食等。在这个过程中，幼儿积极地向同伴表达自己的观点，并和同伴共同商议、记录菜品，以及合作设计绘制菜单和宣传海报。

2. 促进幼儿学习品质的发展

（1）提升幼儿在活动中的专注力和坚持性

幼儿的学习是以直接经验为基础的。儿童会议的议题来源于幼儿的游戏和日常生活。幼儿在生活中看到、摸到、听到、体验到的一切都有可能成为儿童会议的议题。通过儿童会议的讨论，主题活动宽度进一步扩大，聚焦了幼儿真正的关注点、兴趣点。例如，大班幼儿在会议讨论中发现"美食"既有煎炒烹炸的各式做法，又有锅碗瓢盆等各式器皿。幼儿在参与会议的过程中会从大脑中不断提取活动信息，主动回忆、再现自己的生活。这

一过程自然提升了幼儿参与活动的专注程度。同时，会议达成的决议也会鼓励幼儿在后续活动过程中保持持续专注。例如，班级通过儿童会议的方式将美食店的主打菜品最终确定为火锅，在后续店内的环境布置、材料提供等一系列环节中，幼儿均以更积极的态度投入参与，并且在活动过程中表现出了高度的专注与坚持。儿童会议激发了幼儿参与解决问题的兴趣，为幼儿有效学习奠定了优秀的学习品质。

（2）提升幼儿在活动中的创造力和探索力

在儿童会议中，幼儿能够大胆表达自己的需要和想法，自主选择活动材料并且自主决定探究内容。他们根据在实际生活中发生的现象提出问题。例如，在建筑区活动中，为立交桥选择合适的连接材料，通过分析不同形状积木的特性，幼儿最终选择圆弧形状的异形积木。他们在明确搭建的目标后，会尝试用各种方法，不断了解各种积木的形状特性，不断深入探究材料拼搭组合方式，产生创造性的搭建方法。

3. 提升幼儿参与班级活动主动性

通过儿童会议中师幼及同伴间的倾听与交流，幼儿关于一日生活的规划与实施拥有更多想法。幼儿参与讨论确定活动的发展方向、材料选择等具体内容，在参与后续活动中拥有清晰的想法，自主做决策；在情感与态度方面实现极大的转变，更加积极参与班级事务，并且体现出更强的自主参与性及活动完成度。例如，在中班管理自然角任务中，通过召开儿童会议，幼儿明确每日定时自主浇灌植物的具体流程，包括用盆取水，灌装洒水，收纳水壶。幼儿每天很期待照顾自然角中的小植物，更多的幼儿报名担任自然角管理员，活动参与度明显提高。通过会议讨论，幼儿增加了一定的生活经验，在表达方面表现得更加大胆，在决策方面有了自己的主见，在解决问题方面表现得更加有主意。

（二）幼儿运用儿童会议带给教师的改变

1. 提升教师教育敏感性

教师进行支持的关键因素是一种能够对幼儿的思想、行为等出现的各种变化做出反应的能力，即教育敏感性。运用儿童会议这一工具时，营造的自由、有序的活动氛围，支持幼儿真正实现敢说、会说、喜欢说的目标，能够帮助教师更直观地倾听幼儿，抓住幼儿在语言、行为表达时所展现出的潜在兴趣与需要。教师从中能够找到活动的突破点，敏感地发现教育的契机。以小班幼儿为例，教师借助儿童会议组织幼儿围绕主题展开话题讨论，能够更容易发挥引导、导向作用，更敏锐地发现幼儿的兴趣与需要，让幼儿能够真正参与主题活动，投入学习。

2. 促进教师给予幼儿针对性支持

儿童会议能够真正实现活动组织实施权利让渡，让教师有更多机会走近幼儿，参与幼儿的讨论，听取幼儿的想法。幼儿开始重视自己的发言权（可以改变事实结果），积极按照自己的想法，主动询问、关心会议的讨论内容，逐渐开始喜欢用儿童会议的形式解决活动中的问题。教师也会受到幼儿的激励，真正地思考、发现幼儿的个性并且进行针对性的支持。相对集体教学活动，置身于儿童会议中教师能够更容易观察和发现在小组学习中的幼儿的个体行为，并给予一对一的支持。

3. 提高时间效能，最大限度发挥小组学习的价值

儿童会议经常采用的分组讨论方式，可以在同一时间给予个体幼儿更多倾听和表达意见的机会，最大限度提高时间效能；让幼儿有更多的思考空间，愿意在小组中分析、讨论并解决问题，产生浓厚的小组学习讨论氛围。通过会议小组学习，幼儿发现问题与解决问题的能力得到提升。例如，在会议中设置小组辩论比赛，或者要求幼儿以小组的形式进行活动展示，可以帮助教师在小组活动时间高效介入活动。教师可以选择观察与倾听，也可以选择适当介入或是深度参与。教师只需要注意分配介入和"放任"的时间，即根据小组内幼儿的个体情况进行个性化指导，小组学习的价值得到大幅提升。

四、幼儿运用儿童会议开展深入学习的连续案例
一个烂南瓜的故事

活动由来

孩子们在自然角发现了一个腐烂的南瓜，他们对"腐烂现象"非常好奇。因此，孩子们以儿童会议为载体开展了一系列探究活动。

活动过程

活动一 "儿童会议"来策划——活动主题确立

实录：活动区时，千一像往常一样到自然角做观察，突然惊呼："南瓜变白了。"这样的声音吸引了所有孩子的关注。于是他们围坐在一起，面对这个烂南瓜开展了一次儿童会议。忆雪说："它为什么变成这样了？是不是时间太长了？"沉默片刻过后，慕慕说："它就是年龄太大了，就像我们爷爷、奶奶的脸一样，会长斑点。"萌萌说："因为角落里阴冷、潮湿，容易发

霉。"然后又是片刻的安静。"你们说它摸上去会是什么感觉?"说着,千一的小手就要上去摸。萌萌说:"不能摸,你会肚子疼的,还会生大病。"千一的小手以飞快的速度收回。老师问:"对于这个烂南瓜,你们有什么想要知道的吗?"孩子们你一言我一语地说:"它里面也和外面一样发霉了吗?""种子还能发芽吗?""南瓜从哪里变质?""它会不会慢慢地烂掉了,就消失了?""那我们可以采用什么办法把它保存下来呢?"……老师说:"既然你们这么想去发现这个烂南瓜的更多秘密,那我们就来一场关于'自然角的烂南瓜'的系列儿童会议吧,畅聊你们的小想法。"

解读:活动主题应通过"儿童会议"商讨确定玩什么、怎么玩,由幼儿说了算。幼儿选择自己发现的真问题进行讨论,这些问题是他们真正想要知道的。活动前,教师考虑幼儿的真实意愿,通过"儿童会议"做好获取幼儿的前期经验与问题收集的工作。经"儿童会议"讨论达成一致意见后,教师组织开展了主题活动"自然角的烂南瓜"。活动主题由幼儿共同商定,且源于熟悉的生活,这是保障幼儿活动兴趣和热情的重要前提。

活动二 "儿童会议"破困局——烂南瓜表征辩论赛

实录:老师拿来两个处于不同发霉时期的南瓜,为幼儿提供观察的空间和时间。"它上面有很多的白毛,有的还有蓝色、黑色的毛。还有很多黑洞,这些黑洞大小也不一样。看上去脏脏的。"慕慕将鼻子凑过去闻了闻说,"这个味道有点儿怪啊,两个味道不太一样。""会不会这个慢慢也会变成它?"泽余指着好一点儿的南瓜说,"它会不会慢慢地烂掉了,就消失了?"老师说:"那我们可以采用什么办法把它保存下来呢?"萌萌说:"要不我们把它现在的样子画下来。"依琳说:"也可以拍照。"萌萌说:"画画更好。"依琳说:"我的好。"老师问孩子们:"你们认为哪一种方式更好呢?为什么?"童童说:"要不我们来场辩论赛?"大家纷纷同意,于是分为两个代表队分坐在两旁,由问题发起者泽余主持,开启了"烂南瓜表征辩论赛",以萌萌为代表的支持画画组为正方战队,以依琳为代表的支持拍照组为反方战队。儿童会议各方小组讨论中,每组幼儿自信、从容,大胆表达着自己的真实情绪和不同观点,记录的幼儿负责运用绘画和简单文字进行记录。最后用猜拳的形式决定由正方先发言,每组将自己的观点进行依次辩论。正方说:"我们认为画画更好。我们每个人都会画画。"反方说:"拍照使用简单,咔嗒,就好了。"正方说:"但是不方便展示,还需要传到电视大屏上。"反方说:"画画用的时间长,拍照用的时间短。"正方说:"但是画画可以用自己喜欢的颜色，里面有自己的想法，每个人的画画作品都不同。拍照都差不多。"持之有故，辩之有理，唇枪舌剑，谁与争锋，思维的碰撞，观点的定夺，孩子们你一言我一语，场面很激烈。辩论后开启投票，大家的想法有了变化，而且老师发现，有的孩子投了弃权票，没有同意正方，也没有同意反方。于是，老师随即采访了慕慕，他说："我感觉两种方式都很好，画画可以画出自己的想法，颜色好看；拍照操作简单，便于保存。我们可以两个都试试吗？"孩子们认为这真是一个两全其美的好方法。于是，他们根据自己喜欢的方式，将烂南瓜用两种不同的方式记录了下来。

　　解读：遇分歧时寻合作。活动中，幼儿之间难免会有分歧。遇此问题时，教师现场组织"儿童会议"，与幼儿一起讨论遇分歧时该如何做才能推动活动继续开展。经过讨论，幼儿们互相商量，一起商讨烂南瓜表征形式、收集论证信息、一起商议解决困难和矛盾，一起分享快乐感受和体验，彼此既是活动的玩伴，也是成长的见证者。作为教师，要深入观察幼儿活动中的各种表现，找到可以推进幼儿深度学习的契机，从而满足幼儿深度学习的需求，每一次儿童会议都是"心灵交汇"的温暖时刻。

活动三　"儿童会议"论收获——家园共育有载体

　　实录："这些种子还可以种出来吗？"带着这个问题，孩子们邀请具有种植经验的家长来到班级中参加"儿童会议"担任助教。大齐说："可能也变质了，长不出来了。"轩轩说："可是种子的表面并没有发霉呀，应该是可以长出来的。"瑞瑞说："要不我们试试？能长出来，就是没变质。"孩子们从植物角拿来许多小花盆，小心翼翼地将南瓜种子放进土壤中，然后覆盖上一层薄薄的土。轩轩直接将种子撒在表面。大齐说："轩轩，你的种子不会长出来，没有覆盖土壤的种子是不会发芽的。"轩轩愣在原地，不知道该坚持自己，还是听取大齐的建议。瑞瑞将种子放在土壤中，没有浇水就直接放回了植物角。大齐说："瑞瑞，你的也不能发芽，没有水也不可以。"瑞瑞说："外面的很多种子都没有人给它浇水呀，也可以长出来。"妍妍直接将种子投进了装满水的花盆中，大齐看了又说："妍妍，你的种子会被淹死的。"妍妍说："不会的，莲花的种子就是泡在水里的。"大齐对大家的各种种植方式存在异议，孩子们也都有自己的想法，认为自己的种子可以长出来。老师利用视频、照片、音频将孩子们的操作和谈话一一记录下来，放到大屏上，再现活动场景，聚焦活动中的问题和亮点。具有种植经验的大齐爸爸观看孩子们的整个会议过程，也了解到了孩子们的真实想法。大齐爸爸对种植经验进行了分享："通过参加这个会议，我了解到你们每个人都有自己的想法。你们的想法都和你们的亲身经验有关，种子的成长需要一些必需条件，没有被土覆盖上就吸收不到营养，不能发芽；睡莲的种子比较特殊，但是南瓜种子泡在水里不会发芽，因为没有空气。"孩子们听了种植专家的分享，感叹道："原来种子要长大会遇到这么多困难！""大齐爸爸懂得好多呀！"

解读："儿童会议"为家园共育提供了载体，通过现场参与的方式，邀请有专长的家长担任助教。家长通过"儿童会议"了解孩子需求，助推活动开展。教师利用视频、照片、音频和文字等形式再现活动场景，聚焦活动中的问题和亮点，支持、引导幼儿通过"儿童会议"回顾、反思。幼儿渐渐养成思辨习惯，获得经验生长，为后续活动开展奠基。活动操作阶段，教师发现幼儿在与材料和同伴等的互动中有很多思考，也能链接已有的生活经验，但同时也会遇到很多问题，致使活动停顿。通过"儿童会议"和家长资源，幼儿找到了解决之道，重拾活动信心。活动后，教师及时把幼儿会议的过程视频分享给家长，让幼儿成长"看得见"，也让家园协作更有效。

活动反思

"儿童会议"的价值就是共商共议、智慧探究。幼儿是拥有无限活力的生命体，是教育的起点和归宿，幼儿之间存在着经验差异。作为活动的组织者和观察者，教师要善于捕捉和发现活动推进中的各种问题，适时组织"儿童会议"，让幼儿直面困难，寻找症结，互助合作打破困局，推动活动开展。基于"儿童会议"，师幼、幼幼和家园可从多维度多视角展开对话，通过回顾、反思和梳理，使主题活动内隐的价值外显，让幼儿成为活动的主人，充分尊重他们的意愿和想法，激发其潜能，让幼儿在享受活动的同时，收获成长的快乐。

（案例作者：北京市大兴区第二幼儿园　冯文跃）

第三节　幼儿运用合作式学习进行有效学习

合作式学习强调每名个体在学习活动中相互协作和沟通，最后达到某个学习目标，完成学习任务。在活动组织中利用合作式学习，能够发挥每名个体在活动中的优势，形成独一无二的学习实践共同体，达成活动目标。

当合作式学习在幼儿学习过程中发挥作用时，会给教师和幼儿的角色与身份带来新的变化，让我们看到，促进幼儿有效学习，不仅是教师个人行为的作用结果，更是教师与幼儿、幼儿与幼儿相互作用的结果。

一、幼儿运用合作式学习的内涵解析

（一）合作式学习的含义

合作式学习是建立在自主学习基础上的一种新型学习方式。由学习者组成小组，以共同任务为目标，每个人担任不同的职责，相互配合、有效协作，全体成员都积极参与学习的过程。在此期间，学习者始终处于高度集中思考、探究的状态，既敢于表达自己的观点，又能聆听他人的观点，进行再思考和整合，将学习效率发挥到最大化。

（二）合作式学习对幼儿发展的意义

1. 促进幼儿与同伴的团队合作行为

在日常活动中，个人能力虽然非常重要，但是也需要融入团队和其他人进行合作，才能更好地发挥自己的个人成就。幼儿在活动中承担着不同的身份和责任，通过分工合作完成任务。例如，在主题活动"幼儿园博物馆"的开展过程中，幼儿通过分组收集与统计对幼儿园感兴趣的各种各样的问题："幼儿园以前是什么样的？""幼儿园是哪年成立的？""以前有滑梯吗？"等。幼儿根据自身兴趣组成小组，结合个人能力选择小任务的形式，赋能每名幼儿，如一名幼儿做记录，一名幼儿负责采访，一名幼儿进行拍照记录。教师鼓励幼儿向园内教师、家长、幼儿园毕业的哥哥姐姐去寻求答案。这种人人有任务、人人有能力、人人有想法的方式大大激发了幼儿的探究兴趣与寻求答案的主动性，不仅解决了教师的困惑，还支持了幼儿的主动学习。

2. 激发幼儿学习的积极主动性

将合作式学习运用到教学实践中，不仅能调动幼儿学习的积极性，还能激发幼儿乐学、想学、愿意学的心理。提升幼儿学习的积极性、主动性是需要教师不断去探索的。采取合作式学习，可以为幼儿增能赋权，支持幼儿主动学习。例如，航航用纸筒芯做主要材料，间隔摆放成两列，然后将地垫拼接成一条长条覆盖在上面，再放上两列牛奶杯。搭到后面，纸筒芯没有了。锴锴就用了鞋盒来搭，搭建完成后对旁边的晴晴说："看！大桥搭好了。"晴晴："我在搭扭扭楼。"航航："我见过扭扭楼。"晴晴："我见过，还画过，再搭个屋顶就好了。"说完，她用棕色地垫拼了一个三角形屋顶，最后用纸筒芯来支撑屋顶。围绕建构主题，三名幼儿通过前期的图片欣赏、图纸绘画，已明确和了解了游戏设计思路，以及所需要用到的游戏材料，为这次的搭建活动做了相关铺垫，自主选择了纸筒芯、鞋盒、地垫等材料，用架空、平铺、垒高、连接的搭建方式进行作品建构，直至作品完成，凸显了幼儿利用已有搭建技巧和生活经验，积极思考和主动学习的过程。

3．提高幼儿的沟通表达能力

将合作式学习融入实际活动，能够加强教师和幼儿、幼儿和幼儿之间的交流互动，逐步提升幼儿的沟通表达能力，为其正确运用语言进行表达提供有力的帮助。例如，在自然物探索区，通过"幼儿教幼儿"的方式引导幼儿展开合作式学习。辰辰摆弄了几次石头都没有成功："石头到底怎样垒高才不会倒啊？"乐乐见状，说："要慢慢放，不要着急，放的时候另一只手帮忙扶一下，或者也可以把大的石头放下面，小的石头放上面。"熙熙："在石头垒高的时候选一些平平的石头，不要圆的、尖的。"在游戏中，幼儿相互间进行交流，语言也会得到迅速发展。将权利交给幼儿，让幼儿有一种"我是小老师"的感觉，即将经验分享给同伴，既能激发一起玩、合作玩的兴趣，又能在分享的过程中体会愿意表达的乐趣。

（三）合作式学习对幼儿发展的作用和价值

1．合作式学习有益于幼儿社会适应能力的提高

合作式学习可以促进幼儿的社会性发展，提高幼儿对社会的认知水平，提升幼儿对问题的思考和处理能力，有效促进幼儿的交流合作意识，有助于养成良好的行为习惯，对增强幼儿责任意识和社会意识有良好的助推作用。

2．合作式学习有益于幼儿自我概念的主动建构

在合作式学习中，幼儿可以探索自己感兴趣的领域——了解自己喜欢什么、不喜欢什么。他们也会探索自我和他人的界限，如测试自己的身体极限——自己能爬多高、能提多重的东西、能把东西扔多远、能跑多快、在小组中提供怎样的效能等。通过合作式学习，幼儿可以更有效地体验到自主感与自我发现的快乐，也会在合作与分工中发现自己的能力，体验到成就感，建立自信与自尊。

3．合作式学习有益于幼儿情感的健康发展

由于对世界的不了解，对事物的信息掌握不全面，且大部分时间都由监护人代为处理外界事物，大多数幼儿普遍呈现出不自信的状态。在这种状态下，幼儿的行为模式很大程度上受到监护人的意识左右，不能对外界事物产生自主性反应。因此，很多幼儿在合作式学习时，通过小组间的分工与合作，展开自主独立思考，与其他幼儿协商，成功解决遇到的问题。

在这一过程中，幼儿逐步发现自己能够处理好与外界事物的关系，从而培养幼儿的自信心。

二、幼儿运用合作式学习进行有效学习的策略

（一）幼儿有计划性地进行活动

计划性是幼儿学习品质中的一项重要内容，从小养成做事有计划的良好习惯，对后续发展有重要的意义和影响。在幼儿的学习活动中，鼓励幼儿自己制订计划，并按照计划来进行游戏和活动，逐渐体验到做事有计划的重要性和快乐。游戏开始前，幼儿与同伴一起商定想玩什么，上次游戏时还有哪些问题没有解决。在观察环境和游戏材料后，幼儿会有很多有创意的想法，可以利用教师提供的纸和笔自由地讨论与记录，同时对接下来将要开展的游戏内容进行规划。例如，选择建构区的几名幼儿，在游戏之前把想搭建的物体和需要的材料画在记录表上，在游戏的过程中根据自己的设计进行建构；表演区的幼儿，在游戏前将想表演的内容简单地画在纸上，做成自己的"演出小剧本"；运动区的幼儿与同伴商定运动游戏项目后，按照计划进行游戏，从而更高效地完成预设。

（二）幼儿与同伴互结小组

幼儿通常采用小组的形式，运用不同的策略来支持小组合作形式的达成，其中包括邀请、赞扬、吸引等。

邀请是指幼儿主动表达合作愿望，邀请其他幼儿参与自己的游戏，一起合作游戏。例如，在大班益智区活动中，堂堂想和思博一起下棋，他主动邀请道："思博，你来跟我一起下棋吧！"思博马上回应他说："你想下什么棋？"两个人互相商量讨论，最后决定一起下五子棋。

赞扬是指幼儿为了开启合作行为，对其他幼儿进行称赞和表扬，以引起其他幼儿的关注，欣然接受其加入游戏。例如，在上述案例中，堂堂和思博下棋正在兴头上，坨坨来到一旁观看。看到堂堂胜利后，他拍手喝彩道："堂堂你真是个高手！"听到坨坨的表扬，堂堂笑着说："你想不想跟我们一起玩？"坨坨听后愉快地加入了游戏。

吸引是指幼儿为了开启合作行为，利用声音、玩具或夸张的动作等把其他幼儿的注意力吸引到自己这里来，实现一起合作游戏的愿望。例如，在多米诺游戏中，熙熙和航航正在搭建高塔，航航大声说："我这座塔真是太高了，真是最高的塔！"其他幼儿听到航航的声音，好奇地走过去观察，展开了讨论。

（三）相互协商、分工合作

合作式学习中，幼儿能够结合不同的生活经验，丰富游戏内容，并达成意见一致。例如，在建筑区游戏中，开心和果果都需要使用长板积木，乐乐根据生活经验提出了自己的建议："大象园应该多一些长板积木，因为大象比较大，需要更大的场所。昆虫馆可以用短板连接起来。"开心和果果都表示了认同。搭建昆虫馆的果果为此找来了一些短板进行拼接。在提问、倾听和采纳建议的过程中，他们相互协商交流，达成共识。

通过协商与交流，幼儿能够寻找合适的游戏策略来解决遇到的问题。例如，在多彩的秋天美工区活动中，聪明的梓衡想到户外地面上有许多黄色的叶子，可以代替彩笔粘贴到画面中；熙熙想到了可以和其他班的小朋友借彩笔，通过协商和交流，他们找到了解决问题的方法。在合作式学习中，同伴遇到困难时，幼儿主动出谋划策，与同伴一起商量，使他们的游戏目标顺利完成。

（四）用合作的方式解决冲突

在合作式学习的过程中，幼儿也会面临问题和冲突，但他们正是在面对冲突和解决冲突中学会交往的。发生争执打架时、遇到共同难题活动进行不下去时等，幼儿有自己解决问题的能力。幼儿会尝试协商、交换、请求、赞扬等多种策略进行沟通，在征询和听取别人的意见时，逐渐学会与其他幼儿进行协调，提出、采纳或接受同伴建议，学会相互帮助和理解，学会协商、合作，积极地反馈与支持，学会退让和包容，学会如何被同伴接纳等，以达成共同的游戏目标，实现有效学习。

（五）分享反思

反思环节，教师要给幼儿分享表达的机会，引导幼儿与同伴一起体验游戏，同时关注到幼儿活动过程中遇到的问题，把问题带到集体中交流，引领幼儿深入思考。幼儿的反思活动可以有多种不同的表征形式，不仅可以通过语言进行表述，还可以借助绘画、动作等多种形式进行表征。幼儿在反思的过程中可以结合自己的游戏情况，也可以针对游戏时遇到的困难或是后续的游戏目标进行分享。同伴间的相互支持与借鉴、教师的及时给予肯定，都促进了有效学习活动目标的达成。

三、幼儿运用合作式学习进行有效学习的意义

幼儿在宽松和谐的学习环境中进行合作式学习，能够更好地调动幼儿的学习兴趣。幼儿在合作、交往、沟通、互动的过程中思维更加灵活并且能够深入地进行思考，感受到自己是学习的小主人。

（一）合作式学习提升幼儿思维敏捷性

解决问题需要遵循一定的顺序、按照特定的线索和步骤去探索。幼儿通过合作式学习，与同伴交流、协商，按照一定的顺序去观察、分析、思考、操作，逐渐形成发现问题、分析问题、理解问题、确定方法、解决问题的思维模式，养成良好的思维习惯，优化思维过程，提高思维的敏捷性。

（二）合作式学习提升幼儿计划能力

通过合作式学习，幼儿能够进行自主学习并在游戏中体现出更强的计划性。活动前，他们有主动进行计划的意识，能够使用清楚、连贯的言语表述，从而进一步思考自己要做的事情，明确自己的游戏计划；还能够利用图表、绘画等多种方式整合小组的计划，帮助组内成员更有目的地实现共同的游戏目标。

（三）合作式学习转变幼儿学习心态

合作式学习是自主的、自由的，幼儿在宽松的学习氛围中思维更加活跃，学习兴趣更浓厚。幼儿遇到问题时，同伴的想法、鼓励、建议都能够成为幼儿继续探究的动力。在相互研讨、表达观点的过程中，幼儿学会了多角度、全方位思考，能够站在他人角度思考问题，学会接受他人意见，使学习过程更加有趣，调动了学习的积极性、主动性，学习心态更为积极。

（四）合作式学习提升幼儿平等意识

幼儿的身体发育水平、能力发展水平具有较大的差异性。有些幼儿语言表达能力较强；有些幼儿手部精细动作发展好，动手能力强；还有些幼儿绘画水平高。幼儿在合作式学习的过程中，发挥各自优势，相互补充，相互启发，共同进步，在共同完成一件事的过程中提升平等对待他人的意识。

四、幼儿合作式学习的实践探索案例

合作式学习，以学习实践共同体的形式共同解决组织问题，完成活动目标。在幼儿学习探究的过程中，活动中任何一名幼儿都可以凭借自身经验、已有知识、特长等充当"小老师"角色，有效满足幼儿在学习过程中的自主性和高成就感的需求。在团队合作与完成的过程中，幼儿相互学习，共同进步，形成团队成员学习与发展共同体，产生良性互助循环。

大兴飞机场

活动由来

建筑区活动时间，孩子们都喜欢搭建各种各样的建筑。9月26日早上，闹闹来到幼儿园，迅速跑到老师面前，兴奋地对老师说："老师、老师，你知道吗？昨天习爷爷来咱们大兴机场了！我妈妈跟我说，大兴机场特厉害！超级大！停车场还有机器人能给停车……"闹闹兴致勃勃地向老师介绍他知道的大兴机场所有的厉害之处。老师说："你愿不愿意给班里的小朋友也介绍一下我们的大兴机场啊？让他们都了解一下。"闹闹说："当然可以啦！"于是利用教育活动时间，孩子们在闹闹的介绍下，第一次认识了"大兴机场"。在闹闹的介绍下，班中的几个孩子对大兴机场的探索欲望愈加强烈，围坐在一起商量要在建筑区搭建一个"大兴机场"，因此开展了本次搭建活动"大兴机场"。

活动过程

活动一　设计并搭建"大兴机场"

实录：十一假期，孩子们和爸爸妈妈利用假期时间来到大兴机场进行参观活动，回来以后对大兴机场的讨论热度又高涨了很多，迫不及待地和同伴分享着这次参观的新发现。闹闹："大兴机场原来一共有四层呢！我妈妈还告诉我大兴机场外面是凤凰张开翅膀的样子。"梆梆："大兴机场航站楼是五个长条，还有一个长条和航站楼是分开的，它们中间还有一条马路呢。"年糕："机场里面特别大，有买衣服的地方，还有吃饭的地方。"毛毛："我在机场看见了飞机，飞机可大、可高了！它根本不是贴在地面上的。"老师站在一旁，听着孩子们激烈地讨论着自己的发现。老师："我怎么觉得咱们班里的机场和你们口中的机场不太一样呢？"闹闹："是不一样，咱们搭的机场才一层！"梆梆："对啊！而且我们把六个长条都搭在一起了，得分出去一个。"年糕："那怎么搭啊？四层也太高了吧！我可不敢搭。"毛毛："试试呗！"孩子们你一言我一语地讨论着。老师："四层楼的机场，你们打算怎么搭啊？"年糕："我们还没有设计呢，先把设计图画下来，按照设计图搭呗。"

几个孩子开始了新一轮的设计，在画设计图（图 2-10）的过程中，梆梆："我们搭的机场好大啊！老师，咱们班积木有那么多吗？"老师："你们想个办法，看看怎么能统计出来需要多少块积木。"年糕："这个也太难了，数不过来啊！"老师问："你们想要搭建几层的机场？"毛毛："四层。"老师接着问："上一次搭建的机场是几层的？"梆梆："一层。我知道了！我们数一数一层机场需要多少块积木，就能知道四层机场需要多少块积木了。"在老师和孩子们的共同努力下，初步统计出大致需要的积木数量（图 2-11），又查看了建筑区的积木，确保有充足的搭建材料，于是开启了他们第三次的搭建。

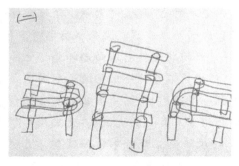 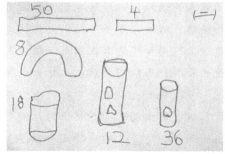

图 2-10　机场设计图　　　　　　图 2-11　统计出的积木数量

　　"你能不能去搭那边啊？不要在这儿挤我，我都没办法弄了。"搭建刚开始没多久就传来了闹闹的抱怨声，"老师，他们都在我这儿，都把我搭的机场碰倒了。"老师："我们这次要搭四层的大兴机场，好多工作呢，你们都在一起搭一个角，不仅搭得慢，还容易把机场碰倒了，所以我们要分工合作，每个小朋友都有不同的任务。"梆梆："那我和毛毛去搭前面的角吧，闹闹和年糕搭这个。"孩子们在分工合作后，搭建速度明显提升，很快就完成了第三次搭建（图 2-12）!

图 2-12　搭建完成

　　解读：幼儿在搭建前担心班里的积木不够，于是在已有经验、搭建经验和教师的帮助下对积木数量做了一个预估，统计出搭建四层高的大兴机场大致需要多少块积木，以确定搭建材料是否充足。前两次搭建工程量比较小，所有幼儿一起搭建，但是这次搭建工程量变大，建筑面积也变大，幼儿一起搭建出现了拥挤、倒塌等现象。在教师的引导下，幼儿开始分工合作搭建，在搭建过程中体验合作的乐趣。通过这次活动，幼儿的合作能力及对物品数量的统计能力都有了一定的提升。

活动二　机场倒塌后再次搭建

实录：搭建完成的第二天，孩子们来到幼儿园发现建筑区搭建的大兴机场塌了！孩子们的心情随着倒塌的积木变得低落起来，一个个蹲在建筑区外，托着腮叹气。"没关系，机场倒了，我们还可以再搭啊！这次塌了肯定有原因。"闹闹看着倒塌的机场说道。于是孩子们再次拿起大兴机场的图片，仔细观察起来。毛毛："我知道了！我们搭建的机场都是分开的，可是图片中的机场是连在一起的，还有一个大屋顶。"于是几个孩子开始思考怎么才能搭出这个"大屋顶"，看着搭建墙饰中的"围拢搭建"，恍然大悟。闹闹："对啊！我们可以用这个方法啊！"于是孩子们按照这个搭建方式及上一次对积木统计的经验，开始了新一次设计图的绘制。

有了前一次的搭建经验，这一次孩子们自发地分成两组，一组负责垒高，另一组负责围拢，搭建出航站楼的楼身。孩子们顺利地完成了第一层的搭建，可是在搭建第二层的时候，遇到了问题。年糕："第二层放上圆柱，再放长板积木是歪的。这怎么弄啊？"年糕和其他几个孩子一直在调整，可是依然没有找到解决办法（图 2-13）。这时在一旁的闹闹从身后的玩具柜

图 2-13　孩子们调整第二层高度

里拿出了一块短的、薄的积木，放在了长板积木上，再放上圆柱积木，向上搭建，发现第二层长板积木都同样高了，楼层也就能平稳了（图 2-14）。孩子们兴奋极了，按照闹闹的方法继续向上搭建。在搭建第三层的时候，积木出现了晃动。这时，孩子们主动寻找问题的原因，仔细观察，发现原来是长板积木没有放在圆柱上，就会晃动。于是，他们认真地检查每个楼层积木摆放的位置，一一进行调整，使每层积木都

图 2-14　第二层终于一样高了

更加平稳。孩子们利用长板积木将航站楼的顶部进行封顶，使整个建筑更加稳固。

主航站楼的搭建工作在孩子们的合作努力下，顺利完成了。随后开始了新的搭建工作——向外延展。孩子们在延展的过程中发现，第一层的五个角可以贴合地面向外搭建，但是第二层的五个角要怎么搭呢？梆梆："我们得从这里面向外搭，要不然它又该倒了。"孩子们纷纷认同梆梆的说法，开始了第二层的搭建，延展出来以后高度也发生了变化，一个圆柱的高度根本不够。孩子们迅速想到多种积木组合的方法，在多次尝试中，找到了适宜的搭建高度：大圆柱＋小圆柱、饮料罐＋细圆柱，搭建顺利完成(图 2-15)！

图 2-15　最终搭建完成的大兴机场

解读：看到机场倒塌现象后，幼儿大胆联想、猜测倒塌的原因，并与同伴商讨解决问题的方法。借助前一次合作搭建的经验，幼儿这一次也采取小组分工合作的形式解决遇到的问题，完成最终搭建。

活动反思

在搭建的过程中，幼儿遇到了积木数量不够、建筑不稳、楼层太低、高低不平等问题，通过教师的引导和幼儿小组协商讨论，不断地操作尝试，顺利地解决了这些问题。幼儿通过搭建活动，丰富了合作活动的经验，能够聆听同伴的建议，发表自己的观点，并将思想整合，最后完成整体建筑。通过这一次小组合作的搭建活动，幼儿的探究兴趣、合作意识也在搭建过程中持续不断增强。

（案例作者：北京市大兴区第七幼儿园　孙思维）

挑战多米诺

活动由来

多米诺骨牌的拼摆，从室内到室外，一直激发着幼儿探索的欲望。面对大一号的积木块，不太平稳的场地，孩子们面临着一个又一个新的挑战。但是孩子们用自己的耐心、专心、细心思考着解决办法，就这样，一个个"奇迹"诞生了！

活动过程

活动一　室外多米诺——合适的距离

实录：孩子们在实施搭建的过程中，有时搭着搭着一不小心碰倒一大片多米诺骨牌，有时快要成功了，多米诺骨牌又都倒了。于是大宸和廷宇便将多米诺骨牌之间的距离摆得远了一点儿。他们摆了几块积木在地上，用手一推，积木并没有像他们想象的那样一个倒，全部倒。

大宸："咦，这里为什么不倒呢？"

廷宇："会不会是我们这里摆的积木之间距离太远了。"

大宸："距离隔远了就碰不到了。"

于是老师便问道："你们是发现了什么成功的秘密吗？"

大宸："这个距离不能太远，远了碰不到；也不能太近了，近了会靠在一起倒不下去，只能刚刚合适。"

听到大宸说距离要刚合适，老师赶紧追问了一句："怎样才是合适的距离？"

大宸："就是后面一块积木倒下去的时候正好可以碰倒前面的那块积木。"

解读：教师鼓励幼儿大胆尝试两块积木之间距离的远近，进行操作探究，通过提问"你们是发现了什么成功的秘密吗？"来帮助幼儿梳理出"合适的距离"的经验。幼儿用语言表达出来"合适的距离"时，教师及时追问"怎样才是合适的距离"，帮助幼儿归纳、梳理出两块积木间距离因素的影响。

活动二　室外多米诺——怎样才能搭得稳

实录：在了解了合适的摆放间距后，孩子们在游戏中逐渐熟悉了多米诺骨牌之间摆放的距离，可是在游戏时，他们还是会经常遭遇失败。

老师问孩子们："多米诺骨牌为什么倒了？"

熙熙："因为在搭的时候自己会不小心碰倒。"

开心："有时地面不够平，就会倒。"

晴晴："其他小朋友从搭好的多米诺骨牌上面迈过去，也会碰倒。"

利用思维导图，老师帮助孩子们梳理多米诺骨牌搭建失败的原因。孩子们结合失败的种种原因主动思考，想出了许多避免多米诺骨牌倒塌的方法，例如，要在积木块完全放稳后再松手；每次搭建只放一块多米诺骨牌；搭建时如果遇到地面不平就绕过去；搭建好之后要从多米诺骨牌旁边绕着走；等等。

虽然有了很多方法，但是碰倒多米诺骨牌是不可避免的，而且每次碰倒一块多米诺骨牌，都会造成一大片的多米诺骨牌接连倒塌，怎样才能避免这样的事情发生呢？思考的过程中，孩子们也学会了使用思维导图的方法整理自己的想法。他们发现，在搭建时可以一部分一部分地搭，最后再将它们连接起来，利用隔挡物或者空出一些空隙的方式，分开多米诺骨牌的不同部分，这样即使不小心碰倒，也只会有少量的多米诺骨牌倒塌，只要再重新搭建就可以了。

通过这些方法，孩子们搭建多米诺骨牌的成功率越来越高了。

解读：教师利用思维导图的方式，帮助幼儿整理多米诺骨牌搭建失败的各种原因。通过观察失败的原因，幼儿主动思考，想出了许多自己的解决方法，使得多米诺游戏的成功率越来越高。在之后的游戏中，幼儿也学会了利用思维导图的方式分析，促进了多米诺游戏的深入开展。

活动三　多米诺高塔

实录：在越来越多的多米诺骨牌搭建成功后，孩子们迷上了搭建多米诺高塔。各式各样的高塔在孩子们的奇思妙想下诞生了。在搭建高塔的过程中，孩子们越搭越高，他们想要搭比自己更高的塔，这该怎样实现呢？他们寻找身边的材料，利用不同的工具实现着自己的目标。

雪花和开心发现，可以利用积木，把几块积木叠在一起，站在积木上面搭高塔。

宝岩发现，运送积木的玩具筐非常结实，利用玩具筐来增加自己的身高，高塔又多了几层。

梓衡注意到综合区有许多梯子，在和综合区的孩子们商量后，借来了梯子搭建高塔，高塔被搭得越来越高了。

解读：在搭多米诺高塔的游戏中，可以看到幼儿在探索的过程中反复尝试，能利用身边的材料工具，不断尝试实现自己的游戏目标。在整个探索过程中，不仅可以看到幼儿认真专注、坚持不懈的学习品质，也可以看到他们互相配合、相互帮助的协作精神。

活动四　大型多米诺的计划与合作

实录：孩子们的搭建技能日益增强，他们开始不局限于搭建简单的造型，而是希望能够设计出更大型、更完整的多米诺作品。如何搭建更大型的多米诺作品呢？

熙熙："我们应该先设计，画出图纸，这样每人搭不同的造型，可以让多米诺作品更丰富。"

萱萱："户外游戏的时间只有一小时，我们可以分组搭建造型，这样更快一些。"

宝岩："可以等大家都拼完最后再连接起来。"

结合孩子们的讨论，老师利用流程图帮助他们梳理出大型多米诺作品的搭建流程（图 2-16）。

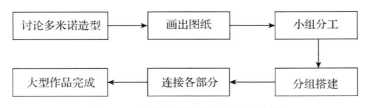

图 2-16　大型多米诺作品的搭建流程

根据搭建流程图，孩子们一步一步实施着搭建计划。在大家共同的努力下，大型多米诺作品搭建成功了，看着自己的设计搭建成真正的大型作品，孩子们露出了开心的笑脸。

解读：在幼儿有了搭建大型多米诺作品的想法时，教师及时抓住了幼儿的兴趣点，利用流程图帮助幼儿梳理大型多米诺作品的搭建流程，让幼儿更清楚地了解分工合作的先后顺序。在教师的有效支持下，幼儿主动思考，面对挑战不怕困难，共同努力完成了大型多米诺作品的搭建。

活动反思

从搭建多米诺作品的活动中，教师看到了多米诺骨牌带给幼儿的各种游戏可能，也看到了幼儿不断为自己设立更高目标、不断挑战自己、在与环境和材料的互动中建构对事物之间关系的认识的无数"精彩时刻"。

在一系列的游戏活动中，幼儿不仅探索了多米诺骨牌从一个倒、全部倒，到简单的直线、拐弯，再到搭建复杂的图形，提高了"解决问题、合作交往"的能力，还获得了"主动尝试、自主探究"的乐趣。游戏过程中，教师不断关注幼儿与材料互动的过程，利用思维导图支持幼儿的主动学习与深入思考，回应幼儿学习中的兴趣和优势。

幼儿在整个多米诺作品搭建的过程中，遇到很多的困难和挑战。面对一次次挑战，幼儿不断交流探讨，尝试分析失败的原因，能从每次失败中寻找成功的经验，在发现问题、解决问题的过程中，不断进行深度学习，构建新经验。在此过程中展现了幼儿主动思考、认真专注、不怕困难、敢于探究与尝试、乐于想象与创造的优秀学习品质。

（案例作者：北京市大兴区第七幼儿园　王新萌）

第三章

为幼儿有效学习创造良好的环境

　　良好的学习环境是幼儿有效学习的重要外界资源。实践表明，幼儿通过与学习环境的互动，会不断发生深度探究学习，而就在这样的过程中，幼儿的有效学习也随之发生。因此，良好的学习环境是能够支架幼儿有效学习的重要载体。幼儿学习环境是指教师为幼儿创建的、能够促进幼儿获得经验和提高问题解决能力的教育资源组合。

　　幼儿园教师在一日生活的组织与实施中创造不同的学习环境，如在生活活动中创造生活场景环境，从而在满足幼儿原有生活经验的基础上引导幼儿开展深度探究。幼儿在探究学习中也会与环境产生深度互动，他们的学习离不开环境的支持。例如，在主题活动的探究中，幼儿往往通过主题环境的记录为自己的探究留下痕迹，从而为接下来更深度地探究打好基础。所以，良好的学习环境既是教师支架幼儿学习的有效策略，又是幼儿主动学习的最好材料。那么，什么样的学习环境才能够促进幼儿有效学习呢？经过我们的实践，重点以不同类型活动为主线开展了研究，并真正发现良好的学习环境在幼儿有效学习中的重要价值。

第一节　主题活动环境的创设

　　皮亚杰的认知发展理论、蒙台梭利的环境观和布朗芬布伦纳的生态系统理论都认为，环境对幼儿的身心发展具有潜移默化的作用。

　　主题活动是幼儿园课程开展及幼儿学习的重要方式之一，是在幼儿经验的基础上，基于幼儿兴趣需要、生活事件、提出的问题等做教育价值判断，并以此为出发点，围绕中心话题所开展的一系列活动的总和。在主题学习的过程中，教师支持幼儿在与周围的人、事、物的互动中主动探究，不断拓展与话题相关的问题、概念和经验。适宜的学习环境能够引发幼儿的操作、体验和探索，从而解决问题，获得发展，并产生新的问题，促进幼儿持续性地探究和综合性地发展。

主题活动环境是指依据主题探索实践过程进行幼儿园班级主题活动外部环境的创设，通过环境促进幼儿主动构建认知体系。

一、主题活动环境创设的原则

（一）规律性原则

不同年龄段的幼儿具有不同的年龄特点。因此，在主题活动环境创设的过程中，尊重幼儿年龄特点和身心发展规律，提供适宜发展阶段水平的环境和材料尤为重要。

（二）互动性原则

幼儿的有效学习应该是在不断地体验中得以发展的。所以在主题活动环境创设中，要能够引发幼儿与之互动，引发幼儿的主动操作、探索、体验，并为幼儿提供探索的空间与时间，这样才能够满足幼儿探索的需要。

（三）过程性原则

主题活动环境在创设中要能够反映幼儿的学习过程和结果。通过动态展示主题学习进程和幼儿学习经验，能够帮助幼儿梳理和巩固经验，激发幼儿不断深入探索的兴趣，引导幼儿共同分享经验和成果，体验快乐和成就感，并为后续学习活动起到引导作用。

（四）融合性原则

在主题活动环境的创设中，要注重资源的使用，通过环境呈现帮助幼儿多感官探索的元素内容，使幼儿在探索中获得更全面的发展。

二、主题活动环境创设的内容

（一）过程记录式学习环境

幼儿只有对事物进行不断深入的探究才能产生有效且深度的学习。所以，在环境的呈现中，为了能够保持幼儿探究的兴趣，过程记录式学习环境是创设环境中的必要内容。只有在环境中呈现幼儿的探究过程，才能够为幼儿提供回忆的机会，才能够在原有探究过程中创造新的探究内容。例如，在中班主题活动"舞龙"中，幼儿要先对如何舞龙进行探究，教师将幼儿探索的每一个舞龙技巧都呈现在环境中，当幼儿真正舞龙遇到问题的时候，主题活动环境就成为幼儿的重要探究场地，他们能够根据主题探究的过程解决眼前的问题，并进行深度的探究。由此可见，过程记录式学习环境在主题活动中具有重要的价值，需要每一位教师在主题活动环境创设中进行使用。

（二）互动评价式学习环境

在主题活动学习环境创设的主要内容中，互动评价式学习环境是经常使用的内容。它主要是通过游戏化的方式进行主题内容的环境呈现，能够满足幼儿动手操作的意愿，能够在操作中激发幼儿探究欲望。例如，在小班主题活动"不一样的线"中，教师会将不同材质的线进行呈现，让幼儿对环境中的线进行感知，从而深入了解线的不同材质，而这样的了解正是幼儿有效学习的体现。同时，在中、大班的主题环境创设中，教师采用评价的手段记录幼儿的探究内容，在每天对评价环境观察的时候，更是帮助幼儿在探究过程中养成了持久性探究的良好习惯，而这样的习惯更是幼儿有效学习的体现。

（三）欣赏感知式学习环境

在主题探究的过程中，教师往往还会使用欣赏感知式学习环境内容。欣赏感知式学习环境内容主要是为幼儿呈现其所不知道的认知内容。在欣赏内容下，能够开拓幼儿认知新领域，能够促进幼儿更加深入地有效学习。例如，在主题活动"我是中国娃"的环境创设中，教师在班级主题墙会呈现中国地图，在地图的引导下，帮助幼儿解决了很多的认知问题，支架了幼儿的多角度探究学习。

（四）深度探究式学习环境

融合综合教育是当前实施教育的主要内容，而在主题活动学习环境创设的过程中也应该注重融合探究学习环境的创设内容。也就是说在主题活动环境创设的过程中注重全领域的融合，在综合环境中支持幼儿在环境中进行综合的学习。

三、主题活动环境创设的方法

根据主题活动的不同内容及幼儿不同的年龄特点，在呈现主题活动环境上也有不同的方法。

（一）整体式创设法

整体式环境创设的方法主要是通过一个大环境背景进行幼儿学习环境的创设，往往会通过一个情境进行呈现。此种方法一般用于小班幼儿的主题学习中。例如，最常见的"高高兴兴上幼儿园"，一般教师会以动物之家、一列火车等方式进行呈现，整体式大学习环境的呈现，能够激发幼儿主动参与的兴趣，支架幼儿基于环境的内容进行主动思考与探究。

（二）平行式创设法

在主题活动的探究过程中，基于同一内容幼儿往往会提出很多的问题。所以，根据问题的性质往往会同时开展一系列问题的探究活动，而这样的同时进行探究的活动方式，被称为"平行式"环境创设法。例如，中班主题活动"不一样的服装"中，教师通过对服装的认识，帮助幼儿了解身边的劳动者。在这一内容的深度探究过程中，教师同时呈现了环卫工人、警察、医生等幼儿感兴趣的几个不同职业的服饰特点及职业工作内容。这种平行式呈现，拓展了幼儿的认知经验，让幼儿在对比的过程中发现不同职业服饰的特点，从而进一步理解不同的职业。这样的平行创设学习环境，不但拓宽了幼儿的视野，更打开了幼儿的探究思维。

（三）递进式创设法

递进式环境创设方法重在呈现主题活动开展中问题解决的连续性、深入性的过程。这种呈现方式能够让幼儿更加清晰学习与探究的路径，更好地应用前一阶段的经验解决新的问题；同时能够激发幼儿持续探究、深度学习的意愿，从中获得价值感与成就感。例如，在主题活动"秋天"的学习环境创设中，教师根据幼儿的"幼儿园里有哪些叶子""为什么叶子的颜色不一样""为什么叶子会落下来"等一系列问题进行递进式的探究，通过提供自然物质环境、提供多样化的探究工具，以及通过师幼共同创建的主题墙，支持幼儿的学习，记录幼儿探究过程和经验的获得。

主题游戏活动"我的区域我做主"环境创设（中班）

活动由来

中一班的幼儿初次来到班级时，对新环境好奇极了，七嘴八舌地讨论新班级的变化，"这个班在一楼！""这个班好大！""我以前坐的桌子是圆形的，这个桌子是方形的。""我旁边架子上的东西也不一样了！之前是娃娃家的，现在怎么没有东西。"虽然角色区空空荡荡，但是一台小收银机让幼儿很感兴趣。对新班级进行观察和分享后，教师和幼儿开始讨论：我们要在这里玩什么。在幼儿的表达中，教师发现幼儿有着极其强烈的创作欲望。同时，《指南》中明确提出学前教育应使幼儿"具有自尊、自信、自主的表现"。《幼儿园教育指导纲要（试行）》（以下简称《纲要》）社会领域中也指出教师要"支持幼儿自主地选择、计划活动，鼓励他们通过多方面的努力解决问题，不轻易放弃克服困难的尝试"。因此，结合班级幼儿的兴趣及年龄特点，教师开展了主题游戏活动"我的区域我做主"，通过区域的深入探索，一步一步去感知体验、亲身实践，发现解决问题，再体验，从而获得创造精神及探索思维的不断提升。

活动过程

片段一 我想要的区域

实录：活动伊始，班级开展了一次热烈的讨论活动。老师问："你想要一个什么样的区域呢？"孩子们七嘴八舌地讨论着："我想要一个首饰店，里面有好看的项链和手链……我想要一个水果零食店，我爱吃水果……水果会坏掉的……我最喜欢搭积木游戏，我想要一个积木店。那不是有了吗，建筑区就是呀！我想要一个店卖我们做的手工作品……我知道！我见过这种店，他们卖自己做的东西，这叫文创店。"激烈的讨论之后，孩子们自行分组，开始绘制自己小组的区域计划图。

孩子们自行分成了水果组、玩具组、首饰组、文创组、花草组、超市组、汽车组。每个小组都有自己的设计原因和想法，但是有一块区域不能确定，这可怎么办呢？于是，孩子们召开了一场儿童会议。其中一个孩子提出："我们可以投票选出最喜欢的区域！"投票的想法得到了其他孩子的热烈回应，中一班集体决定开展一次投票活动。

孩子们自己制作纸质选票，然后开展了一场投票会。孩子们把票贴在最想要的两个区域，再选出两个算数最好的孩子进行唱票，最后确定了中一班的主题：小小文创店。（图 3-1）

图 3-1 "小小文创店"环境

解读：在活动中，幼儿能够根据自身原有经验对班级空间、游戏内容进行规划，并能够简单地进行图示。同时在和同伴讨论的过程中，幼儿的理解能力、倾听能力、表达能力都获得了提升。为了支持幼儿进行可持续性探索与学习，教师在环境上采取递进式的方式为幼儿进行探索记录，帮助幼儿留下每一个内容探索的痕迹。

片段二　区域创造大行动

实录：随着区域的调整和游戏的深入，孩子们发现新开的区域中材料很单一。于是，老师采访了一些孩子，倾听他们的想法，最后和孩子们共同整理了一份材料清单。在实践探索的过程中，老师和孩子们进行了以下问题的探索与解决。

在清单出来之后，孩子们发现了第一个问题：怎么收集这些材料呢？孩子们再一次召开儿童会议。在会议中，孩子们想到了从家里带、让老师或者爸爸妈妈去买、自制、回收利用废品、在幼儿园的仓库里寻宝等多种方式收集材料，并且在形成共识之后开始了行动，很快班级的区域材料丰富了很多。随之而来生成了第二个问题：为什么一些材料"无人问津"？在游戏进行的时候，孩子们发现有一些材料从来没有人使用，于是又开展了一次儿童会议，寻找问题的原因。在会议中，孩子们表示因为"想玩但不知道玩法""玩腻了""投放的区域不合理"等原因而不愿问津这些材料。孩子们针对"材料怎么玩"再次召开儿童会议。孩子们主动提出可以开会讨论怎么玩，让带材料来的孩子们自己决定放哪里，尝试将材料进行组合再利用，如果还是玩腻了就更换新材料，这样被遗忘的材料也被慢慢用起来啦。可是随着材料不断增多，第三个问题出现了：分类整理遇到困难怎么办？孩子们每天都会说："材料都搞乱了，也很脏；没有分类收玩具。"这一次孩子们开始自主解决问题，自发地给材料制作标签，在纸上画上自己喜欢的对应事物，然后贴在玩具筐上，便于分类放置材料。在一系列问题的探索中，班级的区域在孩子们的意愿下生成了，实现了儿童做决策的一日生活游戏。（图 3-2 和图 3-3）

解读：在区域创造过程中，每一名幼儿都能够积极主动投入探索游戏。面对问题，幼儿没有退缩，而是运用家庭资源、生活资源解决问题。在这样的探究过程中，幼儿的学习促进了自身全面发展。同时，教师重点做好幼儿材料支持，每天观察倾听幼儿的需要，并为其准备必要材料，保证幼儿自主探索能够可持续不间断。

图 3-2　绘制区域图标　　　　　图 3-3　专心制作区域标识

片段三　自创区域里的故事

实录：在主题开展过程中，因为幼儿园要过生日，孩子们突发奇想，为幼儿园课程做幼儿园专属文创礼物。孩子们又变身"小小设计师"，亲自设计班级区域牌。完成独立设计后，选择相同的孩子自动归为一组。

首先，根据自己小组的兴趣和选择，孩子们绘制出初版设计图，然后分组表达自己的想法，接纳他人的建议，再次进行修改，2.0版、3.0版逐步生成。孩子们最终票选出最喜欢的班级区域牌。

其次，孩子们进行了文创产品的大开发。孩子们拿起小话筒去采访消费者们到底需要些什么，发现大家的需求五花八门，最后选择了最高频的几种物品开始分组制作，制作出了大批非常漂亮的作品，也将作品真正送给了需要的人。例如，文创店的热缩片作品就成了幼儿园生日现场的伴手礼——禾苗宝宝。在制作中，孩子们遇到了很多问题：叫什么名字，怎么能够大量生产，热缩的时候为什么会褶皱，等等。在每一个问题的解决过程中，孩子们都没有退缩，积极想办法，最终获得了成功。（图3-4）

图 3-4　区域环境呈现

解读：在主题活动"我的区域我做主"的开展过程中，幼儿是探索的主体，教师是观察与支持的主体。所以，在环境上为了能够支持幼儿进行有效学习，教师重点采取环境递进、情境创设等方式为幼儿进行探索记录。教师在一次次的积累记录中帮助幼儿在墙面上看见探索痕迹，利用环境支持幼儿探索思维的发展。

活动反思

(1)幼儿全面发展

整个主题活动中班级环境空间中每一处都是幼儿的探索与创造，实现了幼儿作为主体全过程参与并做出与他们有关的决策的成长价值。幼儿展现出投入专注的状态，并能够在问题中努力去想办法解决，真正体现了《幼儿园保育教育质量评估指南》中的科学理念。在提出问题，解决问题，推翻旧的想法，与同伴和教师一起思考、探索的过程中，幼儿获得了积极主动认真专注的能力。各种各样的游戏活动材料不仅提高了他们的注意力、观察力和动手操作能力，同时在互动中丰富了认知、提升了技能，同伴交往能力有了极大提升，并且感受到了团结合作的价值，体会到了成功的乐趣。

(2)教师专业能力提升

在一次放手的主题活动的探究中，教师获得的是尊重幼儿的专业提升。首先，教师能够更加尊重幼儿，支持幼儿通过直接感知、亲身体验和实际操作获取经验。在获得经验的过程中，鼓励幼儿发现问题，勇敢表达。其次，教师注重发挥幼儿同伴间的作用，以开展儿童会议等形式，让幼儿养成寻求同伴帮助的意识，帮助幼儿丰富解决问题的能力。再次，教师倾听幼儿，发现并筛选有价值的探究点。教师引导幼儿及时记录和总结，进行"我的游戏故事"绘画表征，倾听幼儿的计划和感受，将活动引向更深层次。最后，教师发挥家园协同的作用，引导家长支持幼儿的探究，带领幼儿去观察、收集、制作等。另外，教师适度支持幼儿的探究，适时地介入活动，支持幼儿的自主学习和发现，引导幼儿向更有价值的内容探究。

(3)空间环境价值

在幼儿探索的过程中，对环境的记录是幼儿深入学习的关键媒介。教师利用班级所有环境墙面进行幼儿探索活动的记录，在记录中与幼儿共同提炼探索方法，为之后的探索活动提供支持与帮助。在主题环境呈现中，幼儿能够感受到班级整体区域规划的每一个部分，能够在环境中找到解决共性问题的方法。同时在区域环境创设中，教师聚焦每一名幼儿感兴趣的内容进行探索记录，在整体环境的呈现中有效支持幼儿进行深度研究与学习，为幼儿的可持续性探索提供帮助。

（案例作者：北京市大兴区旧宫第三幼儿园　仇萌）

第二节　区域游戏环境的创设

区域游戏是幼儿学习的重要途径之一，体现了以儿童为本的教育理念，根据幼儿的兴趣、需要，以及不同阶段的培养目标，对区域环境空间进行有计划、有目的地合理划分，在幼儿与环境材料相互作用的同时，重视幼儿与材料、幼儿与教师、幼儿与同伴的互动关系，使幼儿在轻松、愉快的活动环境中富有个性地发展。

一、区域游戏环境创设的原则

（一）生活性原则

"教育即生活，生活即教育"，所有区域材料的提供、环境的创设都是为了使幼儿与生活经验匹配，有效促进其发展。因此，教师在环境创设的时候要注重生活化原则，即贴近幼儿生活。例如，中大班角色区开展小超市、理发店、小吃店、照相馆，小班开展娃娃家、小医院等贴近幼儿实际生活经验的区域活动。

（二）联动性原则

科学、合理的外部空间布局很重要，但是，区域之间的内部联系更为重要，各个区域之间要相互融合、相互服务。因此，教师要考虑将功能上联系密切的区域进行相邻，使各区域活动有机联系和融合，增强区域之间的教育联动，提高区域活动的成效。例如，图书区和美工区可以相邻，美工区可以为图书区的故事讲述制作材料。

（三）艺术性原则

幼儿园区域划分在空间布局上要考虑美感，除了保证幼儿有足够的活动空间，合乎安全原则及满足其生活需要以外，应注意室内区域环境的布置，内容有情趣，符合幼儿审美趣味。

（四）动态性原则

在活动过程中，教师要结合不同年龄段幼儿的兴趣需要和发展特点，以及区域学习环境特点，提供适宜幼儿的游戏材料。同时，教师可以结合幼儿爱玩、爱挑战的特点，进行空间环境的调整，本着最大化地挖掘幼儿园空间为幼儿所用的原则，因地制宜改善、调整场地环境：走廊弯道可以变成好玩的沙水区，绿化带可以变成温馨阅读角，室内的玩具摆放长廊可以变成量身定制的多功能攀爬区，努力使幼儿园的每个角落都能与幼儿发生互动，成为满足幼儿发展所需的乐园。

二、区域游戏环境创设的内容

(一)合理规划区域空间，发挥整体与区域关系

教师在对区域活动进行合理划分时，要考虑区域本身的特性，进行合理布局，采取"动""静"分离的原则，避免动区与静区相互影响。例如，图书区与建筑区就不能安排在一起。教师还要根据区域活动内容对水、光、电等因素的需要，合理安排区域活动的位置。例如，科学区需要做科学实验，要安排在临近水源的地方。在合理安排空间的同时，教师也要注意区域与区域之间要建立开放的、便于幼儿行走的通道，使区域空间更具有"流动性"，有利于幼儿区域材料的取放，便于领域之间、区域之间的互动与融合。例如，角色区需要区域与区域之间的互动交流，就不能独立安排在楼道里。各个活动区的界限应明确，教师可以利用桌子、玩具柜或自制门洞作为分隔物，其高度要低于幼儿的身高，以便于幼儿观察整体环境和教师观察幼儿。

(二)有效创设区域环境，明确游戏规则与玩法

教师创设环境的目的是促进幼儿更好的发展，在学习过程中，幼儿是活动的主体，如果幼儿有机会参与教师所设置的环境中，那么教师与幼儿共同精心设计的环境也会发挥其最大的作用。例如，在自然角，教师要把植物放在与幼儿视线平行的位置上，让幼儿主动去观察，用多种感官去感受，引导幼儿与教师一起制作设计记录表的外形和记录方法，使他们在活动中得到参与的兴趣，加深对游戏玩法的理解。

区域游戏规则的设置既能满足幼儿活泼好动、积极主动的特征，又能帮助他们在区域活动中体验规则，满足个性化的发展与自主性游戏，满足他们爱玩会玩的心理需求。教师要创造机会，使幼儿体会规则在各种活动中的意义，形成初步的规则意识，学会控制自己的情绪和行为。因此，要制定区域游戏的规则。区域游戏规则的制定应该是由师幼、幼幼共同商讨制定的，而且不是一成不变的，是根据不同的阶段幼儿的需要而改变的。

(三)科学投放区域材料，激发幼儿游戏兴趣

在区域材料投放中，教师既要关注材料的安全，又要发挥材料的支持

作用；既要关注材料的层次性，又要关注材料的操作性；既要提供结构化的材料支持幼儿经验的获得，又要提供低结构的、开放性的材料支持幼儿的自主探索和发现创造。只有全面关注材料，教师才能够为幼儿创设出适宜的有效学习环境。具体来说，区域材料投放应该遵循以下原则。

第一，安全性。《纲要》中指出："幼儿园必须把保护幼儿的生命和促进幼儿的健康放在工作的首位。"这足可以说明保护幼儿的健康安全是幼儿园一日生活的重中之重。幼儿活泼好动，对外界事物充满了好奇，总想亲自动手摆弄和尝试，自我保护的意识和能力差，所以教师在选择材料时应选择无毒、没有危险的材料，保障幼儿在自主探索的过程中获得更安全、健康的发展。

第二，科学性。幼儿是开放式学习的主体，在无限制条件的环境中自由学习、游戏、自我发展与实现。幼儿的发展多依赖于直观的、特点鲜明的活动材料，教师可以帮助幼儿在全方位开放的体验中实现"主动式"替代传统"被动式"，让幼儿在一个真正轻松、舒适、自由的环境中游戏学习。

第三，趣味性。幼儿在与材料的互动中获得和建构自己的知识、经验和图式，新鲜有意思的材料无时无刻不在吸引着幼儿的眼球，激发他们无限的创造力。因此，教师在制作区域游戏材料时应尽量为幼儿提供颜色鲜艳、新鲜夸张的游戏材料来图示，为幼儿创造出轻松、新颖的游戏情境，满足幼儿对游戏的渴望，跟进幼儿的材料需求。

第四，目标性。活动区的游戏材料是幼儿探索和学习的中介、桥梁，也是幼儿学习内容的载体。幼儿园的区域活动虽然形式是自主的，但仍需要教师通过投放材料等方式来实现幼儿的最大发展。教师在投放区域游戏材料时，应根据幼儿的发展特点和需要制定各区域活动的教育目标，并根据目标有计划、有目的地投放游戏材料，做到有的放矢。教师要充分利用材料的隐形教育作用引导幼儿进行自主的探索活动，从而实现教师预设的教育目标。

第五，层次性。《纲要》指出："尊重幼儿在发展水平、能力、经验、学习方式等方面的个体差异，因人施教，努力使每一个幼儿都能获得满足和成功。"受年龄特点影响，幼儿维持兴趣的时间较短，只有不断添加的丰富材料，玩法才能出现多元性，满足不同能力幼儿的发展需要，促使幼儿的游戏主题横向、纵向不断延展，产生"乘"的叠加效应。

第六，多样性。区域游戏材料的来源可以更加多样，教师除了购买成品玩具和材料以外，如益智区的飞行棋和桌面玩具、图书区的图画书、建筑区的积木等，还可以请幼儿和家长共同收集废旧材料和自然材料。经过教师有目的地投放，区域游戏材料能够彰显出开放性的特点，如将树枝、石子等投放在数学区，引导幼儿的点数、数字和物体数量的对应等游戏；投放在美工区，引发幼儿进行创意性的拼摆和艺术创作等。多样性的区域材料能够满足幼儿探究的需要，支架幼儿产生有效学习。

三、区域游戏环境创设的方法

我们重点基于幼儿的年龄特点对区域游戏学习环境创设方法进行了研究，在每一个方法中分别通过小中大不同年龄段进行呈现。

（一）尊重发展规律创设适宜环境

幼儿园小班正是从家庭生活的情境向幼儿园游戏情境过渡的关键时期。教师经常发现，在传统区域划分中，很多幼儿都愿意选择与家庭生活环境相似的娃娃家来开展游戏。教师可以将家庭生活情境放到班级整体环境的规划中，在满足幼儿生活经验过程中引导幼儿开展有效学习。例如，教师将植物角比作家里的阳台；将盥洗室比作卫生间；将图书区比作书房；将科学区比作厨房；将拼插区比作客厅……幼儿将教师比作妈妈，陪宝宝在阳台给植物浇水；在盥洗室和宝宝一起如厕；在书房和宝宝一起看书；在拼插区和宝宝一起拼插玩具；等等，每块空间不仅相互区分又有整体感，帮助幼儿熟悉环境，更快地了解每块区域的位置。

多种区域的设置能为中班幼儿提供更多的学习机会，教师应该从实际出发，因地制宜，合理划分区域空间，形成和谐、宁静的区域环境，同时注意环境的空间流畅性和开放性。区域设置要根据教育功能的不同、幼儿活动需求的不同进行设置，在内容上体现教育的发展性、层次性，保障幼儿的自主选择。空间设置上，小空间适合设置为安静区，教师可以安排图书区，稍大一些的空间适合小组活动，方便幼儿进行商讨、小组探究、分享经验，可以安排科学区、美工区。除此之外，教师可以在走廊设置低结构游戏活动，与安静操作区分开。

教师既要为大班幼儿提供有准备、丰富、有序的环境，又要提供开放、变化的、有多种探索发现机会的环境。所以，教师要充分利用地面、墙面、桌面，保证幼儿有一个自由、自主、通畅的探究环境。一是区域隔离巧利用，利用高度低于幼儿身高的屏风、桌子、玩具架、桌子、游戏柜等便于挪动的物品做区域分割。二是区域位置巧安排，各个区域活动的位置要综合考虑不同区域活动的特质、活动材料的特点、区域活动的互动、动区与静区分开等因素。例如，美工区、图书区、益智区的光线要充足明亮；超市、理发店、超市、照相馆等容易发生互动，应该放在一起；图书区、美工区、科学区要放在一起，但要和表演区、建筑区分开，动静分开，避免相互打扰。

（二）多种形式创设游戏墙饰的背景

在墙饰环境中，教师应提供可供幼儿自主选择的区域选择墙饰，充分利用立体和平面空间，为幼儿提供操作和作品展示区、可供幼儿学习借鉴的功能提示墙来创设整体区域的活动背景。第一类，提示型的游戏背景墙饰，可以引导幼儿明确游戏规则和游戏步骤。第二类，互动型的游戏背景墙饰，可以展现游戏内容，如益智区的互动墙饰与互动地面，充分调动了幼儿参与区域活动的积极性。第三类，展示型的游戏背景墙饰。例如，教师在美工区的背景创设幼儿作品展示区域，利用小夹子将幼儿的作品进行呈现和展览，满足幼儿的心理需求，增强幼儿自信心；在建筑区的背景创设上，提供可供幼儿赏析和参考的搭建图例等。第四类，规则型的游戏背景墙饰建立。取放游戏材料的规则环境创设，教师可结合游戏主题或者设计不同类型的标记，让幼儿使用玩具后按照标记放回原处。谦让有序的游戏规则环境创设，教师可以和幼儿共同制定规则并做出标识，如图书区活动时要保持安静，不大声说话，其他区域活动时幼儿不争抢玩具等。限定游戏人数的规则环境创设，教师要充分满足幼儿活动空间，不拥挤且材料充足。

（三）多层次材料创设探究性游戏环境

虽然材料的丰富程度可以直接关系到幼儿游戏的质量，但是也并不意味越多越好。小班幼儿注意力容易分散，过多的游戏材料虽然能激发幼儿的活动兴趣，但也会造成幼儿不能深入、持久地探索一种材料的多种玩法。教师可以根据幼儿的已有经验和需要依次投放可重复操作、有挑战性的安全材料，在跟进幼儿的发展程度时渐次投放材料，不断补充更新。

从中班开始，教师可以在区域内适量增添一些低结构材料。所谓低结构材料，就是结构简单、功能性强、变化程度大的操作性材料，如木板、布条、纸杯、拼插玩具等。这些低结构材料没有固定的玩法，也没有明确的教学目标，其优点是可塑性强，幼儿可以根据自己的意愿和想法自由操作、组合材料，使它们具备新的功能和造型。这有利于幼儿创造力和独立思考的发展，也可以增强幼儿的合作意识。教师在投放低结构材料时要结合幼儿现有的能力水平，与其他材料组合投放，如低结构材料和高结构材料组合、低结构材料和其他低结构材料的组合、低结构材料和非结构材料的组合等，以此来推动幼儿游戏水平的持续发展。

幼儿的探究能力、思维能力和解决问题的能力随着年龄的增长逐步提高，材料投放应该满足幼儿自我学习、自我探究、自我发现的需求。大班幼儿进行区域游戏活动的形式是合作式的小组探究学习，所以，教师投放的材料在符合幼儿的年龄特点和需求的基础上，应该注重挑战性、探究性、多元性、层次性、可塑性，满足不同层次幼儿同伴之间的合作学习的需求，助推幼儿的可持续发展。例如，幼儿在科学区探索"小灯泡为什么不亮时"，不再是随意放弃，赌气离开，而是通过观察、思考、同伴商讨、实践、想办法解决这个问题。

舒适的图书区带来了无限快乐

天天选择了图书区一本名叫《快活的狮子》的图画书，从前往后一页一页地翻看。他看得速度很快，眼睛停留在每一页几秒就翻到下一页。5分钟后，他看完了自己的书，转身爬向了放坐垫的竹筐边，把坐垫从竹筐内全部掏出来摊在地上，一会儿叠高，一会儿用头顶着。

对幼儿观察一段时间之后，教师发现：幼儿升入中班后，与在小班相比，专注阅读的时长会在一定程度上延长，幼儿对一本图画书产生浓厚兴趣时，会比平时专注程度更高。于是，教师在图书区按照不同类别为幼儿提供了丰富的图画书。中班幼儿对自己感兴趣的事物能保持一定的专注力，喜欢选择内容丰富、具有人物行为冲突或情节相对复杂的图画书，如《蛤蟆爷爷的秘诀》《逃家小兔》等，这一类的书可以引发他们对故事情节的探索与想象。

由于幼儿容易受外界影响，所以创造温馨舒适的阅读环境至关重要。首先，图书区需要安静的环境，角色区和表演区属于比较活跃的区域，所以教师在划分区域位置时考虑了动静分割的问题。其次，教师应积极地为幼儿创造轻松、愉悦的阅读氛围和师幼关系，于是经常用夸张的语气和肢体语言表达对幼儿的鼓励和肯定，激发幼儿的阅读积极性。

虽然图书区的坐垫和毛绒玩具为幼儿创造出了温馨、舒适的阅读环境，但是也出现了幼儿阅读姿势不正确、注意力易分散等问题。于是，教师将坐垫改成了生活中常用的桌椅，提醒幼儿阅读时保持正确的坐姿，并与幼儿共同制定、制作图书区阅读规则，如爱护图书、从前往后翻书、安静阅读等，并将规则牌粘贴在幼儿视线范围内，可以有效确保幼儿阅读图书时互不干扰，养成良好的阅读习惯和自制能力。

此外，教师和幼儿共同制订了科学有效的阅读计划，帮助幼儿养成良好的阅读习惯，提升阅读能力。阅读的内容包括图画书的名称、阅读时间和时长、阅读形式和阅读感受等，引导幼儿用绘画的形式表现出来，投放在图书区中。

此后的一段时间，幼儿阅读的兴趣和专注力在一定程度上都有提高，选择图书区的幼儿也变得多起来。

（案例作者：北京市大兴区西红门兴海幼儿园　宋晓双）

第三节　生活环境的创设

《纲要》中指出："幼儿园应为幼儿提供健康、丰富的生活和活动环境，满足他们多方面发展的需要，使他们在快乐的童年生活中获得有益于身心发展的经验。"适宜的生活环境能够为幼儿的发展提供安全、温馨、稳定的心理氛围，并为幼儿提供自主学习的环境和情境，能够有效地帮助幼儿在生活中提升自我管理能力，养成良好行为习惯，不断发现生活中美好新奇的事物，从而更好地利用已有生活经验、知识、技能进行探索与创作。由此可见，幼儿园室内生活学习环境的创设在幼儿的成长中具有独特的价值，良好生活学习环境的创设能够为幼儿创设浸润式的有效学习，从而在良好习惯中获得终身发展。

一、生活环境创设的原则

（一）兴趣优先性原则

在创设适宜的生活环境时，教师要先从幼儿的视角去发现其兴趣所在，而不是将自己的生活经验强加给幼儿。例如，结合近期季节交替，班级中幼儿近期热衷于讨论"落叶"这一话题，面对幼儿对此话题的兴趣，教师可以通过带领幼儿观察秋季特点开展"拾秋""探秋"和"玩秋"等相关活动内容。以"拾秋"为活动初期，教师可以鼓励幼儿发现秋天落叶的秘密，与生活实际紧密结合发现秋季季节明显特征。以"探秋"为活动中期，教师可以引导幼儿在探索秋季果实、秋季特点的同时再次结合生活实际去探索秋季给自己生活带来了哪些变化。以"玩秋"为活动末期，教师可以引导幼儿在玩中体验到秋季带给自己生活的乐趣及成长。

(二)持续趣味性原则

幼儿最大的天性就是玩,好玩、有趣的环境中更能引发幼儿持续参与游戏的兴趣。一日生活皆教育,在幼儿一日生活中,生活教育也是处处存在的,如幼儿早来园的晨间劳动、盥洗、喝水、进餐及更多的生活自理方面。因此,教师在设计此环境时,可以根据幼儿年龄特点为幼儿创设生动有趣的环境并与其进行有效互动,使环境生活化,自然融入幼儿生活中。这样既能够保持幼儿对生活的热爱,还能够使幼儿在有趣味的环境中养成良好的生活习惯。

(三)操作互动性原则

好的教育环境能够与幼儿进行有效"对话",在"对话"的环境中可以使幼儿获取直接的情感体验,从而促进幼儿有效学习。幼儿的生活自理能力也是生活教育中的重要组成部分。因此,教师要为幼儿提供具有可操作互动的有效学习环境,引导幼儿在生活经验基础上提升自理能力、主动学习能力。

二、生活环境创设的内容

(一)尊重幼儿兴趣,创设属于幼儿生活的真环境

尊重幼儿的兴趣和需求,创设一个属于他们的真实环境,是幼儿教育中非常重要的内容。通过日常观察幼儿的游戏行为和兴趣点,教师可与幼儿共同打造模拟真实生活的自主游戏环境,并提供丰富多样的游戏材料,以激发幼儿的探究欲和创造力,如我是小厨神、开心超市、大树图书馆等模拟生活场景。教师依托这种方式,引导幼儿在自主游戏中与环境产生互动,提高幼儿对生活认知的水平,增强其社交和情感技能的发展;让教育真正与幼儿生活融为一体,引导幼儿在生活中学习,最终将所学运用于生活。另外,教师在幼儿的自主游戏环境中要成为观察者、倾听者和支持者,帮助幼儿建立自信,促进个性发展。在尊重幼儿的兴趣下创设属于幼儿生活的真环境是一个动态的过程,需要教师持续观察、评估和调整,以确保环境始终能够满足幼儿不断变化的需求和兴趣,让幼儿在快乐和有意义的活动中成长,为他们的终身学习奠定坚实的基础。

(二)体现操作互动,创设灵动的生活学习环境

操作互动强调的是环境中幼儿的参与性和可操作性。环境是为幼儿服务的,灵活的生活环境还体现在根据幼儿的兴趣和发展需求不断调整和优化。在不断地调整中,幼儿能更有效地与环境"互动",从而萌发主动参与的愿望。例如，在开展节约粮食的养成活动中，教师引导幼儿了解节约粮食，感受农民伯伯的"粒粒皆辛苦"，和幼儿共同创设了"亮灯"环境。幼儿将自己的饭菜汤都吃干净，就可以点亮属于自己的那一盏灯。"亮灯"的环节激励了幼儿养成不浪费粮食的良好习惯。再例如，随着冬天的来到，教师发现每当幼儿运动热了，脱下来的衣服都随意放置，杂乱无章。为了让幼儿在生活游戏中养成挂衣服的意识，教师和幼儿一起找来了小衣架，并提供了挂衣服的示范照片，幼儿的兴趣一下子就激发出来了，争先恐后地尝试，学会了挂衣服，运动时脱下来的衣服也变得整齐了。生活活动贯穿于幼儿的一日生活中，"互动式"的生活环境创设，为幼儿在与环境的相互作用中积累生活经验，通过可操作性生活环境的创设，激发幼儿的主动性、积极性，养成良好的生活习惯。

（三）关注年龄特点，创设尊重规律的生活学习环境

在生活环境创设中，教师要尊重幼儿的年龄特点和认知水平，从而更好满足幼儿学习与发展的需要。

小班幼儿生活自理行为开始出现，愿意自己尝试探索周围环境，从思维发展上处于形象思维阶段。因此，教师可以利用图示创设环境，帮助幼儿更好地获得生活技能和经验，养成良好的生活习惯。例如，在活动"我会洗手"中，教师在幼儿盥洗室中粘贴洗手步骤图，让幼儿进入盥洗室就会发现洗手步骤图，自然而然地根据图示的内容认真洗手，经过逐步地、潜移默化地渗透，掌握正确洗手的方式方法。在活动"我会送餐具"中，教师将餐具图示粘贴在备餐桌上，让幼儿在整理餐具时能够清楚地发现"餐具的分类摆放"图示，不但能够培养幼儿主动整理餐具的意识，还能够锻炼幼儿的动手能力，引导幼儿养成物品归位的良好生活习惯，为今后的生活和学习奠定基础。

中班幼儿对于生活环境和生活制度较为熟悉，逐渐更愿意参与班级管理，发挥自身的主动性。因此，教师可以创设情境化的环境支持幼儿解决问题，扩大幼儿的交往与互动范围。例如，教师以"小小救护员"为主题开展角色扮演区域游戏，引导幼儿根据自身实际生活，构建出在医院的多种结构，如挂号台、分诊台、就医室、取药等基础设施，引导幼儿发现角色互动的乐趣。根据幼儿兴趣及班级区角文化创设，自然角的种植是生活中不可或缺的一部分内容。教师通过种植活动，让幼儿融入自然生活环境，在生活中不断关注其生长变化，与种植区域产生有效互动，让幼儿不仅成

为种植区域的主人，还成为生活中的主人。

大班幼儿的劳动能力显著提高，独立意识逐步增强，也有了更强的自尊感和自我管理能力。为了激发大班幼儿的服务意识、合作意识，教师可以创设激励性、评价性的环境，开展班级劳动日活动，发挥班级值日生作用，通过幼儿自主参与劳动及根据劳动内容创设劳动小标兵的评比互动环境，促进幼儿养成爱生活、爱劳动的情感态度。

三、生活环境创设的方法

(一)创设邀请性环境，引导幼儿自主探索

能够促进幼儿有效学习的环境不仅是有准备的，还应是能够向幼儿发出邀请的。在开放、充满邀请性的环境中，幼儿更容易自然而然地发生学习。所以，持续优化幼儿生活环境，从幼儿的发展需要出发，合理规划自然、生活的诱导区，建设自然、适宜的活动空间，才能持续不断地吸引和推动幼儿学习，从而为幼儿的有效学习提供支持。通过有准备的生活环境暗示幼儿，教师可以向幼儿发出"无声的互动邀请"。例如，在自然角环境布置时，教师可以加入放大镜、记录表、幼儿自制照顾植物图书等，引导幼儿在生活活动中自主探究与学习。

(二)利用多样化的生活图标，发挥不同的生活教育功能

幼儿园一日生活即教育，幼儿在班级中的生活环境对幼儿的学习和发展起着重要作用。教师经常运用图标法创设生活环境，常见的生活图标有流程图、认知图、规则图、经验梳理图等。不同的生活图标也会发挥不同的生活教育功能，从而促进幼儿不同方面的学习。

1. 通过有提示的环境，支持幼儿自主学习

教师经常利用流程图标为幼儿在生活活动中做相关提示，将生活活动中某项内容过程全部反映在图标上，引导幼儿了解先做什么、后做什么、各项步骤应当如何做等。教师通过图标让生活常规流程可视化，让幼儿浸染于环境的隐形暗示，引导他们有序生活。例如，常见的一日生活流程图，从早来园到晚离园的各个环节按顺序反映在一个图标上。这种类型的图标，能够帮助幼儿熟悉一天生活的内容，提示幼儿接下来的环节安排，帮助幼儿有效管理自己的生活。幼儿在生活中学习，通过自我有效管理，提高生活的条理性，掌握生活技能，也是生活活动中的有效学习。

2. 通过有记录的环境，支持幼儿自主探究

教师经常会将幼儿的活动过程及获得的经验以照片、作品、图画等形式展现在班级环境中。这样不仅能够进行隐性环境暗示，还能够培养幼儿的多种学习和探究能力。例如，在关于天气预报的活动中，幼儿每天记录天气情况和穿衣指南，过程中有猜想验证、有记录感知，这种探究式的学习正是有效学习的重要方式。

3. 通过有规则的环境，支持幼儿自我控制

规则来源于幼儿的生活，目的是使幼儿的生活更加自主有序。教师支持幼儿相互讨论形成班级公约、值日规则等生活环节规则，运用绘图、图示、贴照片等与幼儿共同制定规则墙饰。自我控制能力是学习者的重要能力，幼儿在自己制定的班级公约中，更有利于他们实现自我控制与相互提醒，这也是合作式学习方式的体现。

值日生上岗记

活动由来

进餐环节既能帮助幼儿培养自我服务的能力，又是培养幼儿为他人服务的意识和能力的好时机。于是，教师在班级生活环境中创设了"我是值日生"的学习环境。但是随着幼儿的发展，教师发现原有的环境已经不能够满足幼儿的探究，于是调整了环境并发生了幼儿的有效学习成长故事。

活动过程

片段一　我们的《值日生公约》

实录：为了激发孩子们的主动意识，老师与孩子们共同开展了讨论。

老师："你们知道什么叫《值日生公约》吗？"

石榴："我知道，我知道，是为小朋友们服务的。"

诺诺："有了它，可以让大家有更多的时间参加活动，做游戏，生活会更有秩序。"

坤："值日生的一天可忙了，有了公约我们就可分工合作了，就不会那么忙了。"

老师："《值日生公约》里包含哪些事情呢？"

文晋："我们需要给自然角的植物浇水。"

熙："可以擦桌子，给小朋友们分发筷子。"

伊伊："我们还可以帮正在漱口的小朋友搬椅子上线，抬桌子。"

泽铭："老师，还可以拉床、拉窗帘。"

这些都是值日生要做的事情。

随着沟通话题的激烈发生，大家将讨论延伸到更加深入的地方：如何

才能做一名合格的值日生呢？通过大家的交流，最终，"要做一名认真、负责的值日生"，成为大家的约定，并呈现在班级环境中。这样不仅可以为他人带来帮助，也可以为自己提供方便。

片段二　细化值日生职责

实录： 为了清晰地展示值日生工作的内容，孩子们进行了自主绘画和分享（图3-5）。石榴说："老师，我画的是抬桌子，因为我吃饭快，我也有力气。"坤说："老师，我画的也是抬桌子。"老师为他们竖起了大拇指，然后问："那在抬桌子的过程中，你遇到过什么困难或者问题吗？"这时，有的孩子说："抬桌子的人有时候太多了，容易磕碰。"老师接着问："那你们有什么好办法吗？"他们异口同声地说道："我们可以制定《值日生公约》呀！这样每个人都有小任务，就不会有拥挤和争抢的现象了。"老师说："嗯，小朋友们说得真好，那我们一起来制定值日生公约吧！"

图3-5　幼儿绘画的《值日生公约》

在活动中，孩子们了解到《值日生公约》里包含了作为值日生需要完成的小任务，以及完成小任务需要注意的地方。

片段三　我们的《值日生公约》

实录： 老师："你们看这些小任务是不是你们想出来，需要值日生去完成的？你们将这些任务放到《值日生公约》里，那你们觉得有没有什么需要值日生注意的地方？"

孩子们开始集中讨论，纷纷发表自己的意见，确定了值日生要做的任务，也一起商量了值日生需要注意的地方，《值日生公约》就完成了。老师说："如果在使用的过程中小朋友发现其他需要加入《值日生公约》的事情，可以告诉老师和小朋友，然后我们再一起讨论一下是否需要添加。"

在后续的值日生活动中，"小值日生"能够完成《值日生公约》里的内容，感受为集体完成一件事的成就感和快乐。老师引导孩子们在实践过程中感受和发现《值日生公约》存在的问题，进行分享和讨论，寻找解决办法，不断完善班级的《值日生公约》。

活动反思

(1)动态调整生活环境，基于幼儿兴趣和经验丰富幼儿服务意识和服务能力

作为即将进入小学的大班幼儿，需要学会自我服务，并培养为他人服务的意识。所以，巧妙利用幼儿每天生活的环境帮助幼儿养成良好品德，是帮助幼儿成长的良好途径。教师基于幼儿生活中的问题、需要，层层深入与幼儿共同讨论，发挥值日生的学习环境作用，引导幼儿参与环境中每一个内容的创设，形成自然且全员认可的约定，激发幼儿主动服务的意识。这样的过程正是幼儿主动学习与实践产生的过程。

(2)细化角色职责，让值日环境成为生活的一部分

通过值日生实践中的问题，教师引导幼儿进行深入讨论，引发幼儿更进一步细化值日生的职责和要求，例如，在午餐环节设立小小值日生、分餐员等游戏角色，让幼儿通过角色的体验理解角色的定位和意义。幼儿在盛饭、派发餐具、餐具整理等简单工作中，自我服务能力会逐步发展起来，最终形成良好的就餐常规和生活习惯。

(3)适度放手，成就生活自理小练场

《纲要》中指出："既要高度重视和满足幼儿受保护、受照顾的需要，又要尊重和满足他们不断增长的独立要求，避免过度保护和包办代替，鼓励并指导幼儿自理、自立的尝试。"教师适度放手，将日常的一些整理工作交给幼儿，为幼儿提供自我服务和服务他人的机会，不但使幼儿提高了生活自理能力，更使他们体验到集体生活的快乐。

回看整体活动，教师每一次的教育行为都在根据幼儿的需求而变化，每一个生活学习环境的产生都是依托幼儿的探索而进行创设的。在这样的生活学习环境中，幼儿不但能够具有较强的归属感，而且有了挑战与担当的良好学习行为，助力了幼儿有效学习的开展。

（案例作者：北京市大兴区第一幼儿园　张璐）

第四节　户外活动环境的创设

户外环境通常指幼儿园建筑物外面的自然环境和运动空间环境，户外探究性学习的益处是让幼儿在自然、自由、自主的环境中大胆发现、探索和创造。自然环境中的万事万物直观具体，幼儿同新鲜的空气为伴，以集体、小组、分散的学习方式，通过多种感官亲身体验、实际操作的形式去认识自然植物，感受四季变化，习得自然知识，创造自然艺术。户外运动空间环境，能最大程度地满足幼儿的健康发展需要。不同空间环境的打造，对幼儿身体控制和平衡能力、身体移动能力、器械（具）操控能力、安全和自我保护能力、情绪管理能力都会有很大的帮助。在户外大环境中，幼儿的沟通力、合作力、创造力、坚持、勇敢、乐观等良好品质，在探究游戏环境中得到全面发展。

一、户外活动环境创设的原则

（一）因地制宜的原则

每所幼儿园的户外环境都是独一无二的。幼儿园应根据自己已有的基础建设、布局分布、面积大小、地势环境等因素做整体的规划和设计，创设游戏场地动静交替、游戏内容刚柔相济、游戏材料高低结构并存、游戏目标蕴含其中的独特环境。这样可以将优势发扬扩大，将劣势转变优化，满足幼儿不同游戏活动的需要，因地制宜地改造和创设有意义的学习环境，支持幼儿生成自主性的游戏活动。

（二）安全且挑战的原则

一个安全的环境至关重要，但并不代表要减少幼儿的户外活动和游戏，以牺牲具有刺激性的户外游戏空间、具有挑战性的游戏为代价。首先，户外环境的创设要排除影响幼儿健康和生命安全的隐患，如增加护栏的高度和密度，做好各类井盖的覆盖和遮挡，电路电线的安全隐患及硬化的尖锐物品做好处理，预留便于教师和幼儿的行走和观察通道及安全环保的检测。其次，户外环境在保障幼儿安全的前提下，还需要规划一个有挑战的游戏空间环境，有研究表明，真正的风险在于幼儿运动能力缺陷和没有安全判断，而富有挑战的环境则能够满足不同幼儿的学习需求，并激发幼儿更高潜能，从而获得健康发展和挑战的需求。

（三）动态多元化的原则

苏联发展心理学家维果茨基强调，每名幼儿都有一个"最近发展区"。

幼儿园应以幼儿的兴趣、需求为出发点，创设满足不同层次幼儿的游戏的多元化环境和游戏材料。因此，幼儿园户外环境创设应多元化、游戏化，如高低变化的坡路、不同材质的路面、大型拓展类玩具及能感受四季自然的环境等。同时，户外各区域的环境是动态的，是相互联系的，要随着幼儿的兴趣、发展水平、季节特征等因素进行调整，保持幼儿参与户外游戏的持续性。

（四）开放自主的原则

幼儿是环境的主人，是游戏的主人，幼儿园在户外环境创设中还应考虑开放自主性的原则。一方面，体现在户外环境的场地和材料的开放上，幼儿可以自主选择活动区域，方便自主拿取游戏材料。另一方面，体现在教师的儿童观、教育观和师幼互动的关系上，幼儿可以自主选择同伴、自主决定游戏内容、设计决定环境的创设等，是决定幼儿真正做到开放自主游戏的关键。

二、户外活动环境创设的内容

（一）自然探索环境

大自然是幼儿认知发展和创造性游戏的天然环境。教师要充分利用户外的自然元素，创设幼儿与自然亲密接触的游戏环境，支持幼儿多种学习行为。户外环境中可供幼儿学习的自然元素非常多，如沙子、水、动物、植物、石头等，都是能让幼儿观察发现、感知探索、操作创造的有效学习环境。

（二）运动功能环境

幼儿天生喜欢冒险，冒险意味着挑战，但这种挑战却能让幼儿更茁壮地成长，如攀爬、平衡、跳跃、摇摆、高度、骑行等基本的运动技能。户外的空间在运动功能设计上，在保证安全的前提下，应设计不同难度和挑战的环境，满足幼儿不同运动发展需求，满足幼儿天生的好奇心和对冒险的渴望，帮助幼儿培养良好的判断力、运动动作、身体平衡、灵活性和毅力、勇气、自信和预判安全的自我保护能力。

三、户外活动环境创设的方法

（一）自然探索环境创设方法

1. 花草树木环境创设方法

在尽量保留幼儿园户外自然状态下，幼儿园可以结合位置、光照等因素，种植不同品类的花草和树木，帮助幼儿在户外的有限空间内，最大限度地丰富认知经验。在花草的种植上，幼儿园可以考虑迎春花、荷花、太阳花、月季、芍药、菊花等，可增加幼儿对不同季节的花的自然认知，发展幼儿在艺术领域感受美、表现美、创造美的关键经验提供自然素材，为幼儿可持续的观察、感知和探索活动提供有意义的学习环境。季节特征明显的树木，如柳树、银杏树、松树、玉兰、海棠、樱花树、紫藤、梧桐、桃树、山楂树、石榴树、柿子树、核桃树、葡萄藤等，可以让幼儿在四季节气的变化中，通过与树木的观察、互动，感知发展自然与树木的关系，认知不同的树木、花型、果实及与之相关的各种探究活动。为帮助幼儿的学习，幼儿园可以为幼儿提供便于观察和操作的材料和工具，如观察盒、放大镜、不同高度的画架和绘画工具、采摘果实工具、榨汁机、制作美食的工具等。

在与户外自然环境互动的学习中，教师应注重幼儿在自然状态下感知和发生的学习，可以尝试使用"幼儿感受—教师观察—师幼共同设计—真实探究—经验获得"的方法引导幼儿与花草树木互动学习，鼓励幼儿用身体感知季节和天气变化形成不同的感官感受，用眼睛去观察花草树木的变化，用触觉去感知，用大脑去思考探究，用手去创造与表现。教师作为观察者和引导者，要引导幼儿去发现花草树木的变化，基于幼儿的兴趣和发展目标和幼儿一起商讨可以做哪些游戏和活动，整合五大领域发展目标，在自然的环境中发生学习活动。

2. 地形和道路环境创设方法

幼儿园户外活动场地的地面是幼儿学习和感知的环境之一，不同质地、类型的地形变化是幼儿园户外环境创设不可或缺的一部分。幼儿园要结合实际场地情况和区域设计的情况，在保证材质安全的前提下，尽可能地创造不同的地面，如硬化地面、土质地面、草坪或人造草坪等，同时可以考虑路面的大小、曲线的灵动、不同花纹样式来刺激幼儿的审美和感官，丰富幼儿的各种体验，满足幼儿行走、翻滚等不同的感知需求。

幼儿园的地形和道路，在材质上除了常规的硬化地面和塑胶、人造草皮的场地外，还应结合现有的地势打造自然化的地形和路面，如包含木制、板材、砖块、鹅卵石组成的园林小路供幼儿穿梭，高低错落的天然草坪供幼儿上下跑动、翻滚；在连接户外区域之间环绕的小路、下沉的小路、粗壮结实的独木桥、有坡度的踏脚石、晃动的吊桥等都可以成为不同的连接道路，让幼儿有多种形式和多条通道可以到达游戏的区域。

在实践中，幼儿喜欢行走在蜿蜒的小路上。小路的附近，教师可以提供放鞋子的区域，温暖的气温下，可以让幼儿体验用小手触摸，光脚在不同路面行走；引导幼儿用眼睛观察路面花纹的造型和变化规律；可提供不同材质的工具、木柜、小锤子等，满足幼儿用不同工具进行敲敲打打，发现不同材质碰撞的乐趣。教师还可以提供五彩的画笔和颜料，让幼儿大胆地表现出自己看到的景象，感受用水管和刷子冲刷地面的有趣体验。

3. 戏水沙池区环境创设的方法

沙和水是幼儿最喜欢的自然元素，具有激发和维持幼儿兴趣和享受的最大潜力。无论哪个年龄段的幼儿，无论男孩、女孩，都愿意积极、自主地与沙和水进行互动和游戏。

戏水区是可供幼儿行走、倒水、泼水的地方，也是可以避暑的地方。因此，戏水区可设计在有背阴、树木、花丛、沙池的旁边，设计不同深浅的戏水区域或地面，边缘可以用自然光滑的石头砌成，可让幼儿轻松趴或坐在上面或方便进入水池。沙池的创设可以邻近戏水区，提供可塑形的沙子和粗细不同的沙子，便于幼儿感受不同的触觉感知体验及不同沙子与人、工具、水互动所产生的不同变化；还可提供不同粗细的管子、不同材质及大小的盛水容器、水枪、独轮车、抹泥刀、小金属铲、海绵、透明雨伞、雨靴、PVC管子、空心砖、水龙头、收纳游戏材料的工具房，便于幼儿随时取用。

在游戏过程中，教师应给予幼儿充分的空间、绝对的自由和沙水互动，需要观察和提示幼儿危险和不适宜的行为，观察幼儿与沙水及材料之间互动的情况，发掘幼儿可持续学习和探究的内容，引导幼儿发现事物之间的关系，通过动脑思考、团结合作、大胆尝试来解决问题。例如，教师可以引导幼儿玩用工具、木头、水管、砖块等开展的建造类游戏；有效利用水池在水中行走、大胆与水互动，开展水枪大战、泼水节等体验游戏；玩沉浮游戏、造船过河、排水等探究类游戏；进行冲刷水池等劳动类游戏。戏水区和沙池为幼儿提供了无尽的吸引力，提供能够获得满足感的创造性游戏。

4. 动物饲养角环境创设的方法

户外环境创设中，教师还可利用边角空间为幼儿提供与鸟类和昆虫等动物接触的机会，让鸟池里的水保持干净可以吸引小鸟到院子里来，观察燕子筑巢和喂鸟宝宝，亲手触摸、观察和照顾的过程使幼儿兴奋和着迷，获得愉悦的心情，并能从小减轻幼儿对动物的恐惧，促进幼儿对生命的了解和尊重，富有同理心，培养幼儿的保护意识。动物饲养区可以利用边角和相对独立的区域创设，远离一些功能区域，还可以临近种植区域，让种植区域与动物饲养角形成天然的互动和联系。动物的饲养角既要考虑动物的自然生活环境，又要考虑安全和便于打扫和照料的设计。例如，小兔子的家应保留最原始的土地表面，让幼儿自然观察兔子盗洞及兔子的家，但不要忘记底层和边缘要做一圈硬式隔离，防止兔子盗洞跑丢，边缘为透视的区域可设置足够多的投喂窗口，满足幼儿的照料需求。幼儿园在树木和较高的位置也可提供鸟舍，在水池中可投放小鱼和乌龟等，让户外环境形成小型生态的饲养区域。教师可提供方便晾晒菜叶的台面、投喂的夹子、喂养的饲料、喂鸟器、昆虫吸引盒、照养记录板等。在游戏过程中，教师可以和幼儿一起讨论饲养的动物，定制动物的家，讨论如何照顾动物，引导幼儿对不同的小动物进行观察—讨论—实践—得出结论，来形成对动物外形、饮食、生活习性的科学认知，使环境和教育课程密切联系。

5. 种植园环境创设的方法

为幼儿开辟一片种植的乐园，能够帮助幼儿建立关心和照顾植物的责任心。幼儿在与植物互动的过程中感受自己的行为对其他生物的影响，例如，浇水会帮助植物生长，不同的植物有不同的生长形态，自己照顾的植物从种子到结果，再到变成美食的过程是一个非常有意义和探索空间的学习机会。

幼儿园可以选择光照充足、土壤肥沃的土地，为幼儿开辟出一片属于自己的种植菜园，可划分出不同的区域或班级试验田，便于满足不同班级个性化的种植需求。教师可以和幼儿一起讨论喜欢种植的种子，包括叶菜类（白菜、甘蓝、香菜）、根菜类（萝卜、红薯）、茎菜类（土豆）、花菜类（菜花）、果菜类（西红柿、黄瓜、南瓜、玉米）和豆类（花生）等。教师应考虑季节种植特征和地下、地上、爬架等不同形态的种植物，提供耙子、水壶等幼儿种植和松土的工具、不同的种子、昆虫观察盒、指示标识牌、堆肥工具及各类自然废旧物品，为幼儿创造丰富的学习环境。

教师通过与幼儿的共同讨论，确定种植的种子。教师引导幼儿探究如何照顾种子发展苗壮成长，记录植物的周期性变化，花型、结果、成熟，运用不同的感官体验感知植物的外形特征、味道、形状、外表和内部特征。在收获的季节，幼儿也可体验采摘的乐趣，称重、售卖、择菜、制作美食、了解营养价值等多种系列活动，在科学、语言交往、生活技能、膳食营养、菜叶喂养动物等多方面形成了教育整合。

（二）运动功能环境创设方法

1. 大型综合拓展区环境创设方法

幼儿的运动潜能是无限的，超大型的玩具对幼儿也具有天然的吸引力。幼儿喜欢不同的功能组合，喜欢登高望远，喜欢不同形式和高度的滑梯，所以，有着良好设计和综合性的大型拓展区域在户外环境中占有绝对的一席之位和存在价值。

大型玩具所具备的综合性，能满足不同幼儿的游戏需求，如走台阶、攀岩、登高、速滑等。随着年龄的增长，幼儿不断获得越来越高的运动技能，对高度、悬空、平衡、下降、旋转、软梯、秋千等更复杂和更有挑战的部分更有兴趣和渴望。晃动的荡桥、独木棍、轮胎、绳索、三层滑梯、吊笼、玻璃栈道等，都是对幼儿手臂力量、身体平衡和控制力、心理恐惧的挑战和锻炼。当然，在设计综合拓展区时，幼儿园要科学评估安全和挑战的关系，满足不同幼儿的需求，提供一个具有挑战性的刺激空间。在环境创设时，幼儿园要做好基础的安全防范措施，如摇晃的幅度、木板的间距、滑梯的粗细和旋转角度，也可增设上下的传声工具、喇叭、望远镜等材料，满足幼儿眺望观察的游戏需求。

户外大型玩具虽是相对高结构的玩具，但在幼儿心中是不可替代的。在这些具有运动功能的大型玩具的引导上，教师一方面要考虑幼儿的年龄和身高发展特点，另一方面要关注幼儿的身体状态和心理状态。幼儿的恐惧感和身体机能是完全不同的，所以教师要细心观察，耐心鼓励，帮助幼儿战胜内心的恐惧，控制自己的情绪，掌握自我保护的方法，在一次次不断地尝试和游戏中，发展身体控制与平衡能力。

2. 骑行道路环境创设方法

带轮玩具车也是幼儿户外喜欢的游戏之一，既可以让幼儿享受骑车的乐趣，又可以促进幼儿身体生长发育和提高身体平衡和控制能力。

在设计骑行环境的时候，幼儿园应选择相对空旷和安静的区域，可以考虑平台的硬化路面，也可以考虑在微地形上设置骑行带。在平缓地区的环境创设上，幼儿园可以融入交通规则的标识，如斑马线、左转、右转、掉头、黄实线和虚线，在锻炼的同时学习了交通规则。有条件的幼儿园，还可利用微地形的自然状态，开设一条有上下坡度的骑行道，提高骑行的难度，并在视觉、骑行力度、心理感受上设置不同程度的刺激，增添骑行游戏的乐趣和挑战，产生极大的独立感、满足感和自豪感。幼儿园可提供不同形式的车辆玩具，如三轮车、扭扭车、滑板车、手推车、脚滑车、自行车等；还可提供丰富幼儿游戏情境的加油站、洗车店和洗车工具、红绿灯等交通标识、交警服装等满足幼儿角色扮演的材料。

在骑行游戏中，教师要观察幼儿的行为和现象，和幼儿一起讨论分析原因，建立骑行规则，幼儿一起参与制作交通标识。教师应尊重幼儿的游戏意愿和想法，和幼儿一起谈话，如"爸爸妈妈开车会经常需要去哪些地方？加油站、洗车店、高速路上的服务站等"，结合真实的生活场景，讨论不同的地点需要什么材料，有哪些工作人员，工作人员都需要做什么，怎么做，使用什么样的语言……和幼儿一起打造一个迷你的游戏世界，满足幼儿多领域目标发展。

3. 开放材料区环境创设方法

一方面，教师要提供宽阔、安全的场地，创设可供游戏的场地，如足球场、不同高低的篮球架。开阔的场地可以是场地中央的长方形、圆形等平坦的路面，有助于幼儿发展走跑跳等基本运动技能。幼儿可以充分体验各种大肌肉运动，如跑步、跳绳、单脚跳、追逐游戏等运动体验，可以有足够的空间提高奔跑速度。另一方面，教师要尽可能投放一些废旧材料和可供幼儿自由选择的小型器械玩具和开放性的游戏材料，幼儿游戏就会有更多的创造性、多样性和持续性。教师可提供不同大小的球、绳子、木板、木梯、木箱、滚筒、轮胎等。

教师应根据幼儿年龄特点给予多样的组织形式，集体游戏可以帮助幼儿掌握某个操控动作的要领，小组活动可以锻炼幼儿互相传球、抛接球、小组踢球等技能，分散游戏则可以让幼儿探索更多与器材互动的玩法。在开放性的材料中，废旧的轮胎可以满足幼儿各种各样的游戏需求，如钻、滚、翻、堆积、绘画等；不同的油桶、梯子、木板等可以满足幼儿创造性地进行搭建和连接功能，让游戏具有更多的无限可能。

有意义的户外学习环境，为幼儿提供了更多、更大的探索机会和学习机会。不断创设和动态调整吸引幼儿主动探究、满足幼儿多种经验建构需要的户外环境，是提升幼儿的学习质量的重要途径。幼儿园要让每一块场地都发挥其功能和价值，让每个角落都富有挑战性与生命气息，从时间、空间、材料等多方面保障幼儿与环境充分互动，与环境中的事物建立亲密的关系，注重发挥幼儿自身经验的习得、分享、展现和迁移经验，给幼儿充分的探索活动创造有利的条件，让户外环境真正成为幼儿的学习场。

纸棍碰碰乐

活动由来

在户外活动的时候，孩子们自由地分散到想去的区域进行游戏，可是点点和天一一直在跳区不停地摆弄着纸棍。

活动过程

片段一　自主尝试　充分感知

实录： 一开始点点、天一和其他孩子一起用纸棍摆小路。有的孩子隔一段距离摆上一根纸棍，有的孩子摆成了一个正方形。天一看到后，自言自语地说："我要摆成三角形，摆成一个三角形的！"（图3-6）但是由于手里只有两根纸棍，旁边的孩子又把纸棍都拿走了，她没有成功。于是，她把其中一根纸棍摆到了旁边的"纸棍路"上，

图3-6　未能成功的三角形

拿着另外一根来到了点点身边。这时候点点已经摆好了一个三角形，两个小伙伴很有默契地用剩余的纸棍摆成了一个正方形。接着他们就开始沿着这条"纸棍路"练习双脚连续跳。

解读： 天一和点点在摆"纸棍路"的时候，并不是拘泥于最原始的隔一段距离摆上一个纸棍这种方式，而是利用纸棍充分发挥自己的想象力，将自己的想法进行实际操作。虽然开始的时候并不是特别顺利，但是教师依然能够在这次尝试活动中发现他们在游戏中的主动性和创造性。首先，教师肯定了天一的想法和点点的做法，表扬她们能够在活动中大胆尝试不同摆纸棍的方法，有一定的创造性，并且能够把自己的想法应用到实践中，鼓励其他幼儿向他们学习。其次，教师继续为她们提供宽松适宜的物质环境和精神环境，最大限度地满足她们对于游戏的欲望。

片段二　再次尝试　大胆创新

实录： 没过多久，孩子们对于"纸棍路"已经没有开始时那么大的兴趣了，点点和天一也开始漫无目的地跳。联想到刚才她们的行为表现，老师走到"纸棍路"前，看着那两个三角形，转身对她们说："这个三角形摆在纸棍路上真有创意，你们还有没有别的更有创意的方法？"她们两个你看看我，

我看看你，开始认真地思考起来。没过一会儿，他们就摆出了一个更有创意的，像风车一样的图形（图3-7）。

解读：两名幼儿能够根据自己的已有经验通过直接感知和实际操作，创造出更有意思的方法——"风车路"，不仅巩固了她们的已有经验，也让她们获得了新的经验。当她们对于先前"纸棍路"的兴趣越来越低的时候，教师适时进行了介入，用启发性的提问帮助她们进行自主观察，鼓励她们大胆想象，去尝试自己的方法；并且利用同伴间的互相支持，引导她们互相帮助，互相合作，发挥同伴关系的重要作用。

图 3-7　尝试创意像风车一样的图形

片段三　发现问题　积极解决

实录：结合上一次的尝试，点点和天一决定再摆一个更大的"风车路"。可是这次并没有那么顺利，她们发现纸棍的长短有很大的差别，"这根纸棍太短了，两边都够不到！""这根好像又太长了，两边出来了这么多！""试试这根吧！""不合适，还是多拿几根试一试吧！"结果"风车路"越来越窄，越来越短。点点说："咱们试一试，从这里开始跳！"天一听到后跳了一遍，点点也跟着跳了一遍。天一接着说："不行，不合适！"

解读：在这一次的尝试过程中，她们又遇到了新的问题——纸棍的长短不一，她们通过一一摆放尝试、比较纸棍之间的长短等方法解决了这个问题，但又引发了新的问题——"风车路"的空间特别小，跳的时候只能容纳一只脚的小脚尖。天一和点点在尝试的过程中，能够积极地尝试解决过程中发现的问题，通过互相交流想法，不断协商，在互相合作和帮助下解决了问题，有助于良好学习品质的培养。

片段四　总结经验　勇于挑战

实录：基于上一次的尝试，点点和天一发现了"风车路"空间过小的问题（图3-8），于是尝试去摆更大的风车（图3-9），让空间更大，能够进行跳的游戏。她们先找了三根最长的纸棍，摆成了一个大的三角形。天一跳了一下，说道："这个大小可以了！"接着，她和点点一起找来了相对较长的纸棍摆成了一个大的"风车路"，这次的空间大了很多。看着来尝试的小朋友能够顺利地跳过去，两个孩子高兴得笑了！

图 3-8　发现"风车路"空间过小　　　　图 3-9　尝试摆更大的风车

解读：经过不断地尝试，点点和天一找到了比较长短的办法，知道了用三根最长的纸棍能够摆出比较大的三角形，同时也能够让她们的风车路空间更大。当她们对出现的情况有些不知所措时，教师及时追问"怎么样才能让空间大一点儿呢？"，激发了她们对于此次活动的积极性，同时也引导她们坚持完成了这件事情。两名幼儿在教师的追问下也表现出了她们的积极性和坚持性，勇敢进行挑战的良好品质。

活动反思

《指南》中指出，幼儿的学习是以直接经验为基础的，幼儿教师可创设丰富的教育环境，最大限度地支持和满足幼儿通过直接感知、实际操作和亲身体验获得经验的需要。点点和天一在摆纸棍的游戏中，从最初三角形的想法到后面的"风车路"，再到由"风车路"引发的种种问题，在同伴合作互助下不断地进行探索尝试，发现问题，解决问题，充分表现了她们的积极性和主动性，同时也让她们更加乐于坚持和敢于挑战，促进了良好品质的发展。

（案例作者：北京市大兴区第一幼儿园　米勃雅）

为幼儿有效学习创造良好的环境是一项值得深入持续研究的内容。环境是一个动态的学习场景，能够支持幼儿深入探究，能够过程性记录幼儿的深入探究，还能够评价幼儿在深入探究过程中的成长。因此，教师要能够创设支持幼儿探索的环境，能够在环境支持的显性策略中助力每一名幼儿全面发展。

第四章

支持幼儿有效学习的路径与策略

　　要使幼儿的学习达到"有效"，需要教师提供科学、系统的支架。教师在支持幼儿学习的过程中扮演着多重角色，如兴趣的激发者、行为的关注者、材料的提供者、活动的观察者、信息的导航者、愿望的支持者、关系的协调者、喜悦的分享者……教师需要参与幼儿的学习过程，与他们同频共振，追随幼儿的思维并保持他们有效学习的动力。在支持幼儿发展的过程中，教师应视活动内容、幼儿需求等情况灵活转换角色，引发幼儿更广、更深地学习和探索，促进幼儿在有效学习中的长效发展。

　　幼儿的有效学习是在参与活动中逐渐实现的，教师对幼儿有效学习的支持路径与策略应贯穿于一日活动中。本章节中，我们将一日活动划分为主题活动、自主游戏、生活活动和户外运动游戏。每一项活动，都应在尊重幼儿发展特点和需求的基础之上，对幼儿的学习与发展进行支持。

第一节　主题活动中支持幼儿有效学习的路径和策略

　　幼儿园主题活动是整合幼儿园各领域教育的重要形式，是在一段时间内围绕一个核心内容组织开展的教育教学活动，需要师幼共同建构，共同完成。主题活动内容源于幼儿的生活，支持幼儿解决在生活、游戏中遇到的问题，满足幼儿的兴趣，实现幼儿的愿望，具有探究性，是幼儿内部发展动机的表达。主题活动的开展不仅支持幼儿关键经验的积累，而且为教师选择组织教育内容、展开教育过程、创设教育环境提供了方向。

　　幼儿园主题活动的特点是不局限于某一学科，而是将各领域内容综合起来，围绕一个中心主题来展开教育活动。主题活动具有有核心、有主体、有连续性和发展性的重要特点，能使幼儿逐渐从被动接受学习转变为积极有效的探索性学习，激发幼儿积极的学习兴趣，促进幼儿系统性地认识世界。

通过主题活动支持幼儿的有效学习，需要教师在幼儿的生活中捕捉幼儿的真兴趣、真问题，基于幼儿原有经验通过多种方式支持幼儿，给予幼儿充足的探究时间，围绕富有挑战性的主题内容，促进幼儿能力、品质的发展。

一、主题活动中支持幼儿有效学习的路径

主题活动源于幼儿的兴趣、问题和需求，需要教师进行教育价值判断，并支持幼儿在与周围的人、事、物的互动中主动探究，不断拓展与话题相关的问题、概念和经验。基于幼儿的学习过程，教师将支持幼儿有效学习的路径分为四个阶段，即探寻幼儿兴趣问题—明确幼儿发展目标—支持幼儿深度探究—反思效果延伸创新。

（一）第一阶段：探寻幼儿兴趣问题

主题活动的内容来源于幼儿生活，需要教师从"以幼儿为本"的理念出发，关注幼儿的需求，关注幼儿的生活，只有这样才能捕捉到幼儿的真兴趣、真问题。来源于幼儿真兴趣、真问题的主题活动对于幼儿来说才是有价值的内容，是幼儿内部动机的表达，所以教师要转变视角，关注幼儿的行为，聆听幼儿的表达，用幼儿的视角看待幼儿感兴趣的事物或困惑的问题，判断幼儿的兴趣，从而确定主题内容。

1. 多途径了解幼儿兴趣

当幼儿面对感兴趣的事物时会有怎样的表现呢？全神贯注地观察、和同伴分享交流、主动动手尝试等都是幼儿对感兴趣的事物表现出的行为，所以教师需要具有敏锐的观察能力，通过聆听幼儿的分享、参与幼儿的谈话、观察幼儿的行为等多种方式了解幼儿的兴趣。

对幼儿兴趣需要的观察应当是持续的，通过一段时间与幼儿积极互动了解到的，不是短暂观察后就能够做出判断的。教师听到、看到、感受到更多幼儿传递出来的信息后才能对幼儿有更多的了解，才能挖掘出幼儿的真兴趣、真问题。

2. 关注每一名幼儿的兴趣

一名或者几名幼儿的想法不足以代替所有，教师容易通过与个别幼儿交流后根据所获得的信息进行主观臆断，这样片面的判断是不可取的。教师要在观察的过程中了解每一名幼儿的兴趣，尊重并且珍视每一名幼儿的

想法。横向思考，幼儿拥有个性化表达的方式，如语言交流、绘画表现、行动探索等，生活活动、区域活动、户外活动，都是教师观察的环境，而不是与幼儿对话就可以充分了解的；纵向思考，幼儿在发展过程中存在个体差异，每一名幼儿现阶段的发展水平不尽相同，而主题活动是要能够支持每一名幼儿在原有基础上有所发展的。所以，教师要了解每一名幼儿的原有经验，不能以偏概全。

3. 从儿童视角看待幼儿的兴趣

当教师对某一种现象已经很熟悉的时候，已有经验可能会遮蔽其中的教育价值，幼儿的兴趣点容易被教师运用自己的原有经验进行理解，所以，我们要通过与幼儿进行对话，分析、理解幼儿兴趣的内涵，从幼儿的视角看待幼儿的想法，理解幼儿的思维，基于幼儿的原有经验，支持幼儿构建新的经验。

小班主题活动"美好的春游"片段一

伴随着春天的脚步，天气越来越暖了，幼儿也走出了家门到户外游戏、活动。

情境一：周一一早，教师听到萌萌兴高采烈地在和其他幼儿分享着周末和爸爸妈妈去野餐的事情，周围的幼儿也说道："我也去过，我和爸爸妈妈去过公园""我和妈妈去放风筝了"……大家你一言我一语地说着自己关于野餐的经验。

情境二：娃娃家里可真热闹呀，只见"妈妈"在给宝宝穿衣服，"爸爸"将面包、蔬菜装进了盘子里，放进了宝宝的小车里。"你们今天要出门吗？"老师问道。"我们要带宝宝出去玩。"不一会儿，"爸爸妈妈"就推着宝宝、带着食物出门了。

情境三："小朋友们，春天来啦，你们想去做什么呢？"教师问道。"我想去游乐园""我想和爸爸妈妈放风筝""我想吃好吃的""我想和爸爸妈妈出去玩"……教师提出的问题引起了幼儿的兴趣，大家纷纷表达自己想要做的事情。

教师关注到天气渐暖，幼儿外出游玩的经验和兴趣逐渐增加，通过谈话活动中开放性的问题，引发更多幼儿的畅想，了解更多幼儿的兴趣（图4-1），基于一段时间的了解，形成了主题活动"美好的春游"。

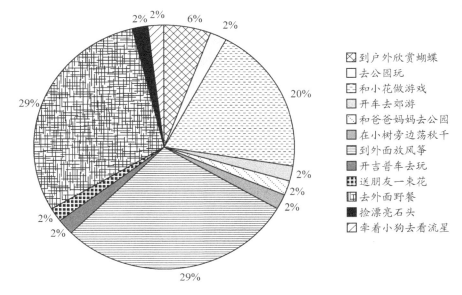

图 4-1　通过谈话活动了解到的幼儿兴趣

（二）第二阶段：明确幼儿发展目标

在主题来源于幼儿的兴趣的基础上，教师需要对接幼儿发展目标，明确主题活动总目标及各领域目标。教师要充分了解幼儿的原有经验，明确本班幼儿的发展水平，对接《纲要》《指南》中的目标，找到幼儿需要支持的目标方向，从而最终确定主题活动的目标。在制定目标的过程中，教师首先要注重领域之间、目标之间的相互渗透和整合，关注幼儿发展的整体性；其次要关注幼儿学习品质的培养，帮助幼儿树立积极主动、认真专注、不怕困难等良好的学习品质。

1. 了解幼儿原有经验

了解幼儿原有经验，教师要先理解幼儿的学习方式及现阶段幼儿的发展目标。在目标的支持下，教师才能在幼儿的语言、表情、行为中对幼儿的原有经验进行了解与分析。

注重在生活活动、游戏活动中对幼儿进行自然观察，保证幼儿的状态放松、情绪愉快，不通过简单的结果性测评对幼儿的原有经验做出判断。

尊重幼儿的个体差异，每名幼儿在主题目标下的发展速度及到达某一水平的时间不尽相同，当教师关注到幼儿的差异后需要思考如何对幼儿进行有效支持，从而使幼儿在原有经验上获得发展。

幼儿学习的前提是他们既有的知识经验与他们个人建立起联系，要与幼儿当前的生活和内在的需要有关。一个主题活动，如果只有教师的主观愿望，而没有幼儿的积极参与就无法持续地发展，它的价值也就无法体现，幼儿的发展也就无从谈起。因此，我们在选择主题内容时，要先考虑此主题是否适合本班幼儿的发展水平，幼儿能否参与并深入主题活动。例如，小班幼儿刚入园时对班级的玩具、同伴都很好奇，教师可以选择"好玩的玩具""我的好朋友""爱上幼儿园"等符合小班幼儿年龄特点和经验水平的主题，将主题内容的学习回归幼儿的生活，吸引幼儿积极参与其中。

2. 明确主题开展目标

主题活动目标以《纲要》《指南》中提出的各领域目标及内容与要求为依据，结合幼儿发展实际情况进行制定。教师首先要明确主题活动总目标，在总目标中充分考虑幼儿情感、能力、知识技能、学习品质等方面的发展，明确主题的核心目标；其次要依托总目标，梳理各领域幼儿的发展目标，形成主题活动二级目标。为了更清晰地理解目标中的具体内容，教师需将目标与主题下的活动进行对应，可以将二级指标进一步细化，形成三级目标。通过对总目标的逐层分解与细化，能够更好地支持教师将目标与活动相对接，找到目标下支持幼儿发展的有效路径。

在主题开展目标确定过程中，教师要把握以下四个方面。

第一，符合幼儿的认知规律和年龄特点。设定主题目标时，要以《纲要》《指南》中的幼儿学习与发展目标、各年龄段的典型行为表现为依据，关注幼儿的年龄特点和实际发展水平，并以此为依据，确定幼儿通过主题活动可能获得的关键经验和预期的发展情况。

第二，关注幼儿学习与发展的整体性与全面性。主题活动强调领域之间、目标之间的有机整合，体现着以主题为整体的综合性，强调幼儿情感、态度、认知能力等方面的发展，旨在将幼儿培养成为健康活泼、好奇探究、文明乐群、亲近自然、爱护环境、勇敢自信、有初步责任感的身心全面发展的儿童。因此目标的设定需要关注幼儿学习与发展的整体性与全面性。

第三，关注幼儿的学习品质及终身发展的需要。幼儿园的课程、活动要着眼于幼儿的终身可持续发展，用长远的眼光看待幼儿的发展需要，帮助幼儿养成积极主动、认真专注、好奇探究、乐于创造等良好的学习品质，培养幼儿面向未来的可持续发展的能力，为幼儿的终身发展奠定基础。

第四，关注幼儿发展的主体性与个体差异性。每名幼儿都是独立发展的个体，教师要尊重幼儿作为个体在自身发展中所具有的主体性，尊重和突出幼儿在活动中的主体地位。幼儿在学习与发展中会表现出个体差异性，因此，在主题活动目标设定中，要求教师在促进幼儿朝向活动目标的过程中，充分关注并尊重幼儿在发展中所产生的差异性。

3. 选择合适的主题内容

教师要基于幼儿的兴趣和发展目标，选择合适的主题内容，既要联系幼儿的已有经验，又要贴近幼儿的真实生活，以此吸引幼儿参与学习。虞永平教授指出，考虑幼儿园课程的主题时应该把重点放在对儿童生活的关注上，儿童自身的生活事件往往发生在儿童直接生活于其中的微观环境之中，这些事件是感性的、近距离的，也是最能吸引儿童学习兴趣的，并且有很大的活动生成空间。例如，幼儿园中有一棵海棠树，结合幼儿的兴趣和问题，开展了主题活动"一棵海棠树"，引发了一系列的故事，如给大树妈妈穿衣服、让幼儿测量树径、制作衣服等。社区也是幼儿主题学习内容的重要来源，如幼儿对周围的高楼大厦、商家店铺、川流不息的马路都很熟悉，于是开展了"马路上的汽车""逛逛南大街"等主题活动。部分幼儿园地处居民小区，靠近菜市场，家长彼此比较熟悉，有时还互相串门，可以开展"我到朋友家做客""逛菜市场"等主题活动。这些主题以周边环境作为活动开展的素材，贴近幼儿生活，大大提高了幼儿学习的积极性、主动性与有效性。

小班主题活动"美好的春游"片段二

教师在对幼儿兴趣进行统计与分析（表4-1）时发现，大部分幼儿对花朵、风筝及野餐感兴趣，于是围绕这三部分内容进行主题目标的整理与分解（表4-2），支持主题下每一次小活动的开展。

表4-1　幼儿兴趣统计与分析

内容	花朵	风筝	野餐
关系	三者均属于幼儿感兴趣的事物，三项内容贴近幼儿的生活，内容之间没有先后的必要联系，因此没有先后顺序之分，可同时在主题活动中开展。		
价值	(1)幼儿生活中易于接触到，可丰富幼儿对自然事物的认知。 (2)常见花朵形态、颜色、结构，具有探究性，能够发展幼儿的观察及探究能力。 (3)能提高幼儿感受美、表现美的能力。	(1)幼儿生活中易于接触到，可丰富幼儿对生活中常见事物的认知。 (2)风筝外形、结构、特点具有探究性，能提升幼儿的探究能力。 (3)能够发展幼儿的动手操作能力。	(1)幼儿生活中易于接触到，可提升幼儿生活经验。 (2)能够让幼儿亲身体验，获得参与的乐趣。 (3)能提高幼儿的自理能力。

表 4-2　主题目标的整理与分解

主题总目标	二级目标	三级目标
发现并认识生活中的花朵，能够用自己的方式进行美的表现和创造。	(1)对周围环境中常见的、形象突出的、色彩鲜明的花朵产生兴趣。 (2)通过画线、玩色、撕纸、玩泥等活动，进行花朵的创作及表现。 (3)握笔方法。	(1)欣赏并认识生活中常见的花朵的名称及形态。 (2)感知大自然中花朵的不同颜色。 (3)感受生活中、自然中花朵的美。 (4)通过颜料拓印、自然物拓印的方式表现花朵的形态。 (5)掌握握笔姿势及常用的美工材料的使用方法。
通过感知、摆弄，体验风筝最明显的特征，对风筝感兴趣，有初步的探索欲望。	(1)通过感知、摆弄风筝，体验风筝最明显的特征。 (2)运用熟悉和喜欢的图形、材料对风筝进行装饰。 (3)体验放风筝的乐趣。	(1)对风筝感兴趣，了解风筝最明显的特点(样子、种类等)。 (2)尝试放风筝，并用语言、动作等形式表达自己在放风筝过程中的发现。 (3)运用简单的形状对风筝进行装饰。
了解野餐的相关知识，并参与野餐的准备工作，体验野餐的快乐。	(1)喜欢吃健康的食物。 (2)愿意与同伴、教师交往，初步学习与同伴分享。 (3)乐于参与野餐活动，获得愉快的体验。 (4)萌发初步的环保意识。	(1)喜欢吃瓜果、蔬菜等新鲜食物，不挑食。 (2)使用礼貌用语与成人打招呼。 (3)与同伴分享玩具和图书。 (4)在春游中自己选择感兴趣的活动内容，在准备过程中做自己能做的事情。 (5)有初步的环保意识，知道活动后要收拾垃圾、清理场地。 (6)感知天气变化对野餐活动的影响。

（三）第三阶段：支持幼儿深度探究

在主题活动目标的支持下，开始进行幼儿的深度探究活动。教师可以从多载体灵活引导、多台阶逐层支持两方面尝试帮助幼儿进行深度探究。

1. 多载体灵活引导

主题活动是多领域相融合的综合活动，不同的探究内容需要适宜的载体来支持。一日活动中的集体教育活动、区域活动、户外活动、生活活动都是支持幼儿进行主题探究的适宜载体，而且载体之间可以灵活转换。教师要通过载体的支持，引导幼儿进行集体交流分享、小组思考探究与独立自主的学习活动。

幼儿独立自主的学习活动是非常有价值的。当幼儿专注于材料或环境进行互动时，教师不要随意介入幼儿的活动。

小组活动不仅有幼儿与材料、环境的互动，还有与同伴之间的交流与讨论。教师在适宜的时候可以以同伴的角色介入幼儿的探究活动，在充分了解幼儿想法的基础上给予适时适当的指导。

集体教育活动需要教师根据主题教育活动的目标，在充分了解幼儿原有经验的基础上，根据幼儿现阶段发现的共性问题或者有价值的内容组织开展。教师还需要注重活动过程的游戏化、活动化。

2. 多台阶逐层支持

幼儿对问题的探索是逐层深入的，教师需要根据幼儿的学习特点逐步深入地对幼儿进行支持与引导。

激趣：教师关注到部分幼儿的兴趣点背后具有教育价值后，需要通过语言、动作等方式引发更多幼儿对事物的关注与好奇，在好奇心与探究欲望的支持下，引导幼儿进行探索。

体验：在幼儿进行深入探究之前需要充分调动原有经验，基于原有经验进行新的思考，这就是体验环节的重要作用。教师要支持幼儿通过对探究内容的初步感知调动原有经验，为后续的深入探索做好经验准备。

探究：幼儿在探究过程中，教师可以尝试运用多种方式支架幼儿的探究行为。环境氛围、工具材料、教师的语言动作都可以成为支持幼儿探究行为的具体工具。幼儿的思考在此过程中不断深入，教师要将活动的重点内容进行台阶式分解，支持幼儿逐步发现与探索。

分享：分享的过程是幼儿思维外化、输出的过程，幼儿在此环节中积极地对探索的过程进行梳理，能够促进幼儿总结、表达能力的发展。此环节也是同伴之间相互学习、相互启发的过程，同伴输出的内容对其他幼儿具有启发作用，支持着幼儿的再思考。

小班主题活动"美好的春游"片段三

在主题活动"美好的春游"下的野餐活动中，教师通过以下方式对幼儿的兴趣进行了支持。

情境一：为幼儿提供表达自己对野餐认识的机会

在开展野餐活动前，教师为幼儿提供了一个自由表达的机会，围绕"野餐我知道"进行讨论，每名幼儿结合自己前期对野餐的经验进行了分享。有的幼儿知道野餐需要准备帐篷、地垫、食物等，有的幼儿知道野餐可以选择去公园、游乐园等自己喜欢的地方去野餐，有的幼儿提出野餐时可以做些游戏或运动。从幼儿的表达中能够看出一些幼儿具有野餐的部分经验，还有的幼儿经验匮乏，需要进一步丰富。

情境二：通过活动帮助幼儿将生活经验与野餐建立联系

野餐可以做什么：幼儿结合自己去公园野餐、游玩的经验，提出在野餐的时候除了可以在野餐垫上吃东西，还可以听故事、画画，也可以在外面放风筝、和朋友做游戏。

野餐地点的选择：幼儿结合自己野餐需要吃东西和画画这一特点，一起讨论出要寻找一个离水源较近的地方，同时还要有比较空旷的活动场地以方便摆放帐篷、野餐垫等物品；如果在太阳下面太晒了，还可以选择一个有树荫的地方。

野餐时间的选择：幼儿发现最近天气变化大，经常有阴天、下雨、刮风的情况，于是选择一个适合的野餐时间又成了大家讨论的话题。有的幼儿提出可以看天气预报。于是，幼儿开始和爸爸妈妈一起关注天气，选择了天气晴朗的一天准备去野餐。

野餐背包的准备：有的幼儿提出，野餐吃东西时需要擦干净手，所以一定要带纸巾；有的幼儿还结合自己外出的经验提出干纸巾、湿纸巾都需要准备。有的幼儿提出没有树荫时可以戴遮阳帽，还有的幼儿提出平时出去玩时，妈妈会给带个小外套，如果天冷或者下雨了就可以穿上……就这样，孩子们逐渐丰富着野餐背包中需要的物品。

情境三：支持幼儿亲身参与野餐准备

经过不断地讨论，幼儿开始行动起来，准备野餐中需要用的物品。大家纷纷找来了需要带的东西，放到班级里，班里这么多东西引发了幼儿的关注。这时，教师发起了提问："东西这么多怎么办？我们就三位老师也拿不了这么多呀！"于是，幼儿开始纷纷表示："老师，我可以帮助您！""老师，我可以拿野餐垫"……对于野餐的准备，幼儿热情高涨，于是教师开始支持他们进行物品的搬运和准备，幼儿你一个我一个，掉到地上相互帮忙，重的东西几个人一起合力搬。就这样，每名幼儿都信心满满，成就感大大提升。

情境四：回顾野餐活动，进行经验总结

野餐活动顺利结束，教师和幼儿一起坐下来回忆这次自己参与野餐的感受。很多幼儿表示特别开心，印象最深刻的是自己在家里动手准备书包里的物品，大家一起搬东西时速度很快，和好朋友一起在野餐垫上吃水果很有趣……也有幼儿想到教师辛苦地收垃圾时，提出在户外吃东西时没有准备厨余垃圾桶；纸巾上没有名字，不知道是谁的……孩子们在讨论中不断思考，经验也随之增加。

（四）第四阶段：反思效果延伸创新

主题活动结束后，教师需要对主题活动开展的情况进行比较系统的梳理与反思。教师要对主题开展过程中幼儿的收获与发展及教师的成长进行深度思考，基于思考发现幼儿的兴趣点和成长点，从而挖掘下一个主题开展的契机。

1. 注重主题中的过程性评价

过程性评价是在主题开展过程中对幼儿进行的评价。它不是对微观意义上的学习过程评价，也不是只注重过程而不注重结果的评价，而是对主题开展过程中幼儿学习动机、学习过程和学习效果三位一体的评价。教师需要践行以幼儿发展为本的教育理念，在主题开展过程中基于幼儿的个体差异，准确把握幼儿的实际需求，有针对性地给予幼儿适合的支持和引导。同时，这也意味着过程性评价有利于教师针对每名幼儿进行评价，有利于帮助幼儿客观认识和完善自己。

2. 改进主题中的结果性评价

幼儿的发展水平在某一阶段是不同的，每一名幼儿都有自己的发展轨迹，切忌用一把尺子衡量所有，用统一的标准评价幼儿的发展。这样的评价是片面的，不科学的，是看不到幼儿真正的发展状况的。在主题活动中，教师要理解幼儿的发展特点，关注每一名幼儿的发展情况，通过有效的日常观察给予适时适当的支持，使幼儿在原有基础上获得发展。教师可以对日常的观察内容进行及时记录与分析，通过分析明确幼儿发展中遇到的问题及需要的支持策略。

3. 经验延伸创新

教师梳理总结的过程不仅是对主题开展情况的反思，更是基于反思发现幼儿下一步发展目标的重要步骤。教师要基于幼儿现阶段的发展情况，以及在主题开展过程中观察了解到的幼儿新的兴趣及需求展开新的思考，结合现阶段幼儿的发展现状开展新的主题活动，继续通过主题活动支持幼儿的有效学习。

小班主题活动"美好的春游"活动反思

通过本次主题活动"美好的春游"的开展，本班幼儿在参与的过程中，多方面能力都有了显著提升。同时，幼儿在兴趣的驱动下表现出了较高的积极性，能够积极地投入活动。

幼儿发展方面：在主题探究过程中展现并不断提升自己的生活经验。每名幼儿的生活经验都有所不同，班级的主题活动是幼儿很好的交流平台。在这个大家都充满兴趣的主题活动中，幼儿能大胆表达自己的想法，分享自己的经验，主动参与活动，在实际行动中获得新的能力，经过讨论和思考又将自己原有经验和新经验建立了联系，为今后学习奠定了基础。

教师发展方面：在主题活动中，教师通过在生活活动及区域活动中对幼儿语言、行为的观察，发现了大部分幼儿的兴趣点，充分挖掘了幼儿兴趣背后的教育价值，基于对幼儿原有经验的梳理，在《纲要》《指南》中的目标的支持下，形成了主题活动目标及框架。

在主题活动开展过程中，教师以主题目标为导向，挖掘区域活动的支持价值，使美工区成为支持幼儿探究的有效载体，使主题与区域活动有效结合支持幼儿发展。在支持幼儿有效学习的过程中，教师尝试多次运用环境、材料对幼儿进行支持。通过观察，教师了解幼儿探究过程中出现的问题，根据幼儿的实际问题，提供支持材料，给予幼儿小步调的支持，这样避免教师的直接介入打断幼儿的探究思路。由此，使教师在实践中进一步理解了环境对幼儿探究活动的支持作用，丰富了教师的支持策略。

（案例作者：首都师范大学学前教育学院附属幼儿园　孙悦）

二、主题活动中幼儿有效学习的支持策略

教师的支架行为对幼儿的有效学习具有积极促进作用。珍妮·马德森等人提出了教师的六种支架类型，依次是"激发并保持儿童的学习兴趣""示范""吸引儿童参与""控制儿童探索当前任务时所享有的自由程度""突出事物的关键特征"和"控制挫折"[①]。教师应结合师幼共同建构主题活动的进程，从环境支持、教师引导、幼儿学习方式、档案袋评价、家园共育等方面对幼儿的学习进行支持。

（一）采用多种互动策略，支持幼儿有效学习

1. 示范和建议

示范是教师教学行为中常见的行为之一，它是教师向幼儿提供解决策略的一种途径。对于幼儿来说，教师的示范作用为幼儿提供了支架。在示范时，教师需要把复杂的内部思维操作过程分解成单个的、前后连续的解

---

① 赵南，徐利新. 对教师支架类型体系的理论探索[J]. 学前教育研究，2005（Z1）：23-25.

决步骤，并向幼儿详细地、清楚地解释每一个步骤的内涵、目的和意义，即教师通过"有声思维"①，把自己作为专家会怎样解决当前学习任务的过程完整并清晰地呈现出来。通过这种途径，教师可以把规划的策略意识传递给幼儿，以帮助幼儿不仅成功规划当前的任务，而且促进他们实现最终的独立。例如，在小班主题"面点"中，由于幼儿的年龄较小，教师就利用图示的方法，把"点心屋"中做点心所需要的材料、点心的制作过程到最后的整理环节都呈现了出来，并用语言的方式给幼儿做出详细解读。图示给予了小班幼儿暗示的作用，他们在做"点心"的时候就会利用这种策略提醒自己：我如果想做点心，需要哪些材料，按照什么样的步骤……渐渐地，幼儿能明白计划与行动之间的关系。可见，教师的示范给幼儿搭建了一个"最近发展区"的"脚手架"，借助这个"脚手架"，幼儿的有效学习意识逐渐养成。幼儿的有效学习得到发展时，"建议"行为将扮演更主动的角色。例如，在中班角色游戏中，"一家人"要去春游，大家七嘴八舌地讨论春游需要带什么物品。教师观察幼儿的行为，说道："做事情要有计划和目的。"幼儿想了想，然后利用绘画的方式制作了春游所需物品的清单。教师运用建议的方式暗示幼儿一些信息，可以帮助幼儿在游戏中做出正确的选择。

2. 有效提问

关于有效提问，以往学者对其进行过很多研究。卢正芝、洪松舟认为，"有效课堂提问"是相对于低效提问、无效提问而言的，它通过问题引导学生主动思考，进行质疑和对话，全面实现预期教学目标，促进学生情感态度、创新思维等方面的发展；其实施的过程可分成提出问题、获取答案、有效理答三个阶段，其顺序可表示为提出问题、停顿（给学生思考的时间）、提问学生、学生回答、停顿（给学生思考的时间）、理答与反馈。② 冯淑霞认为有效提问是指在幼儿园集体教学活动过程中，教师向幼儿提出问题以引发幼儿回应或回答，促进幼儿主动思考的一种教学方式。③ 本研究中的有效提问是指教师围绕预期教学目标对幼儿开展的一系列提问行为，它能

① 陈琴. 美国学校"有声思维（Think Aloud）"教学及启示[J]. 教育科学研究，2016(8)：69-73.

② 卢正芝，洪松舟. 教师有效课堂提问：价值取向与标准建构[J]. 教育研究，2010(4)：65-70.

③ 冯淑霞. 幼儿园语言教学活动中教师有效提问的策略[J]. 学前教育研究，2014(6)：70-72.

提高幼儿参与教学活动的积极性，激发幼儿的思维，从而使教师有效达成教学目标。在主题活动中，教师要先对幼儿进行描述性的解释，如教室中有哪些活动区、有哪些材料、其他幼儿和教师的名字。等幼儿对此熟悉以后，教师可以就当前环境中幼儿可以感知到的事物提出相关的问题，其目的在于帮助幼儿注意眼前的任务。例如，中班幼儿在进行"车"的主题活动时，幼儿告诉教师他们计划要做一辆车，但是对于什么样的车他们并没有详细的方案，教师通过提问引导他们细化规划，提出"你们打算做一辆什么类型的车""这辆车里需要有哪些座位，如何安放""车有多少轮子，花纹是什么样的"和"为了做这辆车，我们需要准备些什么材料"等问题。对于大班幼儿来说，教师的提问转向和幼儿讨论，促使幼儿的学习更趋全面，并激发幼儿的兴趣和动力。对待不同水平的幼儿，教师的提问策略不同，但都有一个共同原则，即提问并不是试图影响幼儿的选择，而是帮助幼儿学会确定自己的选择。幼儿通过回答教师的提问激活了自身已有经验，用口头语言把自己的想法表达出来，会使头脑中的意向更加明确。教师通过提问了解了幼儿的原有计划、愿望、经验等，收集了有关信息，能为支持幼儿的有效学习做好准备。

3. 及时反馈

反馈是提升学习效果的关键教学环节。[①] 提供详细、及时的反馈，有助于学习者提升自我认知、提高感知能力，并调节学习行为。反馈在学习过程中会使学习者产生积极情绪或消极情绪：及时反馈可以激发积极情绪，激励学习者实现学习目标；而延时反馈会导致学习者抗拒反馈结果，产生消极情绪。因此，发展和获得概念和技能的关键在于提供给幼儿有指导地进行实践的机会，并随时得到正确的反馈。教师教给幼儿承担责任、确定目标的策略及学习技能，但是也需要在恰当的情境下，给予幼儿正确的反馈，否则可能会让幼儿沮丧、气愤，因此导致幼儿的拖延，甚至是对概念的错误理解。这种反馈可以面对整个班级，也可以只包含一个小组，乃至一名幼儿。把握反馈时机，例如，集体教学活动结束前，或者是区域游戏活动之后的评价都是做好及时反馈的良好时机。教师可以在全体交流中对幼儿分享他们做了什么、完成了什么、是否还需要帮助、在操作中的想法和遇到的困惑等情况，予以反馈。依据布卢姆的教育目标分类学，教师反

---

① 伍绍杨，彭正梅. 迈向更有效的反馈：哈蒂"可见的学习"的模式[J]. 开放教育研究，2021，27(4)：27-40.

馈划分为记忆型、理解型、应用型、分析型、评价型及创造型六个层级，教师反馈的内容可以是材料的运用、方法策略的总结、同伴互助及问题解决。通过帮助幼儿解决问题，或者鼓励他们持续探究，还能使得下次在同样情境中活动的幼儿得到相似的经验。

（二）支持幼儿多样化的学习方式

幼儿的学习是整体的，教师要给幼儿提供整体性学习的机会，就应鼓励幼儿在学习过程中，运用自己的语言、动作、认知、思想和情感协调参与学习过程。

1. 为幼儿创造多感官参与学习的机会

陈鹤琴先生说过，"凡是儿童自己能做的要让他自己去做；凡是儿童自己能想的要让他自己去想"。在主题活动过程中，教师要鼓励幼儿采用多种学习方式来理解、接纳主题活动中的内容和信息，并加以消化和吸收，内化为自己的知识能量和认知结构。教师要鼓励幼儿用自己喜爱的方式去看一看、闻一闻、摸一摸、试一试、想一想、找一找，在直观、形象、自主的探究中引导儿童主动学习。例如，在小班主题活动"爱吃水果的牛"中，为了让幼儿了解不同的水果，首先，教师为幼儿提供多种不同真实的水果，让幼儿通过看外形、摸外皮、闻香气初步感知水果的外形特点；其次，教师提供了神奇魔法袋，把多种水果放进魔法袋中，让幼儿运用摸一摸的方式来猜想自己摸到的水果；再次，为了让幼儿感知水果的横切面，教师准备切好的水果，让幼儿通过切面来猜想水果，还提供拓印工具，让幼儿运用水果进行美术创作；最后，教师创设小果园的情境，为幼儿创设"魔术贴摘水果""挂钩摘水果""扭一扭摘水果"，让幼儿感受不同摘水果的情境。

2. 促进幼儿在主题活动中的同伴学习

同伴学习是学前阶段幼儿学习的重要方式之一。在主题活动中，教师要积极创造条件，让幼儿与同伴积极合作，共同学习。例如，在中班主题活动"我是小小志愿者"的开展中，教师利用儿童会议的形式让幼儿进行问题的讨论和决策。幼儿运用小组合作的形式制定方案，进行在园和社会志愿活动的设计。幼儿在主题行进中与同伴交流与分享自己的学习结果，经验从中得以分享。

3. 支持幼儿在主题活动中的自由探索

幼儿园主题活动重在过程，教师要发掘幼儿潜能，让每名幼儿在主题活动中都能各展所长。一是教师创设良好的班级氛围，为幼儿提供更多自由发挥的空间。主题活动的形式减少了不必要的纪律约束，它不受课堂时间的限制，留给幼儿更多的自由发挥的空间。二是教师鼓励运用与众不同的学习方法和思路，不给正确答案，而是让幼儿去自由探索，寻找合理的答案，避免了以往传统活动中统一答案、统一方法的弊端。只要幼儿在活动中充分动脑、动手、动口，那么即使在某个活动中没有充分完成，这个活动也是成功的。三是教师创设记录、展示和分享的机会，在区域活动时间记录幼儿的创新玩法，在区域活动后鼓励幼儿进行展示和分享。

（三）合理运用档案评价，促进幼儿主动学习

在主题活动中，教师可以收集并制作幼儿档案袋，运用档案袋评价这种过程性评价的方式记录幼儿的主题活动。幼儿档案袋中不仅有幼儿在主题活动中具有代表性的阅读、语言、数学、美工和音乐作品，如绘画、各种记录单、参观访谈的记录报告、幼儿自创的书写符号等，还有教师对幼儿的观察、评价等个案记录。教师通过幼儿的活动记录、作品、照片，关注了幼儿在主题活动中发现了什么，通过什么方式来表达自己的感受，获得了哪些发展，在思考中推动主题活动前进，促进幼儿的发展。

1. 记录主题活动行进中的不同阶段

在收集记录幼儿活动档案袋时，教师需要尽可能地选择典型的、能展现幼儿能力发展水平的材料，以发挥档案的评价作用。教师一般根据主题活动进行的不同阶段进行记录。例如，在主题活动"幼儿园的房子"中，教师在活动前收集幼儿绘画作品"我最喜欢的幼儿园"，活动后收集"我设计的幼儿园"，借此观察、分析幼儿的学习过程和发展状况，及时调整教学策略，提高环境和材料的适宜性。

2. 注重档案中的幼儿参与

教师应注重放手让幼儿参与材料的收集和整理，鼓励幼儿自由存放自己认为有意义的作品或更换自己不满意的作品，确保档案材料的全面、有效。教师也应采用幼儿拍照、幼儿园之旅的形式，让幼儿参与档案制作的全过程。

3. 注重档案评价方式

在运用幼儿档案进行评价时，教师应注意多用肯定性评价，以发展的眼光看待每名幼儿，尊重、接纳他们的个体差异，为他们提供表现自己长处和获得成功的条件。教师可以经常运用"你一定能行""你来试一试"和"我和你一起做"等语言给幼儿以鼓励和信心，帮助幼儿充分认识自己的长处，增强自信，将优势领域的学习经验迁移到弱势领域，最终使其获得全面发展。

（四）发挥家园共育的作用

幼儿的健康成长不能只依靠幼儿园教育，还需要幼儿园和家长密切配合进行教育，共同为幼儿搭建一个健康快乐成长的学习平台。幼儿园主题活动作为趣味性和教育性并存的教学途径，教师需要充分利用家庭教育资源，形成良好的家园合作氛围，在保证幼儿园主题活动高效开展的过程中，还要让家园合作得到有效落实，以此保证幼儿的健康成长。

1. 亲子活动可促进幼儿有效学习

幼儿园在开展主题活动的过程中，教师可以引导家长与幼儿进行一些亲子互动，让家长全面认识自己在幼儿成长过程中所具有的引导作用。例如，教师在幼儿园教学过程中，可以带领班级幼儿开展主题活动"地球村"。教师可以创设"时装秀"亲子互动环节，引导幼儿和家长将家中一些废弃的塑料袋、碎布、空矿泉水瓶，以及废旧报纸等闲置物品带到幼儿园，让家长与幼儿共同进行服装设计，并让幼儿穿上与家长共同设计的衣服进行走秀。通过亲子互动环节的设计，教师能给幼儿和家长创设交流和沟通的平台，让家长在亲子互动环节过程中，能更好地了解幼儿的成长情况。同时，家长还能给幼儿做出良好的学习榜样，促使家长能在幼儿成长教育过程中发挥出更大的作用。

2. 积极配合主题活动进行调查研究

家园良好的沟通协作是主题开展的重要保障，在主题开展过程中，教师会采用家园任务单或者家园小调查的形式，鼓励爸爸妈妈一同参与幼儿问题认识和问题解决的全过程。例如，在中班主题活动"桥"的推进过程中，教师设置家园任务"寻找身边的桥"，家长利用周末带孩子去参观、去寻找身边的桥，让孩子在寻找过程中了解桥的结构、桥的历史，通过调查了解到桥的种类中除了拱桥，还有城市中的立交桥也是桥的一种。通过家园共同探究，幼儿的原有经验得到了提升和发展。

3. 积极配合主题活动进行物质准备

家长要积极配合教师完成主题活动的物质准备。物质准备的主要途径有园内收集和家长收集两个方面。对幼儿来说"收集材料"并不是件容易的事，这就需要教师做好家园联系的工作，只有家园紧密配合才能为活动提供丰富的物质材料，从而促使活动顺利开展。连接家园互通的中介就是幼儿，教师要向家长传达主题活动的信息，使家长了解幼儿在这一主题下能够获得哪些发展后，再动员家长一同参与材料收集的行动。例如，在主题活动"地球村"的开展过程中，教师发动家长进行废旧材料的收集，让幼儿认识各种废旧材料，学习对材料进行分类摆放。

幼儿的有效学习离不开教师的创造性教学。教师要创造条件去激发、去引导、去展示，以适合幼儿学习的方式，激发幼儿的好奇心和求知欲，最大限度地发挥幼儿的自主性和潜在性，让幼儿的学习有意义，让幼儿真正成为学习的主人。

第二节　自主游戏中支持幼儿有效学习的路径和策略

自主游戏，即幼儿在一定的游戏环境中根据自己的兴趣和需要，自由选择、自主开展、自发交流的积极主动的活动过程。这一过程也是幼儿兴趣需要得到满足，天性自由表现，积极性、主动性、创造性充分发挥和人格建构的过程。

"以游戏为基本活动"是幼儿园教育的一个基本原则，其目的在于满足与保障幼儿游戏的需要与权利。自主游戏对幼儿的发展意义重大，幼儿在游戏中处于主体地位，能根据自己的兴趣爱好和生活经验参与游戏活动。教师要充分尊重和保护幼儿的好奇心和探究兴趣，相信每一名幼儿都是积极主动、有能力的学习者，只有这样才有利于幼儿主动认知和探索世界，培养幼儿良好的学习品质，促进师幼共同发展。在这样宽松愉悦的游戏活动中，幼儿是幸福的学习者，教师也是幸福的学习者，还是推动幼儿有效学习的引领者。这就需要教师用心观察幼儿的游戏行为，耐心倾听幼儿的游戏想法，关注幼儿的个体差异，抓住游戏中的教育契机，给予适宜的支持与回应，并帮助幼儿将已知经验进行重组和再建构，从而形成新的经验，以此推动幼儿的深入学习与探索，支持幼儿的游戏水平和学习水平向更高层面发展。

一、自主游戏中支持幼儿有效学习的路径

（一）追随童心：回归儿童主体

自主游戏的重点在于自主，游戏主题、内容、材料、玩伴、游戏的规则等都是幼儿的意愿，教师要充分尊重幼儿的意愿和想法，为幼儿提供自主游戏的机会和空间。幼儿自发结伴游戏、自主设计和参与游戏，将自己生活中的事物通过游戏的形式表现出来；在操作、体验中探寻事物的奥秘，发展专注力；在交流、讨论中学会独立思考、独立解决问题。

大班区域游戏"邮政局"

活动由来

游戏是幼儿的自主性活动，教师应该走出"真注意假商量"的传统游戏模式，让幼儿成为游戏活动的真正主人。新学期，教师给"服装店"投放了新的服装，幼儿看到新服装，开始讨论起来："有邮递员的衣服，还有医生的衣服，这还是服装店吗？""能送信吗？我们可以玩送信的游戏吗？""我想玩医生的游戏"……教师便将问题反抛给幼儿："我们的服装店到底怎么玩？"孩子们在商讨、投票后一致决定：周一玩警察局，周二玩邮政局，周三玩餐厅，周四玩医院，周五再变回服装店。就这样"一区五玩"的游戏开始啦！

活动过程

故事一　怎样寄信

实录：周二的邮政局游戏开始了。这是笑笑第一次写信，她写好信后开始粘贴邮票。依依看到笑笑把邮票贴在了信上便告诉她："邮票应该粘在信封上。"笑笑听后思考了一会儿，便把邮票撕下来放在一边。然后拿起一张彩色A4纸由两边向中间折，制作了一个信封。这时，依依看到信封又对笑笑说道："信封上应该写102600，这个叫邮编。"笑笑说："可是我不会啊，你能帮我吗？"依依拿过信封，在信封的左上角画了6个"□"。笑笑问道："这是什么？""写邮编的地方啊，没有这个怎么写？"接下来，依依在小方块里整齐地书写上"102600"。邮编写好后，笑笑把自己制作的邮票贴在信封右上角，并告诉笑笑："你这个还差收信人的名字和地址。""我不会写字。""那怎么办？要不然我们用画图表示吧。"就这样，在依依的帮助下，笑笑第一次把信顺利寄出。

解读：游戏时，教师重点观察了两名幼儿的语言和行为。当幼儿遇到困难时，教师并没有直接去帮忙。因为教师相信幼儿能主动学习，主动去寻找解决问题的办法。在之后的活动中教师可以带幼儿一起学习书信的正确书写格式、学习邮寄物品的正规操作步骤，一起收集身边的邮票，感知邮票的基本特征和用途，并且尝试设计邮票、制作明信片等。

故事二　送信

实录："邮递员"们看到有了新的信件，赶忙跑到信箱前面，在争抢的过程中谁都打不开邮筒的门，还把邮筒挤倒了。嘉泽对俊俊说："别抢了，一人一封嘛！这封我送，下一封你送。""那为什么不是我先送？""石头、剪刀、布，赢的人先送可以吗？"俊俊同意了。嘉泽胜出，拿到信来到了大一班，嘉泽向老师求助："老师，您好，我是大二班的邮递员，这封信是大二班的，可是我不认识这个小朋友的名字。"在老师的指引下，嘉泽顺利把信交到了收信人的手中。

解读：幼儿非常喜欢写信、送信的活动，在今后的活动中教师可以带领幼儿参观邮局，在那里不仅可以真正地了解到信件的发送、接收工作，还可以知道在邮局不仅可以寄信还可以邮寄物品，在外出游玩时还可以邮寄明信片向好朋友表示祝福。在班级门口投放邮筒，当其他班的幼儿收到信件后，也可以互相回信，体验同伴交往的快乐。活动后教师鼓励幼儿将本次活动与同伴分享。教师运用录像的方式留念，给予幼儿鼓励和肯定，从而增强幼儿的自信心和成功感。

活动反思

刚开始，教师对"送信"的环节是比较担心的，因为幼儿要出班，担心路上会发生安全问题。但是教师通过几次"跟踪"发现，责任在肩的幼儿在道路上没有片刻停留，认认真真地完成了自己的任务。幼儿的责任心在这个过程中表现得淋漓尽致。他们主动承担任务，遇到困难坚持不轻易放弃，积极思考，主动探索，不断创新。在小邮局，他们学习分工合作，遇到困难一起克服，发生冲突自己解决甚至帮助别人化解矛盾。教师也做了改变，跳出固有思想，对每名幼儿都给予足够的爱和尊重，给他们创造接纳、支持的环境，将教育渗透在一日生活的各项活动环节中，为幼儿营造一种平等、和谐、友好的环境，为他们提供了更多与同伴及周围环境充分交往、接触的机会。

（案例作者：北京市大兴区礼贤新航城幼儿园　张晓娜）

（二）量身定做：满足个性化学习

陶行知先生曾说："游戏是幼儿认识世界的途径，是向幼儿进行教育的手段之一。"自主游戏是幼儿最喜爱、最本真的游戏形式，教师要让幼儿能在一定的游戏环境中根据自己的兴趣和需要，以快乐和满足为目的，拥有自由选择、自主展开、自发交流的权利。自主游戏没有发展的特定指向，却凝聚着发展的全部趋势，在自主游戏中，幼儿的积极性、主动性、创造性、社会性等均能得以充分发展。

1. 环境与材料是幼儿自主游戏的"着眼点"

幼儿的参与是保障活动顺利进行的前提，只有幼儿积极参与活动，才能逐步深入地进行探究，实现有效学习。因此，在主题活动进行之初，如何能够保证主题顺利进入是教师支持幼儿自主游戏的第一步。环境的创设和材料的提供是一个主题开始的起点，是进入主题最好的方式。在良好的环境氛围下，幼儿能够进行观察、感受与思考，在直观的场景下发现与体验。在利用充足的材料进行游戏的过程中，幼儿能够在亲自动手操作的过程中体验与感知，在与材料的深层互动中进行尝试与探究。

以低结构材料为例，低结构材料是生活中常见的、简单的、自由组合的材料，如木板、硬纸箱、纸杯、瓶盖等没有明确目标、玩法不固定的材料。这些材料功能多样，结构简单，变化程度大，可操作性强，便于幼儿按照自己的想法自由组合和探索。所以在设置班级区域时，可投放没有主题的低结构材料游戏区，鼓励幼儿自主生成各种游戏，自发建立各种关系。

教师将低结构材料收集后应统一规划，有序分类。教师要基本明晰区域所需的数量和种类，同时将收集的低结构材料进行初步加工及分类。教师要根据幼儿游戏的原动力和幼儿区域游戏的内容，为幼儿提供新的低结构材料，持续激发幼儿的游戏兴趣。例如，在中班角色区"汽车博物馆"中，游戏一段时间后幼儿不满足于只有方向盘的不能动的椅子汽车，选区的幼儿越来越少。于是，教师与幼儿共同商讨开设一个"汽车加工厂"，让小汽车"动"起来。教师根据需要投放了大小不一的硬纸箱、油桶、薯片桶、卷纸筒等材料。在"工厂"里幼儿将纸箱掏空，在箱子外侧用薯片桶盖做反光镜、用油桶做轮子，然后"穿"在身上变成一辆小汽车。这样的材料投入既激发了幼儿游戏的兴趣，又推动了自主游戏的深入开展。

2. 赋权与放手是幼儿自主游戏的"着力点"

教师要在观察与分析中读懂幼儿的"心声"。在"观察"中，"观"是"看见"真实的幼儿，"察"是"看懂"幼儿在游戏中的发展的必要前提和基础，否则教师偏颇地"看见"会误导对幼儿的分析与判断。在赋予幼儿权利与营造宽松氛围的同时，教师作为一个观察者，要在一旁运用拍照、录像等方式记录幼儿的活动，并通过查阅大量相关理论资料，对幼儿的语言、行为、作品等进行分析，以求更好地为幼儿提供支持。

教师要充分放手，让幼儿展现真实的自我。教师应该坚信幼儿是有能力的学习者，在自主游戏活动中，教师要尽可能地放手，让幼儿自主选择在哪儿玩、和谁玩、玩什么、怎么玩，并且教师要做到如下几点，从而让幼儿在自主游戏中展现真实的自我。第一，创设具有安全感、归属感的游戏环境。第二，提供可供幼儿自主选择的游戏玩具和材料。第三，让幼儿拥有充足且能够自由支配的游戏时间。第四，赋予幼儿自主支配活动、主导游戏进程的权利。第五，最大化地放手，对幼儿的游戏行为予以信任、理解和支持。第六，在幼儿遇到问题时，不盲目、不急于干预，相信幼儿在解决问题的过程中会获得有益的体验和发展。

在自主游戏中，教师应该明确"看什么"，才能够真正"看见"幼儿是否在真实地游戏。教师应该结合自主游戏的性质和自己工作的实际需要来确定"看"的目的和"看"的内容。一般而言，教师在自主游戏中应该"看"以下几个方面。第一，幼儿对游戏的兴趣与专注度，包括幼儿在游戏中投入的程度，兴趣持续的时间，兴趣是否转移等。例如，幼儿的游戏状态是专注投入还是游离的，幼儿在一个游戏主题中持续时间的长短及更换主题的频率等。第二，幼儿的游戏水平，包括幼儿确定游戏主题的能力，选择与分配游戏角色的能力，设计并推动游戏情节发展的能力，与环境和材料互动的能力等。当然也包括基本的游戏技能。第三，幼儿的创造性表现，包括对游戏环境和材料的创造性利用等内容，也包括幼儿创造性地运用已有经验大胆尝试解决游戏中遇到的问题等。

要想"看懂"幼儿，教师需要了解幼儿发展的水平和特点，并与《指南》中不同领域的幼儿发展目标建立联系，了解各类游戏的性质及幼儿自主游戏的关键经验，做好专业准备。教师作为幼儿游戏活动的支持者、合作者、引导者，在自主游戏中发挥着举足轻重的作用。教师的儿童观、游戏观、教育观、课程观直接影响着幼儿游戏的质量和水平。分析游戏也需要分析教师对于儿童发展水平的把握是否准确，介入游戏、引导幼儿的时机、方式方法是否合理，对幼儿游戏的支持是否适宜等。

3. 激趣与生成是幼儿自主游戏的"生长点"

动机是使个体主动、持续进行某一活动的内部驱动力量。积极的内在动机是幼儿自主游戏时学习的重要内在心理条件，是幼儿充分参与、体验的保证。要使幼儿的学习需要转化为内在的动机，教师需要以幼儿的兴趣与真问题为导向生成活动，并在有力的师幼互动中启发幼儿进行层层深入的探究。兴趣是幼儿持续学习与探究的动力，以幼儿的兴趣与问题为起点开展活动是支持幼儿进行深度学习的重要策略。在活动中，教师要及时捕捉幼儿的兴趣，发现幼儿乐于表达、讨论与追问的内容，并以此生成活动，使幼儿能够有积极的情绪和良好的内在动机，专注、持续地进行游戏。

幼儿主动性的发挥依赖于教师的有效支持，因而在生成课程理论中，师幼对话与师幼互动也十分重要。生成性课程具有三大特点：过程性、关系性与对话性。它是坚持以幼儿为中心，师幼共同建构的弹性的、动态的活动过程。在生成活动中，计划、目标、内容及过程都是动态的，一切以幼儿的兴趣需要为依据，来源于幼儿而又促进于幼儿。自主游戏中，有效地介入需要教师具有丰富的教育理论知识、科学的教育观念和深厚的观察与反思能力。教师若不能通过观察了解幼儿的身心发展特点，就无从开展良好的自主游戏活动。

4. 总结与反思是幼儿自主游戏的"突破点"

要使幼儿在自主游戏中更有效地学习，总结与反思的重要性不容忽视。教师需要运用多种方式促进幼儿经验的梳理、整合与迁移应用，提升他们解决问题的能力，从而进行经验的迁移与运用，使其在模仿、尝试与探究的基础上进行创造。在活动中，教师可以利用画图、照片记录等多种方式帮助幼儿进行经验梳理与总结，以此深化幼儿对新经验的理解与运用。

"教无定法，贵在学法"。真正的教育无"教"，而是快乐地"学"，教师与幼儿一起学。真正的幼儿自主游戏不可盲目追求游戏的秩序井然、不强求材料的丰富美观，而是教师能够利用自身资源，为幼儿提供支持的条件。真正的自主游戏中的教师介入，让幼儿感觉不到丝毫不适，能让幼儿找到属于自己的自主游戏。"当局者迷旁观者清"，教师还要善于与同伴合作，互相观察、记录、总结、评价各自在自主游戏中的表现，发现不足，及时调整。教师也可借助拍照、摄像等形式客观记录下自主游戏中教师的介入情况。随后，教师借助影像内容进行研讨，引发多种观点与解读。通过回看录像的方式再现当时的情境，教师的关注点会有所不同，能够更全面地反映现状、分析问题。

在自主游戏中，教师需要珍视游戏的独特价值，充分尊重和保护幼儿的好奇心和学习兴趣，在游戏中通过适宜的行为最大限度地支持和满足幼儿通过直接感知、实际操作和亲身体验获取经验的需要，尊重幼儿个体差异，促进幼儿在自主游戏中的有效学习。

二、自主游戏中幼儿有效学习的支持策略

（一）自主游戏中的有效观察

作为教师，观察和理解幼儿的游戏、为幼儿的自主游戏提供适宜的支持是教师重要的专业能力。观察的目的在于教师走进幼儿，发现幼儿自主游戏和学习中的行为和表现，解读幼儿自主游戏中的学习经验和发展需求，找到支持幼儿有效学习与发展的依据和策略。那么，为何要进行有效观察？怎样使观察达到有效的目的呢？

1. 有效观察的价值

不同类型的游戏有着不同的特性，承载着不同的幼儿学习与发展的功能，其发展价值也不尽相同。不同游戏中的观察重点虽然不完全相同，但仍会有基于自主游戏共同特性的有效观察的主要价值。因为通过观察，教师能够了解幼儿当前达到了什么发展阶段，而后能将他们的进步与这一年龄段群体应达到的水平范围做比较，从而设计能引导他们继续向前发展的各种活动，以满足不同儿童的发展需要。观察，会让教师感悟到幼儿发展的独特之处，其价值在于能够支持儿童的有效学习与发展，能够促进教师在自主游戏中的反思与成长，能够优化课程的深入开展与实施。

小班区域轰动"游戏棋"

益智区图形类的镶嵌玩具是近期孩子们很感兴趣的一个游戏材料。孩子们在玩的过程中，反复地进行取放、镶嵌、拼摆，时间持久，且不厌其烦，专注性凸显。因此，老师思考如何在这个成品玩具的基础上加以目标和层次的提升，引导孩子们进行自主学习和自主探究。由此，老师结合目标制定了"战胜灰太狼"操作材料，引导孩子们对三角形、圆形、正方形产生兴趣，认真专注地玩游戏；认识三角形、圆形和正方形，并能通过提示卡准确找到图形位置进行拼摆和粘贴。

材料投放初期，孩子们对平面的操作卡兴趣不浓，因此老师从孩子们感兴趣的角度出发，结合小班"游戏情境化"这一年龄特点，对"战胜灰太狼"这一操作材料进行了调整。老师将自主性学习材料与益智区地面棋游戏相结合，从单一的平面操作调整为与地面游戏相结合，操作材料更加立体化、趣味化。这主要体现在以下几个方面（表4-3）。

表4-3　观察并调整材料

观察内容	调整前	调整后
观察材料设计的层次性		
	成品镶嵌类玩具	与数学游戏材料结合

观察内容	调整前	调整后
观察材料设计的趣味性	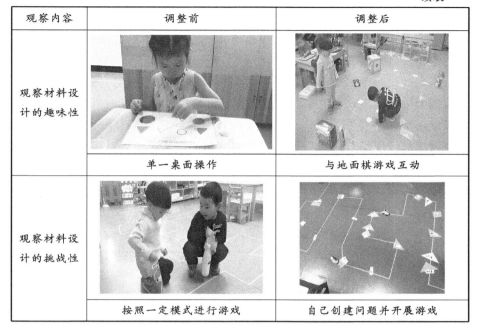 单一桌面操作	与地面棋游戏互动
观察材料设计的挑战性	按照一定模式进行游戏	自己创建问题并开展游戏

（案例作者：北京市大兴区第五幼儿园 尹松雪）

2. 有效观察的主要方式

对幼儿有效观察的方式主要分为随机性观察和目的性观察。

随机性观察指对幼儿的观察可以是自发的。有时候，教师会在自主游戏的发生当下收集信息，并将这些信息整合到对每名幼儿发展的思考中，即将一部分通过随机观察获得的信息记录下来（运用照片、录音、视频等方式），并在方便的时候整理出来。

目的性观察是指教师有计划地进行观察记录。要做好观察计划，就要明确观察的目的和内容，以及时间、地点、对象、方法等，提前预想如何观察及能观察到什么。教师要真实地了解自己所带班级的幼儿，找到促进其有效学习和发展的最佳方式，因此进行有计划的观察是非常必要的。

3. 有效观察的一般操作要求

第一，在游戏中，观察者要尽可能地避免干扰或改变被观察者的行为。

第二，观察者要根据观察目的扮演相关的角色，观察幼儿的自主游戏行为，如旁观者、参与者、合作者等。

第三，观察者要客观描述幼儿的自主游戏行为，包括语言、动作、表

第四章 支持幼儿有效学习的路径与策略

129

情等。

第四，观察者要依据个体发展，本着"蹲下身、站身后"的观念，给幼儿充分的时间和空间，允许幼儿举棋不定，在等待幼儿的过程中，捕捉幼儿的眼神、表情及各种情绪表现。

观察的过程不仅仅是用眼睛看，还要看到事物的发生、发展，并需要思考其动向与本质。在有效观察的基础上，教师要能够根据所学理论知识，客观描述幼儿的行为表现，了解幼儿的自主游戏状态、学习方式和经验内化的情况；读懂幼儿游戏行为，理解其兴趣、需要和最近发展区，分析幼儿行为表现的原因和发展水平，根据幼儿当前游戏的情况和需求，进行及时支持与延时支持，并进行有效评价，以达到幼儿在自主游戏中获得有效学习的目的（表 4-4）。

表 4-4　建筑区——搭建故宫太和殿观察记录表

时间	2022.10.8	地点	建筑区	观察者	王宇天　大兴十幼
观察对象	聪聪（5 岁）、轩轩（5 岁）、俊博（5 岁）、尹杉（5 岁）				
观察要点	幼儿是否能够围绕搭建主题进行搭建，并主动探索解决问题的办法				
观察方式	定点观察				
观察	聪聪指着一幅图片说："我们今天搭这个吧，你们同意吗？" 轩轩："同意。" 俊博、尹杉："我也同意。" 聪聪："那我们先搭这个楼梯吧。" 轩轩指着楼梯说："先找一找这里都有什么材料。" 尹杉："那我来拿材料吧。" 聪聪："我来搭吧。" 俊博和轩轩一边帮忙递积木，一边对照着图片观察搭建的步骤。俊博看了看已经搭好的左侧部分楼梯，用手对比了一下两边的高度说："这边也得搭 4 层高。" 在轩轩和聪聪搭的过程中，俊博又起身对着聪聪和轩轩正在搭的这一部分看了一会儿，然后转身来到玩具柜拿起了小长条积木递给了聪聪。 聪聪和轩轩一边搭着一边说："不够了呀。" 尹杉绕过正在搭建的同伴，看了看建筑区的图片，然后指着图片："还需要这个平平的代替，还有柱子，1，2，3，4，5，6，需要 6 根柱子。" 在搭建房顶的过程中，聪聪对 对照图片观察搭建步骤				

观察		轩轩说："房檐，从这边搭一个，再从另一边搭一个。" 俊博拿起了图片走到聪聪身边："你们看，是这样叠着搭的。"聪聪接过尹杉递过来的积木叠放在了轩轩正在扶着的地方。 尹杉和俊博负责递积木，聪聪和轩轩继续着后边的搭建工作。 聪聪看着已经搭建好的部分一边搭一边笑着对轩轩说："我们马上就要搭建好啦。" 在搭第二层房檐的过程中，聪聪说："积木不够了。"聪聪对着建筑区的柜子看了又看，还是待在原地没有进展。  寻找代替材料 老师说："那你可以想一想还有没有其他东西可以代替一下?" 聪聪拿起另外一个短积木对我说："没有，因为这个只有一个了。" 老师说："那你们看看外边的结构区有没有?" 孩子们起身："哦，对，我们去结构区看一看。"他们从结构区找来了代替材料，然后继续搭建着…… 尹杉、聪聪对着搭建的图纸看了一会儿："有一层柱子，可是没有薄的了，用这个胖的柱子吧。" 搭建结束后，老师问："你们今天搭的是太和殿吗?"轩轩："不是，是太和门。"说着，轩轩拿起了太和门的标志贴了在建筑上，说："这下就清楚了吧?"老师拿起故宫游览图继续追问："那地图上的太和殿是哪个建筑啊? 有没有什么好的办法能够让小朋友们一下子就在地图上找到我们搭的建筑呢?"聪聪想了一会儿说："我知道了，我们按照中轴线来搭，这样对着这个图别人就知道了。"  利用标志进行辅助
识别	幼儿的游戏状态	(1)对学习有兴趣、有需求； (2)专心投入； (3)能够围绕任务积极解决问题。
	幼儿的学习方式	(1)在游戏中强化自己的学习经验； (2)在游戏中丰富、扩展与完善自己的经验； (3)在游戏中重建自己的经验。
	幼儿的知识经验内化	能够掌握获得的新经验，并运用到自己的探索活动中。

第四章 支持幼儿有效学习的路径与策略

131

续表

	领域发展	具体实例
读懂	社会领域： 活动时能够与同伴进行分工，有合作意识，遇到问题时能一起克服。 科学领域： 能用一定的方法验证自己的猜测。 语言领域： 愿意与同伴讨论并表达自己的想法。	活动前，幼儿能够与同伴进行协商与分工讨论搭建内容，有合作意识，并愿意与同伴共同解决遇到的问题，能够在解决问题的过程中主动出主意、想办法。 遇到问题时，幼儿能够主动寻找解决的办法（图示并进行比对、找能够代替的材料进行代替等）。 幼儿愿意与同伴一起讨论问题，并提出自己的看法，同时能够倾听同伴的意见并积极地给予回应。 幼儿对搭建兴趣浓厚，并且愿意尝试，能够专心搭建作品。

延时支持		
具体情况	**支持方法**	**取得效果**
幼儿能够清楚地根据图片内容进行建筑搭建。	教师及时提供清晰的故宫正面、侧面的结构示意图，辅助幼儿搭建。	幼儿能够清晰地进行图示，并据此选取长度、数量适宜的积木材料。
幼儿发现材料不够并且找不到代替材料。	教师给予及时的语言支持："我们可不可以去其他区找一找？"	幼儿很快找到了代替材料，能够继续进行搭建。这满足了幼儿的兴趣需要。
幼儿能结合搭建材料，及时用辅助材料装饰故宫。	教师为幼儿提供丰富的辅助材料用于装饰故宫。	幼儿在教师提出搭建什么建筑时，能及时运用提供的辅助材料进行装饰。
幼儿在搭建楼梯时，能观察示意图并运用已有经验选择积木进行垒高搭建。	教师适时利用区域点评环节征集幼儿更多搭建楼梯的方法。	幼儿和教师共同商讨，结合已有经验和新经验梳理楼梯的搭建方法。
幼儿搭建结束后，发现建筑区的搭建物体的位置是没有联系的。	教师利用提问的方式引导幼儿下次可以按照中轴线进行搭建，并且在建筑区和幼儿一起粘贴了中轴线。	幼儿建立了方位意识，在接下来的搭建过程中能够按照故宫中轴线上的建筑位置及前后顺序进行搭建。

延时支持		
具体情况	**支持方法**	**取得效果**
幼儿能够根据故宫示意图进行单独建筑的搭建，没有具体的搭建计划。	教师鼓励幼儿在原有计划上共同商讨本周或本次活动的搭建计划，并进行绘制。	幼儿对于本周的搭建活动有初步的规划，并尝试按计划实施搭建。
教师收获	通过观察幼儿的游戏状态，教师能够更加清楚地感受到幼儿对于搭建故宫这一浓厚的兴趣，及时发现区域活动中需要调整的问题及更新的材料。例如，在幼儿搭建结束后，教师发现建筑区搭建完成的作品没有关联，引发了新的思考，丰富了经验；能够发现区域中缺少材料的问题，及时添加材料。同时，教师能够结合大班幼儿入学准备中学习准备的内容，帮助幼儿建立规划意识，尝试做计划并实施。此外，这些观察还为深度探究搭建故宫及后续主题活动的开展提供了思考方向。	

（案例作者：北京市大兴区第十幼儿园　王宇天）

（二）自主游戏中的有效提问

在有效提问这个话题中，体现的是一种师幼之间的有效互动。只有在师幼双向的"抛接问答"的过程中，教师和幼儿才能获得双向提升。那么，在参与幼儿游戏的过程中，教师应该如何去设计和发问？如何接住幼儿对于问题的回应？

1. 有效提问的方式

在一次科学游戏"探究影子"的过程中，教师分别对同一目标进行了两次提问："当光源离物体近的时候影子是大还是小？""在光线的变化中，影子会有什么不一样的变化？"这两个问题中，哪个更能体现教师高质量的有效提问？答案是显而易见的。从这个小案例中不难看出，教师要想有效提问就要先明确提问的类型。

（1）封闭式提问

答案是唯一的，是有限制的，是在提问时给对方一个框架、让对方只能在框架里选择回答的。

（2）开放式提问

答案是多样的、是没有限制的、是没有框架的、可以让对方自由发挥的。正是因为开放式问题的特点，答案的不固定、不确定性，才给幼儿带来了更多思考的空间。

因此，在游戏活动过程中，为了更好地达成游戏活动目标，教师要基于对幼儿的观察，多进行开放式提问，多提"为什么""怎么样"等问题，鼓励幼儿深入思考，进一步拓展幼儿思维。但是，封闭式的问题是不是就不能问了？不是，封闭式的问题可以适宜选择，视幼儿年龄特点、游戏行为等情况选择即可。

2. 有效提问的策略

在高质量的有效提问中，幼儿占据主体地位。教师在为幼儿提供有价值的发展支持时，要适应幼儿富有个性的自主发展。教师在提问过程中的交流和表达时要让幼儿会听、会说、会表达，从而提升幼儿的认知和思维能力。

教师要通过学习布卢姆认知水平分类理论，并结合自身的实践经验进行理论提升，掌握多元化的提问技巧。由于教师提问的每一个层次都会因为提问方式的不同而获得不同的答案，而且同一问题有多种问法，要达到不同的目标就要相应变化提问的方式。因此，在游戏过程中，教师可以通过提前预设的方式，设计相应的提问方式与回应策略。

第一，幼儿回答正确（达到游戏活动的预设目标）时，教师要给予肯定，激发幼儿对游戏过程中的问题再思考。

第二，幼儿回答正确（初步达到游戏活动预设目标）但是表述并不完整时，教师要给予幼儿有效的启发，鼓励幼儿完善表述。

第三，幼儿回答有困难时，教师可以通过分解问题难度、转换提问的角度、适当对问题做一些提示，以支持幼儿的回应。

第四，幼儿回答不正确（偏离游戏活动目标预设）时，教师应该给予引导，给出幼儿正确思考的方向。

提问本身就是师幼互动的过程，从"教师提问"到"幼儿回应"，再到"反馈交流"。这就好比教师、幼儿在玩"抛接球"的游戏：当教师抛出去一个球，幼儿抛还给教师，教师再把球抛还给幼儿。基于有效提问（催化剂）的高质量师幼互动是指通过"抛接球"式的双向"提问—回应"激发幼儿进行高水平思维，从而促进幼儿在游戏活动过程中的深度学习。在这种循环、螺旋上升式的自主对话中，幼儿的认知水平和思维能力得到提高。下面以一首打油诗的形式将有效提问和回应的策略进行融入。

说·游戏活动中的有效提问

有效提问真重要。

开放问题要多问，

封闭问题要适度。

有效回应讲策略，

鼓励肯定再深入。

有效启发换角度，

双向提升抛接球。

有效学习真是赞，

幼儿思维顶呱呱。

第三节　生活活动中支持幼儿有效学习的路径和策略

幼儿园生活活动是幼儿一日生活的重要组成部分之一。它指幼儿每天在幼儿园经历的各个生活环节的活动，包括入园、进餐、盥洗、饮水、如厕、午睡、散步、离园及参与日常劳动等生活环节，是最真实、最自然、最本真、最贴近幼儿成长需要的教育活动。幼儿的主要学习路径包括在观察模仿中学习、在操作探索中学习、在合作交往中学习、在倾听表达中学习等。生活活动蕴含着养成教育、渗透社会性教育及发展认知能力和积累知识经验的重要时机。幼儿在生活活动中的有效学习旨在帮助幼儿形成初步的自理能力，良好的生活习惯，生活中发现问题、解决问题的能力等。

一、生活活动中支持幼儿有效学习的路径

（一）支持幼儿在观察模仿中学习

模仿是人类一切形式学习的开端。幼儿通过观察周围人的言行举止，内化之后进行重复，以模仿的形式表现出来，从而获得新的技能或经验，进一步认识周围的事物。在生活活动中，幼儿经常会通过模仿习得经验，一般小班幼儿通过模仿学习养成良好的生活习惯、自理能力，中大班幼儿多是创造性的模仿学习，也就是创新。因此，教师要支持幼儿的正面模仿行为，同时注意在生活中为幼儿树立良好的榜样。

例如，在饮水环节，小班部分幼儿不愿意喝水，当有两名幼儿在班级模仿大人"干杯"的举动，后面就会有越来越多的幼儿在饮水环节中进行"干杯"游戏。幼儿通过模仿大人干杯、观察模仿同伴干杯喜欢上喝水，将"要我喝水"转变为"我要喝水"，逐渐养成主动喝水的习惯。

（二）支持幼儿在操作探索中学习

幼儿的学习主要是在生活中学习和习得经验，生活活动中自然的、熟

悉的事物最能引起幼儿的兴趣。幼儿通过感知、操作、摆弄、探索物体和材料，综合运用不同方法解决问题，获得答案。例如，在加餐环节，中班幼儿对西瓜籽是否会发芽这一问题产生兴趣，于是结合种植经验分组种植西瓜籽。在这个过程中，幼儿不仅发现西瓜籽能发芽，还通过对比发现了种子浸泡后会更快发芽这一种植经验。

在操作探索的过程中，幼儿不但能习得尊重事实、乐于探究等科学品质，获得内化的科学知识，积累新的经验，而且能提升自主探究、合作探究、自主解决问题等能力。因此，教师要重视生活活动中幼儿的操作探索行为，为其在材料方面提供足够的支持。

（三）支持幼儿在合作交往中学习

幼儿园要注重对幼儿合作交往能力的培养，引导幼儿乐意与人交往，鼓励幼儿之间学习互助、合作和分享。幼儿与同伴交流时，将自己的经验、感受传递给他人，同时也接收着同伴所传递的信息，并通过沟通、协调等方式共同完成某件事从而获得新的经验或技能。例如，在加餐环节，大班幼儿提出春天想去户外野餐的想法，由于要利用加餐的时间去野餐，时间较短且要拿的东西种类多，采用协商做计划、分组合作的方式解决时间紧任务重的问题。在这个过程中，幼儿体验了合作的乐趣，提升了人际交往的能力。

生活活动中幼儿与同伴进行良好的合作交往，其目标意识、合作意识、沟通能力及自我调节等能力将会得到提升。因此，教师要在生活活动中多为幼儿提供合作交往的机会，注重培养幼儿的交往意识。

（四）支持幼儿在倾听表达中学习

倾听与表达出现在幼儿一日生活中的方方面面，幼儿通过倾听，分析并用自己的认知理解所交流的信息，再用语言向他人表达自己的见解，进行语言交流。例如，在点名环节，大班幼儿自创颠倒点名、数字接龙、成语接龙、说相反词等方式，将平日兴趣或所学知识融入点名环节，这让班级的点名环节从乏味变得值得期待，让幼儿的表达欲得到满足，同时反应能力、语言水平也得到了提升。

幼儿在生活活动中专注地倾听与表达，将会提升幼儿的专注力、自控力、语言水平，培养幼儿良好的情绪情感。因此，教师要创造良好的语言交流环境，引导幼儿形成语言交流意识。

二、生活活动中幼儿有效学习的支持策略

（一）给予幼儿充分的自主权

1. 以幼儿为中心，培养自我管理能力

培养自我管理、自我调整等能力是培养学习者的重要任务，幼儿通过自我管理能力的提升，为有效学习提供了有力支撑。教师在进行常规管理时常因担心幼儿的安全，又或因焦虑他们掌握生活技能的程度，会用更多的时间来指导他们的行为。这样做虽然能提高活动效率，但却让幼儿缺少独立面对问题的机会，他们的动手能力也会受到影响。教师应当将生活中学习的机会还给幼儿，让幼儿在实践中提高生活能力，自主解决各种问题，这样才能让幼儿真正得到成长。

在生活活动中培养幼儿的自我管理能力，有利于提高幼儿在生活操作活动中的学习效率，提高幼儿学习的主动性和有效性。较强的生活自理能力有助于幼儿做好在学习和生活上的自我管理与服务，增强独立性和自信心，为幼儿有效学习奠定基础。为培养幼儿的自我管理能力，教师可以做以下两方面尝试。

（1）生活活动情境化

在生活活动中，我们可以创造问题情境激发幼儿深层次的有效学习。情境化是有效学习的特点，也是重要条件。幼儿的思维还处于具体形象阶段，所以教师只有将幼儿需掌握的知识和技能融入真实的生活情境中，才能帮助幼儿加深对情境的理解[①]，从而进行知识迁移。此外，教师创设的情境应有一定的难度和挑战性，需要幼儿运用观察、分析等思维活动来解决问题。如果学习情境中包含知识、技能和富有挑战性的问题，就能更好地激发幼儿探究的兴趣，并使他们在特定的情境中解决问题。在生活活动中，教师可以将幼儿要学习的知识、技能融入情境中，为幼儿提供一种有意义的情境。在这些生活情境中，教师通过完成任务驱动幼儿对知识与技能的有效建构。例如，在加餐环节，有时会出现包装袋、酸奶杯等生活垃圾，教师可以引导幼儿进行垃圾分类的小任务，促进幼儿学习，如提出问题"酸奶杯是可回收垃圾还是其他垃圾呢"，引导幼儿发现不同材质的酸奶杯有不同的分类方法：洗得干干净净的酸奶杯才属于可回收垃圾，没有洗干净的酸奶杯属于其他垃圾。

---

① 王琴. 支持幼儿学习与发展的生活活动组织策略[J]. 求学，2020(23)：67-68.

（2）生活技能游戏化

教师在生活活动实施中常常会出现空泛的说教，造成幼儿被动模仿的学习机会多，因人施教的个别活动少，使幼儿经常处于枯燥的学习、机械的操作当中。针对这些弊端，教师可利用一些富有童趣的手指游戏，利用一些朗朗上口的儿歌，让幼儿的知识内化，提高他们的生活技能。例如，七步洗手法儿歌："两个好朋友，手碰手。你背背我，我背背你。来了一只小螃蟹，小螃蟹。举起两只大钳子，大钳子。我跟螃蟹点点头，点点头。螃蟹跟我握握手，握握手。"擦手儿歌《小手盖被子》："摘下小毛巾，搭在左手上，擦擦小手心，擦擦小手背，搭在右手上，擦擦小手心，擦擦小手背，挂回小毛巾。"

2. 过渡环节轻松化，丰富学习体验

过渡环节是指幼儿在一日活动中从一个活动转向另一个活动时产生的中间阶段。"完善的过渡环节是指幼儿可以在一定的时间内同时思考和同时处理许多事情，并且通过合理分工、有机分解和衔接，来提高行动的效率。幼儿不必等到一件事情做完了才开始做另一件事情。这样的过渡环节既保证了不同活动按顺序发生，又保证了一日生活的连贯性。"①

在生活活动的短时过渡环节中，一些教师为了解决教师"忙"、幼儿"乱"的现象，会采取较精细的组织活动。但这类活动表面充实，实际上却浪费了幼儿在过渡环节中自主学习的机会，特别是在如厕、盥洗、用餐环节消极等待现象普遍。这不仅浪费时间，也在一定程度上削弱了幼儿参与活动的热情。幼儿的过渡环节速度调查统计显示，幼儿做同样事情所花费的时间不等，会有等待时间差。对于这一现象，教师要追根溯源，反思教育观念，从教师本位转变为幼儿本位，从关注教师的教转变为关注幼儿的学，给予幼儿更多尊重、空间和参与权。针对这种情况，教师可以采用以下几种方法：以幼儿为中心，共同制定过渡环节公约；转变教师视角，给予幼儿更多自主空间；无声环境提醒，支持幼儿自我管理。

（二）学会倾听幼儿，实现有效互动

"倾听"是教师与幼儿产生友好互动的基础，是师幼间心灵沟通的纽带，高质量的师幼互动与师幼关系是师幼共同成长的原动力。倾听，不是简单的"听"与"说"，而是教师转变为幼儿的倾听者，主动走近幼儿心灵，尽可

---

① 赵东群，王春燕. 提升幼儿园生活活动质量的审思[J]. 幼儿教育（教育科学），2017（Z3）：21-24.

能地理解幼儿当下的体验，让幼儿感到自己被倾听。倾听，意味着对幼儿全心全意地关注，意味着理解和尊重。这种师幼间的关爱，将为良好师幼关系的建立奠定坚实的基础和有力的保证。① 同时，教师学会倾听，不仅仅局限于听的状态，让幼儿感觉到温暖的师幼关系，关键更在于倾听幼儿时，能够听到什么，听到的内容对于幼儿的发展有怎样的促进是关键，听到的内容同时也是教师对幼儿发起互动，回应幼儿的基础。对于师幼互动是否有效，就需要教师在日常环节中，在幼儿语言中听出幼儿的兴趣、困难、问题、好奇点等，以此对幼儿做出有效回应，支持幼儿的有效学习与发展。

1. 倾听幼儿困惑，实现支持性互动

幼儿在生活活动中经常会遇到一些困惑，倾听幼儿困惑就显得尤为重要，教师可以根据幼儿的困惑，分析背后原因，给予幼儿相应支持，从而促使幼儿达成学习的有效性。小班幼儿在穿脱衣物时，经常会焦急地提出"老师，我不会穿！""我系不上扣子！""老师，某某穿反了"等问题，这时教师要有意识地从幼儿的语言和行为当中，分析幼儿的困惑和发展水平：幼儿是完全不知道穿衣方法还是在系扣子等精细动作方面有困难。幼儿遇到困难时，教师可以根据幼儿穿脱衣服出现问题的难易程度，采用鼓励或提供相似经验等不同方式，激发幼儿解决问题的积极性和主动性。针对此问题，教师可以实施不同的支持策略。

第一，教师降低难度，为幼儿准备方便穿脱和易于辨识的衣服。简单的衣服更易于幼儿学习，待幼儿掌握了基本的穿衣方法后，教师可以再为幼儿准备一些穿脱复杂的衣服。教师通过提供材料，让幼儿与环境、材料实现互动。

第二，教师和幼儿一起穿脱衣服，让幼儿在游戏中学习。幼儿很喜欢模仿教师的行为，所以教师可以和幼儿一起穿脱衣服，身教重于言教。同时，教师还可以配合儿歌，形象的儿歌可以作为幼儿穿脱衣服时的隐性提示。

第三，教师在区域中融入日常相关的材料，提供游戏情境，幼儿在情境中实现自然学习。教师可以在区域游戏中为幼儿提供娃娃和娃娃衣服，通过给娃娃穿脱衣服进行潜移默化的练习，还可以利用折纸游戏等活动引

---

① 金燕妮. 走出"倾听"困境，实现有效互动——幼儿园教师"倾听"困境及教育建议[J]. 今日教育（幼教金刊），2019(11)：42-45.

导幼儿学习穿脱衣服的步骤。

2. 倾听幼儿思考，实现引导式互动

教师在与幼儿共同生活时，经常能够听到幼儿五花八门的想法。在倾听幼儿想法的过程中，教师可通过开放性提问、讲解、提出可行性建议等方式进行引导性支持，促进幼儿思考和解决问题。教师可以通过倾听在幼儿的思考与发现中提取有价值的信息，用言语、行动、环境、材料等，支持幼儿进行进一步的探索和发现。教师还可以从幼儿个体交流、同伴交流中倾听他们说了什么，了解幼儿在自由活动时最真实的想法和感受，从而聚焦某一话题引发幼儿深入思考和探究。例如，来园环节，教师可以通过引导式提问"你是怎样做到安全到达班级的？"以问题引发幼儿思考，再通过幼儿语言，帮助幼儿梳理自主进入班级的能力，并获得相关的安全经验。教师还可以利用离园环节短暂的时间，开展聚焦话题，利用讲解形式进行引导式互动等，引发幼儿对身边人、事、物的关注和思考，使幼儿思维更加开阔，从而促进幼儿的有效学习。

3. 倾听幼儿对话，实现合作式互动

教师以平等的身份参与幼儿的活动，可以通过交流、协商、讨论等方式，在共同解决问题的过程中支持幼儿的有效学习。例如，在喝水环节中经常会出现"利用饮水机接水，很快就接满了，但是却喝不了，然后就全部倒掉"的浪费行为。教师可以和幼儿探讨出现这种现象的原因。有的幼儿认为是掌握不好饮水机接满水的速度导致的，那教师就可以和幼儿一起合作找到控制接水量的技巧。教师可以参与幼儿的接水环节，在接水时边讨论边与幼儿合作开展如何接合适水量的实验。通过这种合作式互动，能够引导幼儿有意识地观察，提升幼儿合作和实验能力，在日常反复的学习和实践中总结规律，积累经验。

（三）把握生活中的教育契机

在幼儿教育中，教师要积极把握住一日生活中的随机性教育契机，并加以引导，为幼儿的有效学习创造机会。生活活动中产生的各种新发现和问题，都能够引发幼儿的兴趣与思考，并激发他们的探索与学习。问题解决能力是幼儿在学习与发展过程中必备的能力，利用这种能力幼儿能够主动发现问题、积极尝试运用已有知识经验在实践中解决问题。在生活活动中，教师可以适当鼓励幼儿的探索发现，巧妙创设问题情境，提高幼儿发现问题、思考问题，并通过自己的努力尝试解决问题的能力。

1. 利用幼儿的发现转化学习内容

生活中幼儿的观察发现、随机事件、成长经历都能成为促进幼儿学习与发展的重要内容来源。教师要相信幼儿是有能力的学习者，要站在幼儿的立场去看待当下及未来的经历和活动，把幼儿的发现转化成学习的内容。

幼儿对自然界和生活中的万物有着天然的好奇心和兴趣，教师要支持幼儿进一步探索和发现，拓展和丰富幼儿的经验，共同实现有意义的探究。例如，在餐后散步时，幼儿在院子里发现了长在树上的蘑菇，他们看到这一现象后表达了自己发现新事物后的感受，此时教师应及时捕捉幼儿谈话中的冲突点，引导幼儿分享自己的发现与经验。将幼儿的发现转化为学习内容。第二天，有的幼儿通过家长的讲解，把学到的知识和其他幼儿进行了分享。根据"活教育"的教学原则——应当教幼儿怎样学，教师可以利用视频讲解、环境创设渗透、蘑菇包种植等方式引导幼儿直接感知、亲身发现、自己思考，了解认知常见的蘑菇种类，观察蘑菇的生长过程。幼儿把树上的蘑菇摘下来拿回班里后，又有了新的发现："摘回班里的蘑菇很快就变臭了。"怎么才能储存好长在树上的神奇蘑菇呢？有的幼儿发现制成像植物角里的那种标本就可以保存很久。这时教师可以组织幼儿学习树脂标本的制作方法。通过幼儿一次又一次的新发现而转化成的学习内容，使幼儿在学习的过程中充满了兴趣和主动性。

2. 利用幼儿的问题进行深入探究

教师以幼儿的问题为出发点，以幼儿生成的问题为主线，在幼儿在前、教师在后的行动中进行深入探究。有效学习是一种探究式的学习方式，幼儿在以问题为切入点的深入探究过程中能够达到有效学习。例如，在生活活动中，教师以穿错鞋子作为教育契机开展教育活动。诚诚午睡起床经常会穿反鞋子，今天学会了方法，明天就又忘了。一天，他问教师："为什么我总是穿错鞋子？"石榴说："肯定是你方法不对呗。"诚诚问："有什么方法啊？"糖果说："我妈妈给我的鞋子贴了标记，我就穿不错。"小桐说："把它们放在一起贴上了不就是正了。"多多说："我穿着不舒服，换一下就行了。"诚诚听了其他幼儿的方法不知道该学习哪个，通过多次尝试，终于找到了最适合自己的方法。他穿上鞋后双脚并齐，如果鞋子前方能放下一个小拳头就说明穿反了，如果前面只能放下手指头就说明没穿反。拿不准的时候他就会多试几次看看鞋子前面的缝儿的大小。幼儿七嘴八舌地探讨着穿鞋方法，在同伴间的经验交流中继续寻找问题，如"我们的鞋子不一样""穿哪种鞋跑步最快"等关于鞋子的问题促进了同伴间的深入探究，进一步增进了对鞋子的认识，知道了鞋子是由鞋舌、鞋头、鞋底、鞋面、鞋跟和鞋垫组成的。在认识鞋子的过程中，幼儿带着问题去深入观察，发现鞋子的不同点和相同点，并能根据鞋子的特征进行初步的归类，对事物分类有了初步的认识。幼儿从生活活动中的问题"如何把鞋子穿正确"入手，通过同伴间互动提出问题—带着问题有目地观察—实践—解决问题—经验交流—再提出问题的探究模式，掌握了正确穿鞋子的方法，满足了日常生活学习和发展的需求，成功解决了在日常生活中穿反鞋子、不会穿鞋子的问题。

因此，在生活活动的各环节中，教师应充分把握生活中的教育契机，根据实际情境生成可供讨论的新发现和新问题，并将其转化为学习内容，推动幼儿进行深入观察和思考，培养幼儿的学习态度和思维，从而达到有效学习的目的。

（四）通过反思评价促进幼儿有效学习

反思是一种高级的逻辑思维。幼儿园阶段，特别是 4 岁以后，幼儿有了明显的反思意识。幼儿的反思能力是一种高级的思维模式，科学教育者凯伦·沃斯和莎伦指出，幼儿需要反思他们自己的工作，需要分析自己的经验、思考模式和事物之间的关系。日常活动中，幼儿可以进行简单的反思，而且在教师的引导下，他们能逐渐去自我中心化，开展反思。反思行为中，反思者要对事件进行较为细致、客观的认识和分析，发现其中的问题，还要通过推理给问题找到恰当的解决方法而后实施。[①]

1. 捕捉契机式反思

在生活活动中，幼儿发现的问题比较繁多且零散，教师应帮助幼儿进行梳理，同时结合自己观察幼儿生活中发现的问题，引导幼儿思考和解决。例如，教师可以以生活活动中发现的问题为支点，通过幼儿反思—理解—实践—发现问题—再反思的学习过程，开展主题探究活动，促进幼儿有效学习。

2. 问题引发式反思

在生活活动中，幼儿反思的能力往往表现在探索和操作中，他们能够有意识地对探索操作中的问题进行思考。教师可通过提问不断引发幼儿反思。有效提问是教师支持幼儿进行有效学习的重要方式。适时且具有挑战

---

① 谭慧. 教师运用游戏与评价发展幼儿反思能力的研究[J]. 课程教育研究，2014(3)：13-15.

性的提问能帮助幼儿发现和描述生活环节中出现的问题，反思、解释自己的行为，从而促进幼儿探索解决问题的方法。

3. 再现回顾式反思

大部分的回顾评价环节都是基于区域、游戏来开展的，很少有涉及对一日生活环节的回顾，其实生活活动相较于教学活动更加琐碎，需要教师持续地关注。因此，教师可以仿照区域回顾环节，将对生活环节回顾的时间固定，如离园前、过渡环节等。在回顾过程中，教师可以选用多种回顾形式，如利用多种信息媒介，寻找成功经验或失败经验来帮助幼儿反思。教师可以直接出示关于本班级生活活动中榜样案例或出现问题的照片、视频等唤醒幼儿的认知经验，然后邀请幼儿参与谈论，并表达观点。

4. 记录分析式反思

问题解决的过程是幼儿自我反思能力进阶的过程，也是幼儿由浅层学习向深层次有效学习过渡的关键节点。教师可以鼓励幼儿记录、分析生活活动中产生问题的原因，反思生活活动中的思考过程及行为习惯，进一步发展解决问题的能力。

5. 评价分享式反思

教师可以提供机会让幼儿展示自己的生活活动故事并与同伴交流。同伴的互相分享、评价，会引发幼儿的自我反思，进而迁移经验尝试解决问题。这能让幼儿逐步学会在自评、互评中反思、调整自己的活动行为。

生活化教育赋予了幼儿更多自主学习的机会，在幼儿一日活动中贯穿自主活动内容，能让幼儿在不断尝试中学会自我调整，从而提高实践能力。幼儿的有效学习是在与周围环境的互动中形成的。如果脱离了实际生活，幼儿的有效学习是无从发生、无从表现、也无从发展的。幼儿真实的生活是他们真实体验的、感兴趣的、熟悉的、生动有趣的生活。幼儿愿意投入感情，去认真感知、体验和参与，在生活中能够萌发好奇心和兴趣，愿意积极主动地配合参与、认真努力地思考并行动。有了这一系列的行为做支撑，幼儿才有可能更好地表现出对任务的坚持与专注，并激发出创造的潜能，从而对所经历的生活活动进行有益的反思。幼儿园生活活动环节有着不可估量的教育契机与学习价值，作为教育工作者，应珍视一日生活各环节的学习机会，通过高质量的生活活动促进幼儿达到有效学习，为幼儿的人生发展打下坚实的基础。

中班生活活动"井然有序的盥洗室"

这天，刚小便完准备下台阶的美美和排着队正着急上厕所的佳怡撞了个正着，两个人都很委屈。盥洗室蹲便池经常会因为人多而发生拥堵事件，这可怎么办呢？

然然说："人太多了，去少一点儿就不会堵着了！"老师问道："去多少人合适呢？"然然回答说："正好有三个坑，每次去三个人，一人一个，等他们都上完了老师再叫后面的小朋友就行！"于是，在之后的一次如厕活动中，老师按照每次叫三个人的顺序进行尝试，发现虽然不拥堵了，但是每次叫三个人，最后叫到的几个孩子已经有些憋不住了，而且用这个方法如厕占用的时间太长了，以至于后面的活动不能按时进行。

于是，老师和孩子们进行了新一轮的讨论。佳怡说："我坐公交车的时候听到广播里说要先下后上，这样不会拥堵。""我坐地铁的时候见过，开门以后地铁上的人先下去，下面的人再上来。"苗苗回应。孩子们都觉得这个方法很好，强烈地想尝试这种"公共交通式"的规则。

在接下来的第二次尝试中，孩子们发现利用这种方式两个人就不会相撞了，但有时下面排队的小朋友会站在中间，刚如厕结束的孩子们要从两边的缝隙中挤出去，这样也容易发生危险。对这一问题讨论过后，大家决定通过运用左右方向来解决这一问题，通过几个孩子的现场模拟发现，只要面对面的两个人都从同一方向上、下台阶，这一问题就解决啦！

经过几天的尝试，大家都能按照顺序和方向上下台阶，只是有个别孩子一着急会分辨不清左和右。淼淼说："可以让后边的小朋友告诉他。"佳怡说："要是后边没有小朋友，那就完了！"苗苗说："我们可以做一些标记提醒他。"……最终，孩子们制作了箭头标志贴到盥洗室蹲便器的地面上，如厕拥堵问题解决啦！

孩子们还发现小朋友们在进出盥洗室门口时也容易发生拥堵现象，于是也给盥洗室的门口贴上了箭头标志，小朋友们进出盥洗室更加流畅啦！

案例中幼儿结合盥洗室的拥堵问题展开讨论，通过借助坐公交、地铁的原有经验，在几次的尝试和探索中制定出了更为合理的班级规则。在此过程中，幼儿不仅对自己创造的规则充满内驱力，建立了规则意识，还在自主探究中提升了解决问题的能力。

（案例作者：北京市大兴区黄村第三幼儿园　李琳）

（五）生活活动中教师支持的注意事项

1. 关注幼儿年龄特点

生活活动中的有效学习受到幼儿年龄特点的影响。其中，小班幼儿的情绪和行为易受外部事物影响，有意注意时间短，精细动作和协调性较弱，爱模仿、拟人化的心理特征明显等。尤其小班初期是从家庭生活向集体生活过渡的阶段，对成人有比较大的依恋需求。因此，教师要关注生活细节，细心呵护、关爱幼儿，经常与幼儿一起游戏，以情境化、游戏化的活动引发幼儿的学习。中班幼儿自理能力和协调性明显增强，活泼好动，积极性和主动性较高。教师在生活活动中要注重规则渗透，引导幼儿体验规则、学习遵守规则，满足幼儿的个性化发展。大班幼儿自我控制能力逐步提高，能够理解和遵守日常生活中的规则，进行自我管理，有与他人合作的意识，认知的积极性增强，喜欢有一定挑战性的学习内容。教师要根据幼儿的年龄特点开展教学活动，不断激发幼儿参与活动的主动性，激发幼儿的内驱力。

2. 注重生活环节价值

陈鹤琴先生提出"一日生活皆教育"，一日生活活动中的每一个环节都有其独特的意义和价值，因此教师要深挖各个环节的潜在教育价值，结合幼儿年龄特点调整优化组织方式，支持幼儿在各个环节有效学习。例如，在饮水环节，小班幼儿通过观察模仿同伴进行干杯游戏，养成主动喝水的好习惯；在离园环节，大班幼儿自己制订周离园计划，按照计划开展每天离园前的自选游戏，并在离园前有序、自主地将玩具材料整理好并放回，形成自我服务意识等。

在生活活动中，教师要用心、细致地观察，有意识地在生活环节中逐步培养幼儿的自我服务能力，并利用生活环节轻松、自由、自主的特点，为幼儿提供锻炼机会，真正落实寓教育于一日活动的各个环节中。

第四节　户外运动游戏中支持幼儿有效学习的路径和策略

户外运动是幼儿日常生活与学习中非常重要的环节之一，基于幼儿的年龄特点和发展需要，户外运动要注重游戏化、自主性，因此本节重点介绍户外运动游戏。户外运动游戏中既包括教师基于幼儿兴趣、需要及动作发展经验生成的情境化、主题化的集体运动游戏，又包括满足不同幼儿个性化差异和发展的分散形式的户外自主运动游戏。幼儿在户外运动游戏中，通过与材料的互动、同伴间的模仿、创新与挑战游戏、总结经验进行学习。教师通过提供提供多元、动态的游戏环境和材料，以及对幼儿的观察与支持，促进幼儿在户外运动中获得发展。

一、户外运动游戏中支持幼儿有效学习的路径

（一）在材料探究中学习

材料是户外自主游戏中不可缺少的一部分。新颖、多样的户外材料不但能够增强幼儿对户外运动游戏的兴趣，还能够培养幼儿的创新意识和探究欲望。幼儿与材料发生探究性户外分散运动活动时，会找到自己的运动节奏。不同的材料与幼儿发生互动时可以满足不同幼儿的游戏目的，达到不同的锻炼效果，如滚筒、空竹、篮球等。这些材料可以发散幼儿想象进行多种玩法的探究，在探究运动材料的过程中掌握材料的不同玩法。

大班户外运动游戏"我会玩儿空竹"

空竹被投放的第一天，孩子们见了十分欣喜。老师在将空竹绳子与杆子进行捆绑的时候，一个孩子就迫不及待地想试试新玩具，问："老师，这个玩具能给我玩儿吗?"老师把手中刚绑好的一套空竹给了他。只见他拽着空竹竿子拖着空竹玩儿。不一会儿，又来了一个孩子也申请了一份空竹，第三个、第四个、第五个……孩子们随之而来。此时老师已经绑不过来了，于是干脆给每人先发了一个空竹头。只见有的孩子拿着空竹在地上滚着玩儿，有的孩子拖着绳子转圈圈，还有的孩子学着大人的样子抖一抖，每个孩子都玩儿得不亦乐乎。

两天过去后，老师发现有个别孩子能够拖起绳子进行简单的抖空竹动作了。"你抖起空竹来还有模有样的。"老师表扬说。"老师，这是因为我姑奶奶会抖空竹，我看她就是这样玩儿的。"孩子回应着。"老师，我们小区那儿也有很多爷爷、奶奶会抖空竹。"另一个孩子凑过来说。"老师，我还跟奶奶看过空竹表演呢!""老师，老师……"孩子们七嘴八舌地讨论着有关抖空竹的场景。

几天后，操场上会玩儿空竹的孩子越来越多。孩子们在与材料充分互动的过程中学习行为就这样发生了。

（案例作者：北京经济技术开发区第五幼儿园　刘岐）

大班户外运动游戏"好玩儿的大滚筒"

片段一　能站在"筒"上吗?

刚开始户外分散游戏，孩子们第一次接触滚筒玩具，大家迫不及待地钻进滚筒里，然后反复滚动，还有的孩子骑在滚筒上左右摇晃，大家玩儿得不亦乐乎。

这时老师发现婷婷和然然不停地尝试爬到滚筒上，尝试了多次总是顺着滚筒滑下来，她们不停地跨上滚筒、踩在上面。老师走过去问："你们有什么好玩法啊?"然然说："我想像别的班小朋友那样站在滚筒上走，但是我站都站不到上面，太滑了。"一旁的婷婷也说："我们想玩儿点儿刺激的，好玩儿的。"老师继续问："那你们觉得怎么玩儿滚筒才够刺激好玩儿呢?"然然想了想："我觉得能站在滚筒上走就很好玩儿，非常刺激。"老师说："很期待你们的游戏啊!"

越来越多的孩子想尝试爬上去，可是有的孩子尝试了多次总是顺着滚筒滑下来，他们用跨、踩等动作让自己站到滚筒上，但最后还是没成功。这时然然和婷婷她们改变了方式，同伴之间互相扶着慢慢地站上滚筒。有的孩子将滚筒支在轮胎旁边做固定，尝试站上滚筒，甚至有的孩子钻进滚筒里，帮助同伴来固定滚筒。

然然迫不及待地说："老师，你扶住我，我就能站起来，还能走呢。"老师伸出手拉住然然，她用力抓住老师，爬上滚筒说："这样伸开手，能保持平衡，站起来的时候要慢慢地。"果然，这一次然然成功地站在滚筒上了。于是，她们反复尝试着两个人面对面、手拉手爬上滚筒，有了这个经验，她们一次又一次稳稳地站在滚筒上了。

片段二　与"筒"一起前行

有了之前站上滚筒的经验，更多的孩子加入了挑战。他们选择合作，两个一组，三个一伙，手牵着手尝试站在滚筒上一点儿一点儿挪动。经过几次游戏的磨合之后，孩子们的游戏能力明显得到了提升。在观察的过程中，老师发现然然和婷婷配合得非常默契。她们反复试了几次，两个人都能稳稳地站在滚筒上了。婷婷两脚尝试在滚筒上挪动，可是走了几步，滚筒都没有动。然然说："你走快一点儿就可以了。"婷婷刚加快速度，滚筒就向前滚动了，没站稳就跳了下来。婷婷看着然然说："走快了不行，筒就滚快了，真是太难了。"老师看着她俩问："怎么控制速度呢?"婷婷说："我们走的时候一定要走小碎步，不能太快了。"然然站在滚筒上，一点点向前挪动说："你看，这样站在滚筒上眼睛往前看，保持身体平衡，速度就不快了。"就这样，两个人不断地尝试，找到适合的速度，终于都能站在滚筒上向前走了。

（案例作者：北京经济技术开发区第五幼儿园　张亚新）

（二）在动作模仿中学习

模仿也是一种重要的学习方式。在很长时间内，教师会认为幼儿的模仿只是模仿，他们没有理解所模仿的事情，学习是一种被动的过程。心理学研究表明，幼儿总是积极地与世界进行沟通，而模仿活动恰恰是与世界沟通和反馈的方式。表面上看模仿似乎很简单，模仿者仿佛只是无意识地复现了他人的某个行为，并未真正地理解，其实并非如此。模仿涉及两个方面，一方面是模仿信息的输入和接收；另一方面是输出行为，即模仿的动作。在动作模仿的过程中幼儿会先注意到自己感兴趣的游戏，然后进行动作模仿，在一次次不断地体验、尝试中获得身体的协调与平衡，从而达到学习的效果。

中班户外运动游戏"有趣的跳跳球"

户外运动游戏时，阳阳在操场上观察了一圈，看到有的小朋友夹着球跳来跳去的，特别有趣，她也去材料筐里选了跳跳球。她先用一只脚站在球上，慢慢寻找球的平衡点，然后再快速地抬起另一只脚，用力地在球上跳起来。接着，她靠自身冲击力让球弹起来，球只能弹跳两三次，便会停止。阳阳一边练习跳着往球上站，一边观察旁边小朋友的游戏方法，发现用脚夹着球就不容易掉，也学着夹球，一次一次地尝试，一次一次从球上摔下来。果果看到阳阳在学习跳球，便夹着球跳过来："阳阳，我来教你吧。"果果一边说一边示范："先扶着墙站上去，站稳后再用脚夹紧球，扶着墙就可以跳起来啦！"阳阳模仿果果的样子跳起来，也逐渐地掌握了跳球的技巧。

游戏时阳阳对跳球产生了浓厚的兴趣，她先自己尝试再模仿别人的动作，经历了多次失败、摔倒，没有气馁继续认真学习，并坚持练习最终学会了跳球。可以看出阳阳不易受外界影响，能够坚持到底，做事情有始有终，是个很专心的孩子。老师要鼓励孩子们积极尝试各项运动，给孩子们足够的时间和空间进行尝试；在孩子们取得成功时，及时给予孩子们肯定和赞扬，提高孩子们的积极性和挑战困难的勇气，做好活动中的保护措施。老师要表扬孩子们主动关心同伴的友爱行为，以引起孩子们对关爱同伴的认识和重视，使其自觉模仿。

（案例作者：北京经济技术开发区第五幼儿园　江思文）

（三）在游戏创新中学习

幼儿园游戏是学前教育的重要形式，比较符合幼儿的成长需要。游戏能为幼儿提供自由、宽松的学习环境，幼儿在游戏中能够处于一种积极主动的学习状态。在幼儿与材料充分的探究中，教师要鼓励幼儿发散思维，创新游戏玩法，增加游戏趣味，提高游戏的挑战性，如脚踏平衡板双人互拍篮球、在蹦蹦床上跳绳等。

大班户外运动游戏"蹦蹦床上跳绳"

蹦蹦床是孩子们非常喜欢的运动材料之一，平时孩子们总是在蹦床上比一比谁跳得高，或者是跳起来的时候做一个动作，或者是两个小朋友一组互相交叉跳蹦床。

那天下午，桃桃急匆匆地喊："老师，老师，快看，天天可以在蹦蹦床上进行跳绳，他可真厉害，简直太棒了。"桃桃一脸崇拜的样子指给老师看。"天啊！真的是一个组合的新玩法，我想我可能都不行呢！"随即老师也去找了根跳绳，准备去试一试。

当老师在蹦床上尝试创新玩法的时候，很多孩子围了过来，也想试一试。"老师，能让我来试试吗？能让我试试吗？"晓晓迫不及待地请求着。很快有几个女孩子也能够成功地在蹦床上进行跳绳游戏了，但是也有孩子总是找不好起跳点，两个材料结合不好从而导致失败。新的游戏挑战就这样在孩子们中间发生了。

（案例作者：北京经济技术开发区第五幼儿园　刘岐）

（四）在挑战游戏中学习

挑战游戏是一种协作学习体验。在这种学习模式中，教师和幼儿一起探究一些重要的议题，提出方案解决实际问题，并采取行动。而在户外分散运动游戏中，挑战性游戏可以激励幼儿持续参与一项游戏，在挑战中努力克服困难，最终找到挑战游戏成功的方法。例如，在挑战高跷游戏时，有三名幼儿的平衡感很好，他们想挑战，但心里还是有些害怕。其中一名幼儿第一次松开教师的双手走起来时，其余两名幼儿两分钟后也放开了教师的手，是同伴的行为激励了他们挑战的勇气，在不断挑战游戏的过程中进行深度学习。

中班户外运动游戏"户外小勇士"

户外运动游戏时间到了，远远地看见岳宝望着彩虹桥，老师走上前去对岳宝说："岳宝，需要我的帮助吗？"岳宝没有说话，但是眼神看着在玩的小朋友，然后犹豫地走上了平衡桥。刚上去，岳宝的身体就开始摇摇晃晃："老……老师，你快来。"老师马上来到岳宝身边，岳宝拉着老师的手完成了迈向平衡桥的第一步。后来，岳宝又尝试了第二次。这一次岳宝并没有拉着老师的手，而是自己独立地完成了挑战，脸上露出开心的笑容，对老师说："老师，我可以爬过去了。"

又过了一会儿，岳宝想挑战走轮胎，这次的挑战有一定的难度，老师有些担心。

这时候，有很多孩子都尝试了走轮胎，但是走到一半就开始打退堂鼓。老师看到岳宝依然站在轮胎上，不敢迈下一步，于是走到岳宝旁边对他说："岳宝，你想想可以用什么方法能迈过去呢。"岳宝的小手打开像是雏鹰展翅，成功地迈出了脚步，于是老师对大家说："哇！岳宝太棒了，完成了最难的平衡挑战。"岳宝勇敢地走完所有的轮胎后，开心极了，一边拍手一边说："还要再玩一次。"话音刚落，就吸引了很多孩子再次尝试。

在这次走平衡活动中老师看到孩子们遇到困难没有放弃，通过探索翻越的方法完成挑战，体现了孩子们不怕困难、敢于克服困难的品格。随着孩子们的不断尝试、挑战，他们的肌肉力量得到了发展，控制能力也得到了相应的提高。

（案例作者：北京经济技术开发区第五幼儿园　江思文）

（五）在经验反思中学习

波斯纳认为教师的成长规律是"经验＋反思＝成长"，那么幼儿是否也可以在经验反思中成长呢？教师需要在幼儿参与户外分散游戏后，对幼儿在户外分散游戏中的行为提出问题，让幼儿用语言表达出运动过程中的体验与感受。这也是教师帮助幼儿梳理经验的过程。而幼儿为挑战完成某一项活动或准备创新某一游戏玩法时，也是幼儿对户外分散游戏的新的思考，即反思的过程。由此可见，经验总结与反思也是幼儿学习的途径之一。

二、户外运动游戏中幼儿有效学习的支持策略

（一）幼儿园总体规划户外自主运动游戏学习环境

1. 科学规划户外运动游戏场地、时间

（1）合理规划幼儿园现有场地

为保证幼儿每周户外能够利用丰富的材料进行游戏，促进幼儿上下肢协调发展，教师可以将户外材料按区域进行划分，根据户外区域划分图（图4-2）排好班级场地使用表。教师根据户外分区场地时间安排表（表4-5、表4-6和表4-7）到相应场地开展户外运动游戏，避免由于班级多，造成材料使用率高低不均，发生材料冲突现象的产生。

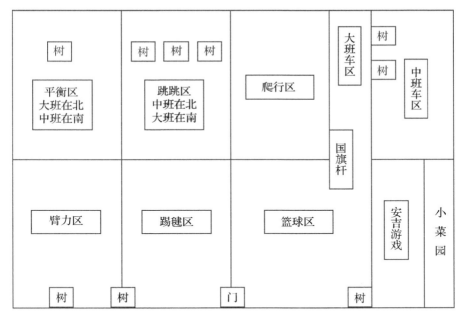

图 4-2　户外区域划分图

表 4-5　小班户外分区场地时间安排表

项目	篮球区	跳跳区	平衡区	臂力区	车区	爬行区	踢毽区	大型滑梯区域
班级	豆一	豆二	豆三	豆四	豆五	豆六	豆七	每月每班下午有三次玩大滑梯的机会。各班自行安排时间即可。
目标	能够连续拍球5个以上。	会玩羊角球和跳袋,并能运用材料行进3～4米。	敢于在平衡木上行走。	喜欢玩舞绳子游戏。	会骑两轮平衡车行进10米以上。	能用手膝爬行5米以上。	学会用踢毽子的方法踢带绳子的沙包。	
主要材料	篮球	羊角球跳袋	平衡组合平衡木	舞绳子	两轮平衡车	折叠垫子	带绳子的沙包	
备注								

注:"备注"栏中注明负责本区玩具整理和清点、投放材料的班级。

表 4-6　中班户外分区场地时间安排表

项目	篮球区	跳跳区	平衡区	臂力区	车区	爬行区	踢毽区	安吉游戏
班级	芽一	芽二	芽三	芽四	芽五	芽六	芽七	
目标	能够进行双手轮拍。	会玩带绳跳跳球和硬棍跳转球。	(1)有三分之一的幼儿会走高跷。(2)幼儿能够独立在小滚筒上站立。	能将舞龙转动起来不拖地。	喜欢蹬车游戏，能够与同伴一起开展蹬车游戏。	能迅速用手脚爬行5米以上。	能够连续踢到带绳子的毽子10个以上。	每月每班下午有三次玩安吉游戏的机会。各班自行安排时间即可。
主要材料	篮球	带绳跳跳球硬棍跳转球	高跷小滚筒	舞龙	三轮车双人三轮车	垫子	带绳子的毽子	
备注								

注："备注"栏中注明负责本区玩具整理和清点、投放材料的班级。

表 4-7　大班户外分区场地时间安排表

项目	篮球区	跳跳区	平衡区	臂力区	车区	爬行区	踢毽区	安吉游戏
班级	苗一	苗二	苗三	苗四	苗五	苗六	苗七	
目标	能够进行花样拍球。	(1)会玩无绳跳跳球和软绳跳转球。(2)有三分之一的幼儿会跳鞍马。	(1)会玩独立高跷。(2)个别幼儿会玩大滚筒。	掌握基本抖空竹的方法，开展抖空竹游戏。	(1)敢骑小轮车。(2)个别幼儿可以骑独轮车。	能匍匐前进5米左右。	(1)能连续踢毽子3个以上。(2)愿意尝试花样踢毽子。	每月每班下午有三次玩安吉游戏的机会。各班自行安排时间即可。
主要材料	篮球	无绳跳跳球软绳跳转球鞍马	独立高跷大滚筒	空竹	小轮车独轮车	垫子爬网	毛毛毽子鸡毛毽子	
备注								

注："备注"栏中注明负责本区玩具整理和清点、投放材料的班级。

（2）切实保障幼儿充足游戏时间

有句话说得好，"熟能生巧"。每一样游戏材料，在会玩的基础上才能够有更创新的玩法。由此教师制定每班每周更换一次区域场地，为幼儿充分探索材料提供充足的时间保障。幼儿在充足的时间下，可以连续对某种材料进行探索，可以在熟练的基础上进行游戏创新，可以挑战自己想要达到的游戏水平。

2. 明确幼儿户外运动发展方向

根据《指南》《纲要》、高瞻课程等与幼儿运动水平、发展目标相关的文件和书籍，教师在每个游戏区中为各年龄段幼儿设置材料、制定幼儿发展目标，以便在运动区域指导过程中，明确不同年龄段幼儿发展的方向，从而把握引导方向。

3. 精心配置户外运动游戏材料

在户外运动游戏过程中，材料是激发幼儿开始进行游戏的首要条件。因此，教师要在投放户外运动游戏材料前甄选能够促进幼儿户外运动发展的材料。首先，教师选择符合幼儿兴趣的材料，激发幼儿对游戏的兴趣。符合幼儿兴趣的材料分为两种，一种是幼儿会玩的，另一种是幼儿不会玩但材料本身很有意思，能激起幼儿兴趣的材料。其次，教师除了要选择日常的基础材料，如球、跳绳、小车，还要选择一些有意思的、幼儿能够去尝试、去体验、去挑战的新材料，从而促进幼儿在户外分散游戏中的学习与发展。例如，教师可以增添庙会上的那种高跷（儿童版），公园里老年人经常玩的空竹，安吉游戏里的滚筒等，以此提高幼儿参与户外运动游戏的兴趣。

4. 借机搭建助力幼儿的学习平台

展现自我不仅能够使幼儿增强自信心，还是助推幼儿学习的动力。教师可以抓住运动会、春游、年级组展示、班级展示、小组展示等机会，为幼儿搭建展示运动能力的平台，激发幼儿运动学习的动力与热情。

例如，一名幼儿穿着高跷自由地在操场上行走的时候，有更多的幼儿产生兴趣，主动要求进行尝试；还有的幼儿明明自己还有些胆小，不敢放开教师的双手，但看到同伴能够自由行走的时候，能大胆地放开教师的双手，前后不到两分钟的时间，也能够自由地行走。其他幼儿向这些敢于大胆尝试新材料的幼儿投来崇拜的目光时，他们更加热衷于此项游戏。因此，教师可以借春季运动会的时机为幼儿搭建展示的平台。运动会的内容分为体能部分及游戏部分，游戏中的材料就来自户外区域。幼儿可以自主选择平日里最擅长与热衷的游戏材料参与挑战，以此提高在户外运动游戏中的自信。

5. 及时替换户外运动材料

游戏开展一段时间后，幼儿可能会提出更有创意、更有挑战性的游戏。为了满足幼儿在游戏中的需求，教师应及时补充或替换新的游戏材料，来助力幼儿在户外分散游戏中深度探究与学习。

(二)教师专业支持幼儿户外自主运动游戏

1. 持续观察幼儿户外自主运动游戏状态

一周一个区域的设置有利于教师对幼儿户外运动游戏时持续的观察。例如，有的幼儿从来不选择跳绳，今天开始学着跳绳了；有的幼儿昨天还不会跳绳，今天居然能跳两个；还有的幼儿可以边跳跳球边跳绳。在持续的观察中，教师更能够通过幼儿连续几天的表现分析、判断幼儿当下在户外区域活动游戏过程中的现状，从而更好地支持幼儿的游戏。

大班户外运动游戏"好玩的跳皮筋"

情境一：周二一早，月月把自己的皮筋带来学校，孩子们看见皮筋纷纷开始讨论。琪琪："月月，你会跳吗?"月月："额，我不会!"琪琪："咱们都不会怎么玩?""我知道谁会跳!"已瑶说，"我看见老师跳来着，老师会跳。""我姐姐也会跳，我姐姐都三年级了! 她跳得可好了!"可为也抢着说道，"我回家和我姐姐学一下。""我姐姐也会，这就是她的皮筋。"月月说道，"我妈妈也会，我回家也学一下。"孩子们展开了跳绳小能手大搜索，都想着赶紧拜师学艺!"老师，我们现在有了皮筋，但我们现在都不会跳怎么办?""老师你会吗? 你教教我们吧!""没关系，一会儿我们到户外时一起去学一学跳皮筋的好方法。"孩子们找到老师后，老师微笑着答应了他们的邀请。

情境二：户外运动游戏时间到了，孩子们带着皮筋来到操场，喊着："老师快来和我们一起跳皮筋。"过了一会儿，孩子们发现班级中的老师是位跳皮筋高手，于是围绕着老师请她展示一下跳皮筋的多种玩法。在这个过程中，孩子们就如同在欣赏精美绝伦的表演般瞪大眼睛紧盯着老师的身影，看到精彩之处，不禁发出阵阵欢呼声。有的孩子还在原地进行模仿，一副跃跃欲试的样子。演示过后，孩子们围绕在老师身边向她请教跳皮筋的方法，很快老师就带领孩子们一起学习了跳皮筋。老师在前、幼儿在后，老师一步一步带着孩子们一起跳。孩子们一边跳一边总结跳皮筋的方法。跳了几遍以后，孩子们逐渐掌握了规律，并将老师说的要领编成了小儿歌："跳进去，再出来，打开出来再进去，跳出来交叉跳，最后再出来。"

情境三：孩子们尝试几遍以后，已经有个别孩子逐渐掌握跳皮筋的基本方法。于是，孩子们开始自行跳皮筋，可跳着跳着发现——"瑶瑶，你出来，你把皮筋都缠上了。""雯雯，应该跳这边，你看弄得我都没法跳了！""哎呀，怎么回事？全都交叉了！"孩子们的抱怨声不断传来……原来是孩子们的节奏不同导致皮筋都缠绕在一起了，将小朋友的腿困在了里面。看到这一情况后，老师开始带领孩子们寻找解决办法。大家一起讨论出现问题的原因，找到原因后又一起寻找解决问题的方法。这个过程中，老师引导孩子们回忆和老师学习跳绳的过程，很快孩子们就想到了好办法："我们可以找一个'小老师'带着我们一起跳，也可以一个人跳完后另一个人再跳。"经过一番讨论，孩子们觉得找一位领跳员的方案最佳。

情境四："这次我在前面，你们都跟着我一起。"琪琪对小伙伴们说道。于是琪琪做起了领跳员，只见她先跳进去，其余幼儿紧跟而上。琪琪跳出来后，身后的小伙伴们也一个接一个地跳出来。琪琪一边跳一边向后望着，看看小伙伴们是否都跟上了。看到有小伙伴最后跳不出来时，琪琪还主动上前帮忙把绳子压低。就这样，孩子们的活动渐入佳境。

随着活动的开展，孩子们渐渐掌握了游戏玩法，也有越来越多的孩子加入了跳皮筋的活动中，越来越多的孩子掌握了跳皮筋的游戏方法。

（案例作者：北京经济技术开发区第五幼儿园　宋蕊）

2. 积极反馈幼儿户外运动游戏状态

在持续观察的基础上，教师会适当地给予语言的激励与引导、行为的带动等。例如，教师对能力强的幼儿提出高难度的挑战，对于能力弱的幼儿，能够有针对性地使用不同的游戏策略辅助、鼓励幼儿进行能力提升。在教师积极的反馈中，有利于提高幼儿参与户外区域活动游戏的专注性、持久性，从而推动幼儿有效学习。

3. 及时肯定幼儿户外运动游戏表现

无论是在幼儿户外运动游戏中教师语言、行为上对幼儿的鼓励与肯定，还是游戏后教师对幼儿户外运动游戏的总结与评价，都能够引发幼儿对当下游戏活动的反思及计划，计划着在明天的活动中达到一个什么样的目标，从而推动幼儿在户外运动游戏中学习品质的发展。

例如，一名幼儿在创新运动玩法时，想将跳转球与跳绳结合在一起跳，但她跳一次坏一次，跳一次坏一次。"你这种方法成功了吗?"教师看到此情境想介入时，她很开心地说："我跳过了一个。"于是她开心地继续，整整用了一个户外的时间挑战，满头大汗也没有放弃，却没有成功。有时候成功不是必然的，但不能忽略的是幼儿努力做事、努力学习的内在品质。在分享的时候，教师表扬了她创新的想法及这种坚持不懈的学习品质。

（三）开展运动主题活动，支持幼儿户外运动游戏

幼儿园主题活动是将贴近幼儿生活的某一中心内容（即主题），作为课程内容的主线来组织的教育教学活动。在主题活动中，教师要能够较好地帮助幼儿建构完整的经验，支持幼儿户外运动游戏连续性地、深入地进行学习。

大班主题活动"一起来跳绳"
片段一　初遇跳绳，激发幼儿活动兴趣

实录：新学期，我们在户外运动游戏中增加了跳绳活动，并邀请擅长跳绳的老师来给孩子们表演跳绳。"老师跳得好快呀!""哇，老师可以转圈跳绳!"孩子们非常羡慕。户外运动游戏时间，部分孩子主动拿起绳子，尝试着跳了起来，就此开启了一场跳绳之旅。

刚开始跳绳时，孩子们兴趣非常大，认真听老师解说并积极尝试，但是跳绳对刚升入大班来说是一项有挑战性的项目，它不仅需要手、眼、脚的配合，还需要对力量和速度的准确估计。新材料的出现，引起了孩子们不同的情绪反应。有的孩子兴奋地和同伴交流自己能跳几个，有些孩子则担心自己不会跳，有些孩子尝试几次后有些打退堂鼓，很快大大小小的问题摆在了孩子们面前。

"老师，他的绳子打到我了。"

"老师，我不会跳。"

"我的绳子甩不起来。"

"绳子总是打结，缠到脚上，谁能帮帮我?"

"跳绳不好玩，太难了。"

为了让孩子们能在跳绳中拥有持续的兴趣，学会跳绳并培养幼儿的坚持性，掌握跳绳的方法，老师带着孩子们一起探索跳绳的秘密。

解读：新学期幼儿园在户外运动游戏中引入跳绳活动，擅长跳绳的教师通过表演跳绳激发了幼儿的兴趣，部分幼儿由此开启了跳绳之旅。但跳绳对刚升入大班的幼儿来说具有挑战性，需要手、眼、脚协调配合及力量

和速度的恰当估计，因此，新材料的投入引发了幼儿不同的情绪反应，在他们尝试的过程中也遇到了各种问题。为了持续培养幼儿的兴趣、坚持性，帮助他们掌握正确方法，教师和幼儿一起开始探索跳绳的奥秘。

片段二　解锁"绳秘"，探索跳绳多种玩法

实录：刚刚接触跳绳，老师和孩子们在操场上自由探索跳绳的不同玩法，自由玩绳子。孩子们对这个神奇的材料有了更多的了解，也逐渐地爱上了它。

艾米："我们能用跳绳玩'一网不捞鱼'的游戏。"

特特："跳绳可以用来拔河。"

此外，老师还通过家园共育、视频、网络等形式帮助孩子们了解了一些小技巧。

刚开始跳绳的时候，孩子们遇到了各种各样的困难。但通过观看老师的示范讲解、会跳的同伴的展示跳、看跳绳视频的慢动作回放等，孩子们学习方法，掌握技巧，看同伴是怎么能跳得又多又好的。

孩子们也总结出了一些小经验：

"跳绳时和好朋友一起，玩的时候很开心，学得也很快！"

"跳绳的时候我们要把绳子往前甩，然后再跳。"

"跳绳时起跳的高度不能太高，落地的时候膝盖要微屈做缓冲。"

"跳绳时，要握住跳绳的两端，抓紧手柄。"

解读：此段实录展现了幼儿在接触跳绳初期的探索与成长。幼儿刚刚接触跳绳时，教师带领他们在操场上自由探索跳绳的不同玩法。在这个过程中，幼儿对跳绳这个神奇的材料有了更多了解，并逐渐爱上了它。教师通过视频示范、游戏引导、家园共育等多种形式帮助幼儿了解跳绳的小技巧。幼儿在实践中总结出了一些经验，不仅有助于他们自己更好地掌握跳绳技巧，还能为其他幼儿提供借鉴，促进大家共同进步。

片段三　绳彩飞扬，助力幼儿多元发展

实录：（1）师徒结对，共同进步

有些孩子运动能力很强，在练习了几次后就能完全掌握跳绳技巧，并且跳得很好；有些孩子尝试很多次还是不会跳，有的是不会甩绳，有的是不能连贯地跳，有的是边跳边甩绳，一直跳不过去，尝试了很多次都不会，便渐渐地失去了信心，将绳子放在了一边。于是，孩子们自由选择"师傅""徒弟"，形成小组，练习跳绳。

在"师傅"教"徒弟"的过程中，他们远离老师的"监督"，和朋友一起学习，氛围更加轻松。"师父"就像自带光环一样，带领自己的"小徒弟"开始了跳绳练习。

(2)巧用图画书，学习跳绳

老师利用一些有趣的图画书，通过让孩子们了解图画书中主人公的经历来体验跳绳这项运动，帮助孩子们掌握跳绳的方法，克服畏难情绪。

(3)绘画记录，我的成长

习得了好方法，找到了小师傅，这个时候孩子们将自己跳绳的感受用自己的画笔画了出来，感叹跳绳真的是一项快乐的运动！

孩子们能够用绘画及符号表征的方式，呈现玩跳绳时遇到的问题。在此期间，大家会交流跳绳的玩法及心得，并给予对方建议，同时在跳绳时会关注到身边的同伴，表现出爱惜跳绳的情感。老师在班级中展示孩子们关于玩跳绳的绘画作品，鼓励孩子们用多种方式记录自己关于玩跳绳的感受及想法，并且提供玩跳绳的时间与空间，使其与跳绳建立情感链接。

孩子们从最初的不会跳绳、尝试跳绳，到会跳绳，喜欢跳绳，甚至是花样跳绳。在这个过程中，孩子们不断地用自己的方式去探索跳绳的方法和玩法。每个孩子都有了不同程度的进步，班上已经有十多个的孩子能连贯、熟练地跳绳了。这段时间，老师也看到了孩子们的进步，目前班里跳绳最多的孩子能跳 65 个。老师始终相信，通过不断练习和尝试，其他孩子也能获得很好的成果。

解读： 跳绳这项运动对于幼儿来说，初期具有一定的挑战性。另外，由于幼儿的能力有差别，练习中难免会出现各种问题，进步的速度也不相同，教师要及时提供针对性的帮助。通过不断练习，幼儿的力量、耐力及一些基本动作(跳、甩、握等)得到了充分的锻炼，幼儿从跳绳中也获得了不少快乐和成就感。

幼儿成长的过程中，少不了教师及时的肯定与鼓励，持续的关注与支持。与此同时，支持幼儿自主发展，在支持中引导也至关重要。一次次的尝试，幼儿从拿起绳子的不知所措、不想继续尝试、觉得跳绳太困难……到现在的："老师你快看，我又跳过去了。""老师我觉得跳绳还挺有趣的。"……主题活动"一起来跳绳"帮助幼儿养成了锻炼的好习惯，遇到问题学会解决，持之以恒，不怕失败。跳绳主题虽告一段落，但幼儿的探索脚步不会停下，愿幼儿坚持跳绳，热爱跳绳，收获属于他们的多彩童年！

(案例作者：北京经济技术开发区第五幼儿园　江思文)

人们往往只重视室内静态的认知活动而轻视或忽视户外运动游戏。事实上，户外运动游戏不仅是身体的运动，还需要动脑，需要智慧，在运动进行中学习。因此，在幼儿户外运动游戏中支持幼儿有效学习的路径和策略同样应受到教师的重视。

第五章

有效评价促进幼儿有效学习

教育评价是幼儿园教育的重要组成部分。教师应自觉地运用评价手段，了解教育活动对学前儿童发展的适宜性和有效性，调整、改进工作，提高教育质量。适宜的、科学的儿童学习与发展评价既能够促进幼儿的有效学习和更好的发展，也能够帮助教师反思与改进保育教育实践，促进教师的专业成长，提升教育的过程质量。

第一节　有效学习的评价理念

有效学习是一种既强调学习结果，又突出学习过程的一种学习与发展理念。它强调学习者在学习过程中表现出积极主动的学习态度，不断更新知识、积累经验，灵活运用学习策略解决问题，对学习过程和结果进行自我反思与调节。因此，基于幼儿有效学习的评价是一种"为了学习的评价"，是一种"促进发展的评价"。它的价值在于通过评价促进幼儿有意义的学习过程；通过对幼儿的观察、分析与评价，了解幼儿的发展现状、个性特点，从而有效地改进教学，提供支持，帮助幼儿达成新的目标。

一、注重过程性评价

《幼儿园保育教育质量评估指南》中强调保育教育的过程质量，打破教育质量"重结果轻过程""重硬件轻内涵"等问题。有效学习强调有意义的学习过程，因此有效的学习评价应"让儿童的学习看得见"，突出对幼儿学习与发展过程的评价，而不是单一的对于学习结果的评价。评价中要注重对幼儿学习过程的完整观察，对幼儿的学习动机、问题解决、人际互动等进行客观而全面的记录，并对幼儿的情绪状态、心理特征和行为表现进行分析和解读。通过过程性评价，教师能够了解幼儿的兴趣和需要，解读幼儿的经验水平和发展需要，并通过对幼儿的引导、支持、回应等，激发幼儿的活动兴趣，促进其进行更加深入的学习和探索。

中班区域游戏"益智拼图"

实录：益智区里，3岁的宝岩正坐在座位上拼动物拼图。他拿起一块拼图，对着空缺的地方用力地摁下去，可是没有成功。他又换了一块，还旋转了几次，仍未成功。宝岩皱着眉头，有些气馁。老师对他说："你看，拼图中间是什么小动物啊？它的身体缺了什么呢？"宝岩轻轻地说："是小狮子，它没有脸。"老师问："那小狮子的脸在哪里呢？快找一找。"有了目的，宝岩很快就找到了小狮子的脸，并拼在了拼图上。他笑着说："小狮子还没有尾巴。"就这样，宝岩很快将几只动物形象拼上了。他又停了下来，拿着拼图块转来转去好几次，也没能拼上。老师说："你看，大象站在什么东西上啊？""是小星星。"宝岩轻轻地说。这次，他没等到老师说，就立刻找到了小星星的拼图块，成功地把剩下几块拼图都全部拼完了。成功以后，他开心地笑着，并把拼图扣在了桌子上说："我还要再拼一遍。"

解读：宝岩由于缺少拼图经验，在选择拼图时有一定的盲目性，但是他依旧运用替换拼图块、旋转拼图块等方法进行尝试，可以看出宝岩在游戏中是耐心、专注的。在拼图块上同时存在数字线索和图案线索，观察中教师发现幼儿对数字认知有限，不能使用数字线索进行拼图，而对于动物图像关注较多。因此，结合小班直观形象的年龄特点，教师选择引导幼儿观察动物形象"缺了什么"，从而引发幼儿关注图像线索。在教师引导下，宝岩能够注意到拼图中的线索，可以看出他对于动物的外形特征有一定的认知，可以很快发现图像中缺失的部分。在教师的帮助下，幼儿能够运用寻找图像线索，成功完成其他部分的拼图，这也说明幼儿具有对于动物和形状等图像的整体认知能力及观察能力。接下来，区域分享环节，教师请宝岩分享自己拼拼图的方法，帮助他巩固经验，提升自信，同时进一步鼓励他尝试在拼图游戏中寻找更多的线索和方法。

（案例作者：北京市大兴区第七幼儿园　王新萌）

基于对幼儿学习过程的关注，教师能够更清晰地看到幼儿的现有经验及兴趣需要等，更加适宜有效地支持和回应幼儿的需要。

二、注重发展性评价

评价的最终目的指向幼儿的学习与发展需要，有效评价应是自然真实的、全面连续的、具有个性差异的。

第一，关注评价的全面性。促进有效学习的评价不仅包含五大领域的学习经验和能力，还应体现幼儿的问题解决能力，体现幼儿的学习品质，如好奇心和兴趣、学习的主动性、坚持性与专注、想象与创造、反思与解释等。通过评价，教师能看见幼儿的真实发展现状和发展需求，从而更好地为幼儿全面发展提供帮助。

第二，关注评价的激励功能。李季湄教授指出"以幼儿为本"的核心内涵是"珍惜幼儿的生命，尊重幼儿的价值，满足幼儿的需要，维护幼儿的权利，促进每一个幼儿的全面发展"[①]。教师使用的评价方式多是以"补短板找差距"的方式——通过发现幼儿的不足，采取某一种方式或方法来帮助其弥补，将弥补不足作为教育的目标和指导方向。有效评价应该看到幼儿的发展优势和发展需求，以审辨式思维观察和理解幼儿，从取长、接纳、欣赏和相信的视角评价幼儿，思考教育，审视教育行为。"学习故事"经常被应用于幼儿发展评价中，其核心儿童观是将儿童看作"有能力、有自信的学习者和沟通者"。在学习故事中，能够看到幼儿作为一个积极主动的、有无限可能的个体，在与周围的人、事、物发生互动、建构关系的过程中，实现学习与发展。教师应在幼儿学习态度、学习领域、学习方法与策略等基础上进一步助推幼儿的有效学习。

大班户外运动游戏"加油！跳绳高手"

发生了什么："我跳了 7 个！""我跳了 12 个！"看到小伙伴在尝试连续跳绳时和老师的交流，今今并没有走上前参与讨论，而是走到一旁，开始尝试着连续跳绳。老师关注到今今的跳绳情况时，看到今今已经基本掌握了跳绳的方法，并且能够连续跳 2 个或者 3 个。但是今今并没有停下来，而是一直在坚持练习。老师主动和今今交流，想要给他一些鼓励："今今，你跳的方法是对的，不用着急，感觉绳从头顶过来就跳。"今今听了老师的话并没有做出回应，而是继续练习着。不一会儿，莹莹走过去问今今可以跳几个。今今回答之后又反问她，得知她能够连续跳 6 个的时候，不再说话，而是继续着自己的练习（图 5-1）。

图 5-1　努力练习跳绳的今今

① 李季湄，夏如波.《幼儿园教师专业标准》的基本理念[J]. 学前教育研究，2012（8）：3-6.

过了一会儿，今今跑过来兴奋地告诉老师，他能够跳6个了。老师说："好呀，你跳一个给大家看看！"只见他表情严肃，眼神坚定，使劲地甩着跳绳，腿跳得高高的。一下、两下、三下，断掉了。今今没有放弃，重新再来。一下、两下、三下、四下，又断了。莹莹冲着他喊："别着急，不用跳得那么高！"他又一次开始，一下、两下、三下……七下！今今说："老师，我跳了7个！"老师说："是呀，真棒呀，你跳了7个！"他又和莹莹交流："我跳了7个，你看到了吗？我之前跳了6个，这次跳了7个！"

这意味着什么：今今真的很努力在练习跳绳。当他知道了小伙伴已经能够连续跳绳的数量就给自己定了目标，然后非常专注地进行练习。他愿意听取老师和小伙伴的建议，也在练习中不断地调整。当他达成了自己定下的目标，也很愿意跟伙伴分享他的喜悦。他知道想要达成目标必须通过努力和不断地练习，来自伙伴的建议也对自己有所帮助。

机会和可能：老师想今今一定会继续跳绳，在不断的练习中越跳越多，越跳越好。老师也相信在做其他的事情时，他也可以像练习跳绳一样努力，也会把他的经验跟小伙伴分享。

来自班级另一位教师林瑾泓的回应：今今会有自己的目标，他知道自己要做什么，并且能够很好地按照自己的计划实施。但是他不仅会和固定的伙伴交流，还会和不同的伙伴交流，而且一直在学习着。不过老师还是需要在平时多观察，在他需要帮助的时候施以援手，帮他开阔思路。

家长的反馈：我从来不知道伙伴对孩子的影响可以这么大，而且这么积极和正面。我想这是孩子在幼儿园和在家最大的不同。孩子之间相互分享和交流能带来和父母、老师不一样的效果。我也能够看出老师为孩子们创造了一个非常宽松的空间，孩子能在和老师、伙伴的交流中获得更多知识，积累更多经验。今今也会更有耐心，坚持把事情做好。

（案例作者：北京市大兴区旧宫第二幼儿园　张楠）

在这个主题活动中，教师对幼儿的评价建立在对幼儿学习过程的充分观察之上。教师看到了幼儿所展现出的同伴交往能力、自主学习能力及坚持性等积极学习品质，也看到了幼儿学习与发展的可能。同时，班级中另外一位教师及家长的回应，也使得幼儿的形象更加丰满而立体，展现出一个具有学习能力的幼儿形象。

三、注重改进性评价

《纲要》指出："评价的过程，是教师运用专业知识审视教育实践，发现、分析、研究、解决问题的过程，也是其自我成长的重要途径。"评价是促进幼儿发展，助力教师审视自身教育行为、不断改善课程构建与实施的重要依据。因此，教师不仅要评价幼儿学习与发展的过程与水平，还要基于评价完善课程和教学实施，为幼儿提供更为适宜的支持。

幼儿园课程与教学的实施与调整应该从幼儿的实际出发，而评价信息能够比较真实地反映幼儿的需要、兴趣及经验发展水平，幼儿园管理者和教师要能够合理分析和有效应用评价信息，使之成为改善教学、推动课程建设的有效载体。此外，教师要基于幼儿作品取样、幼儿观察记录、档案袋收集等方式解释幼儿学习与发展过程，并由此分析和判断教育环境准备、物质材料提供及教师支持策略的适宜性和有效性，并思考幼儿新的需求、发展需要，以及教师下一步的支持策略。

例如，在大班种植主题活动"脆脆的黄瓜"中，教师依循幼儿初期的讨论、幼儿种植所经历的必要过程预设了主题活动，围绕黄瓜的种植、观察记录、收获与分享及艺术表征来推进活动，如"关于种什么""种植黄瓜""照顾黄瓜""收获黄瓜""吃黄瓜"等。在主题推进中，教师观察记录幼儿的学习行为，并对幼儿学习与发展进程进行解读，从而为满足幼儿在兴趣、经验和能力上的需求，及时调整活动设计。

大班种植主题活动"脆脆的黄瓜"

片段一　为什么给黄瓜围竹竿

实录：有一天，孩子们看到郎爷爷（幼儿园的维修和绿化师傅）在给黄瓜围竹竿。睿睿问："为什么围竹竿啊？"梓诚说："是保护黄瓜不会被踩到。"于是老师请孩子们都说一说，大多数孩子觉得是保护黄瓜的，晓晨说是挡着不让它长得太高的，否则我们够不着黄瓜。

到底是为什么呢？大家一起去问郎爷爷。郎爷爷说："是因为给黄瓜围上竹竿，它能往上爬，然后结出来的黄瓜是直的，要不然黄瓜秧就会满地爬，结出来弯弯的黄瓜。"孩子们了解原因后一起帮忙围竹竿。在观察和参与过程中，孩子们了解了交叉插架更稳定的方法。

回到班级里，老师请孩子们猜一猜，画一画并讲一讲，"黄瓜会怎样爬竹竿呢？"在孩子们的绘画作品中，老师看到了四种类型的答案：扶着爬、绕着爬、拽着爬、抱着爬（图5-2）。

同时，老师看到了孩子们有意识地描述黄瓜用哪儿爬竹竿。于是老师请大家都来猜一猜黄瓜会用哪儿爬竹竿。迅仪说："黄瓜秧会用自己的'根'爬竹

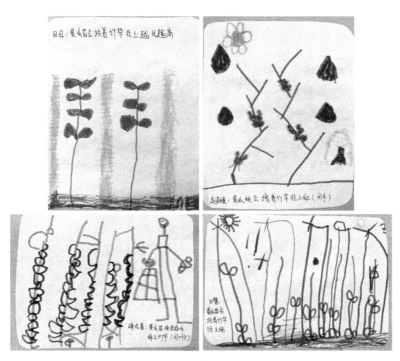

图 5-2 幼儿画出的黄瓜爬竹竿

竿。"老师问："是中间的梗吗? 是茎吗?"迅仪想了想说："那个是根吧。"老师说："我们回头一起查一查。"思远说："黄瓜苗从小长大用叶子爬竹竿。"

　　解读： 幼儿从发现郎爷爷围竹竿，到产生好奇"为什么围竹竿"。教师鼓励幼儿猜想，并欣赏每一名幼儿猜想出的充满童真童趣的道理（其实教师心里也好奇，为什么黄瓜苗才这么矮就插上了竹竿? 教师也没有种黄瓜的经验）。教师看到幼儿的反应和语言交流，知道幼儿对黄瓜会爬竹竿产生了好奇，抓住机会鼓励每一名幼儿用绘画和语言来猜想"黄瓜怎样爬竹竿"。在幼儿讲述猜想画面的过程中，教师善于聆听和理解幼儿，发现了幼儿有意识描述黄瓜用哪儿爬竹竿的细节，顺水推舟鼓励幼儿再次猜想和绘画"黄瓜用哪儿爬竹竿"。在幼儿这次的讲述中，教师又发现了幼儿对藤蔓植物的茎缺少认知，不会用语言表达，但却产生浓厚兴趣的情况。在良好的师幼互动中，一个又一个有探究价值的问题逐层产生，这些都是支持幼儿对黄瓜苗生长方式产生深入探究兴趣和情感的助推剂。教师支持幼儿带着自己的具体猜想，在日后的观察中更有重点。教师善于观察、倾听、理解幼儿，抓住机会鼓励幼儿思考，猜想的过程让幼儿对后期观察认识攀缘茎奠定了基础。教师也善于利用绘画的方式作为师幼之间交流沟通的桥梁，绘画的过程也是幼儿将认知经验输出的过程，便于教师更加了解幼儿现状，以及了解在哪里支持幼儿的探究。

片段二　黄瓜到底怎样爬竹竿

实录：过了六天，孩子们惊奇地看到，黄瓜长出了细细的“小手”。祎依惊喜地说：“它用小手拽着竹竿呢!”接下来，孩子们看到黄瓜就是不断用“小手”拽着竹竿向上生长(图 5-3)。宇喆每次都会跑到长得最高的那棵黄瓜苗那里和自己比一比，发现它越长越高呢！接着师幼一起上网查询了解到这就是攀缘茎，细细的“小手”叫丝蔓。

图 5-3　看，黄瓜长出“小手”啦，用“小手”拽着竹竿越长越高

每次观察回来，老师都请孩子们画一画、说一说。子源说：“黄瓜的小手像弹簧一样。”在与之前画面的对比变化中，孩子们绘画的黄瓜苗先是多了细细的小丝蔓，过几日小丝蔓紧紧地攥着竹竿(图 5-4)。孩子们加深了对攀缘茎的认识和理解，也引起了观察其他班的蔬菜的兴趣。

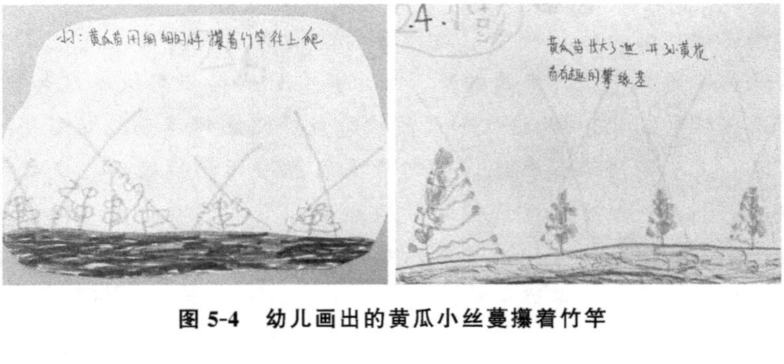

图 5-4　幼儿画出的黄瓜小丝蔓攥着竹竿

他们常常好奇地去看其他班的蔬菜。思远说："我看到苦瓜也有细细的小手拽着竹竿往上爬呢！苦瓜也是攀缘茎。"莫涵说："那西红柿也插着竹竿呢，但是西红柿没有小手，它不是攀缘茎。"我们看到，原来西红柿只是靠着竹竿生长。

解读：教师为幼儿提供充分自由的探索机会和空间，并支持幼儿自主探索。幼儿主动把丝蔓叫"小手"，特别符合幼儿的年龄特点和认知方式，表现了幼儿对丝蔓细致的观察和具体形象的理解。过程中，教师像共同探究的伙伴一样，和幼儿一起观察，并聆听幼儿的想法。幼儿能够在充分自主地感知和体验当中，感受攀缘茎的特点，丰富了对藤蔓植物的认知。同时，教师看到幼儿对其他班的蔬菜也有好奇的表现时，教师马上支持幼儿去观察，鼓励幼儿去对比。在对相似类型植物的对比观察中，幼儿不仅加深了对攀缘茎的理解，还提高了对比观察的能力。回到班级，教师还是常常鼓励幼儿利用绘画和讲述的方式，进行认知经验的输出，强化幼儿对攀缘茎的理解。

片段三 西瓜是攀缘茎吗

实录：大班的西瓜之前一直在地上长的，有一天孩子们发现它也插上了竹竿，难道它也会爬竹竿吗？孩子们好奇地来到瓜秧前观察。睿航说："西瓜也有小手，但是它的小手都不拽着竹竿啊，西瓜不是攀缘茎。"（与此同时梓扬还和"小手"握了握手）。睿睿说："我发现西瓜都是用绳子拴在竹竿上的，不是自己爬的。"

老师引导孩子们往靠墙边那里看一看，观察一下那里有两行没有拴在竹竿上的瓜秧。孩子们看到瓜秧在地上爬。师幼一起上网查询……原来西瓜擅长在地上匍匐爬，这是匍匐茎。

解读：在对西瓜的观察过程中，很明显幼儿迁移了之前对黄瓜的认知经验，深入理解了丝蔓对植物生长的形态作用，再次加深了对攀缘茎的理解。在对比的观察和体验中，幼儿认识了植物生长的一种新方式——匍匐茎。

幼儿发现小菜园里各种各样的植物都在用自己喜欢的方式适应环境，在大自然中生长。教师认为这也是幼儿在用自己喜欢的方式来观察自然、感受生命。所以，教师利用环境资源，给予幼儿充分的探索机会，支持幼儿的深入探究，并用平等欣赏的姿态，支持陪伴幼儿一起观察交流，促进幼儿快乐成长。

基于对幼儿学习与发展过程的解释与评价，教师应及时根据需要调整课程计划，在教师主导和幼儿主导之间寻求最优策略，让课程内容和活动形式更适宜幼儿的认知特点和兴趣需求，更符合幼儿认知经验、能力发展的需要。

（案例作者：北京市大兴区第七幼儿园　刘培培）

第二节　综合运用多元评价方法

有效的评价应该嵌入幼儿的学习过程，幼儿的学习过程具有发展性、动态性等特点，幼儿在学习过程中的表现也呈现出一定的变化性。教师需要在不同情境下选择更为适宜的评价方法，而且多元评价方法的综合运用也有助于教师全面了解幼儿的学习过程，有助于激发幼儿的内驱力，促进幼儿的有效学习。

一、基于叙事性观察的评价

评价不同于测验，有效的评价立足于真实有效的信息。观察记录是收集信息的重要途径。有效学习强调对学习过程的关注，教师通过叙事性观察能够客观地收集和记录幼儿学习与发展过程中的关键信息，在此基础上进行评估，并作为进一步支持幼儿学习与发展的依据。

叙事性观察评价指的是教师将自己所看到的幼儿正在进行的行为，以及所听到的幼儿的言语记录下来，也可以辅之以幼儿活动场景的照片，以及幼儿制作的作品等作为评价的依据，通过评估这些依据，分析和判断幼儿的发展水平、思维特点、兴趣爱好、个性品质及最近发展区等。

（一）叙事性观察评价的特点

1. 真实性

叙事性观察评价依据客观、真实的现场观察，借助观察工具收集和记录幼儿行为信息，并进行解读、分析和评价。叙事性描述能够还原幼儿学习的场景和行为，为教师提供更多有价值的幼儿学习与发展的信息，从而客观、科学地开展评价，更好地为教育过程性质量服务。

2. 全面性

叙事性观察评价不仅仅关注幼儿在各领域知识经验的获得，还更加关注幼儿学习的情感和倾向，如学习状态、学习能力及学习品质等，同时也关注对个体发展独特性的认可。

3. 过程性

叙事性观察评价关注幼儿的学习变化与成长历程，基于连续性的观察、记录与分析，支持幼儿学习过程的重要性，以及幼儿在原有水平上的不断发展。

（二）叙事性观察评价的路径

在叙事性观察评价中，我们通常基于"观察—记录—评价—支持"四个步骤来实现对幼儿学习与发展的评价，从而助推幼儿的有效学习和更好地发展。

1. 观察

观察是有效评价幼儿的第一步，只有真正走近幼儿，看见幼儿，才可能进行真实、有效的评价，判断幼儿学习与发展需求，进而支持幼儿的学习。叙事性观察评价的观察要点可以包括以下方面，见表 5-1。

表 5-1　叙事性观察评价的观察要点

观察维度	观察要点
兴趣爱好	观察幼儿学习活动的内容和情绪状态、投入程度，学习活动持续的时间。
学习需求	观察幼儿学习的学习行为、学习方法和策略，以此判断幼儿的学习与发展需求。
与物互动	观察幼儿在学习活动中与环境、材料互动过程的具体表现，了解幼儿对于材料的兴趣与操作方法，以此判断幼儿的意图和经验水平。
与人互动	观察幼儿在学习过程中与哪些人进行互动、由谁发起互动、采用何种方式互动、互动效果如何等。
问题解决	观察幼儿在学习过程中面临的困难与挑战，以及应对困难的态度和问题解决的方法。
个体差异	观察幼儿在学习过程中的个性化的表现，展现幼儿的个性品质和个体差异。

2. 记录

教师必须学会观察，分析并记录幼儿的发展情况。教师可以在幼儿行为产生当下进行记录，也可以进行事后记录。记录时可以辅以照片、录像、录音等，通过事后反复观看，转录还原当时事件发生的场景和情形，确保记录信息真实、完整。

（1）记录信息

在描述过程中，教师要围绕观察目的将整个事件记录完整，注重描述事件的五要素。

• 交代背景，即幼儿行为发生的前因和背景。

• 记录时间，即事件发生的日期、时段。

• 记录地点，即事件发生的场所、活动情境。

• 明确人物，即重点观察对象及与之互动的对象。

• 描述事件，即记录事件发生、发展、结果的历程，体现过程中幼儿的情绪态度、行为表现和行为结果。

(2)记录原则

客观性：指记下的内容是实际发生的，采用描述性的语言而非解释性或者判断性的语言。客观记录要求在描述观察案例时不受自己价值观或者固有偏见的影响，不对观察到的行为进行过多解释和判断，而是还原自己所听到的、所看见的事实。

目的性：指教师要根据观察目的，抓住有意义的行为表现进行翔实、全面、清晰的记录。与目的无关的行为表现、背景情境等可以简单描述。

翔实性：当教师在描述过程中能够关注事件描述的完整性的时候，教师还要能够围绕观察目的，用具体的幼儿的行为表现和语言进行白描。在此过程中教师记录得越详细，教师观察得越细致，在分析中越能够对幼儿进行深入解读，从而更好地判断幼儿的经验发展。

搭建"小蛮腰"

区域活动时间，少华和好朋友选择了在建筑区活动。他在玩具柜前看了一会儿，选择了两块相同的环形积木，把它们对在一起，在上面放上矮圆柱，然后依次码放两块环形积木。接下来，他走到玩具柜前观察了 10 秒左右，取出了 12 号方形积木，继续向上拼搭。过了一会儿，他来到老师身边说："老师，我的'小蛮腰'没法搭了。"

于是老师问："为什么没法搭了呢？老师刚刚看了你搭的底座，是圆形的。你继续向上加高，非常有'小蛮腰'的特点，继续加油啊。"听了老师的话，少华指着刚刚搭好的底座说："老师，我是想把它继续搭高，可是，我才搭了两层，再往上搭它就总是倒啊……"老师问："为什么呢？"他说："老师，你看，我在下面第一层用的是特别短的圆柱形积木，可是，搭第二层的时候就没有了。我就换了比它长一点儿的方形积木。搭到第三层的时候，我想让它变高一点儿，就用了长条形的积木，可是不管我怎么摆，它都总是倒啊……我也没有办法了……"老师继续问："你只用了长条积木吗？"他说："对，因为我想让它变高一点儿，可是它一直倒，然后我就换了一个短一点儿的积木，可是它还是立不住……"少华边说边把他尝试过的两种长条积木拿给老师看。老师又问："你想过它为什么总是倒吗？""我觉得可能是它太高了吧，可是我换了短的积木它也是倒啊……要不我再找找有没有别的积木？"他自言自语道。听了他的话，老师对他微微一笑，点了点头。

于是，少华来到玩具柜前，他先是拿起了一根更短的长条积木继续搭建，可刚刚盖好上层的顶，没过 10 秒钟，它就又倒了。这次少华没有放弃，又来到玩具柜前，仔细地寻找着。过了一会儿，他手里拿着新找到的积木走到"小蛮腰"前，与之前的支撑物比了一下长短，然后用新的材料开始搭建。这次，他轻手轻脚地仔细码放每一根积木，还不时调整一下每根积木的距离。大概 5 分钟后，他高兴地跑到老师身边说："老师，这次没倒！"老师问："这次你是怎么搭的？"他兴奋地说："我先找了一种比上次还短的积木，可是码上去以后那个楼就开始晃，刚开始还没倒，可是没等一会儿它就又倒了。我觉得可能是那块积木太长又太重了，然后我就又换了一种，这回这块积木比原来的积木还短，而且还比它轻。我搭的时候也特别小心，就怕把它碰倒了！这次就真的成功啦！"

（案例作者：北京市大兴区第七幼儿园　崔晓晨）

这个案例中，教师真实完整地记录了幼儿完整的搭建行为和过程，也详细描述了幼儿与教师互动的一言一语，体现了记录的五要素，具有很强的真实性和细节性。

3. 评价

评价是承接观察与支持的重要桥梁。只有有效地评价幼儿，才能为幼儿提供更为适宜的支持。观察评价幼儿时，教师需要将观察到的幼儿学习与发展行为与幼儿学习与发展目标之间建立有效联结，从而判断幼儿各方面的能力发展水平。同时，促进幼儿有效学习的评价不仅要评估幼儿的发展现状、发展阶段，还要分析相应的环境和人际因素的影响，判断幼儿的最近发展区，从而达到支持幼儿学习的效果。

（1）分析评价的要点

叙事性观察评价的分析评价要点见表 5-2。

表 5-2　叙事性观察评价的分析评价要点

维度	要点
分析幼儿的兴趣爱好	• 幼儿感兴趣的是什么？ • 幼儿的学习行为反映了他们哪些方面的需要？

续表

维度	要点
评估幼儿的学习与发展	• 幼儿表现出了哪些学习行为，彰显了哪些领域的哪些发展水平？ • 幼儿是否表现出学习意愿、学习态度和主动学习？ • 幼儿是否表现出创造性和批判性思维？ • 幼儿面对困难时采取了什么态度和解决问题的方法？ • 幼儿的最近发展区是什么？
分析幼儿的个体差异	• 幼儿的发展现状是否遵循了一般发展模式，是否符合当前年龄阶段所能达到的目标？ • 幼儿表现出哪些不同的性格、偏好、学习风格、优势、速度、节奏等差异？
分析环境材料发挥的作用	• 环境材料对幼儿产生了哪些影响？ • 哪些激发了幼儿的学习，哪些限制了幼儿的学习？ • 环境材料引发了幼儿哪些自发练习性行为和自发探究性行为？
分析教师指导的效果	• 教师介入的时机是否适宜？ • 教师的介入和指导是否支持和拓展了幼儿的探究行为？

（2）分析评价的依据

①依据《指南》的领域发展目标和典型行为进行分析与评价。

教师在分析的过程中，可以充分借助《指南》，将观察到的幼儿行为和《指南》中相应年龄段儿童在特定领域的典型行为表现联系起来，判断幼儿的发展阶段和发展水平。例如，在"搭建'小蛮腰'"的案例中，教师结合《指南》中的科学领域目标评估了幼儿当前的学习与发展水平及下一阶段的发展需求，从而提供了相应的支持，见表5-3。

表5-3　结合《指南》的科学领域目标分析评价表

观察分析框架	具体内容
分析 结合行为的关键信息，结合《指南》中的发展目标，分析幼儿的发展水平。	科学领域（4～5岁）"科学探究"目标2"具有初步的探究能力"——"能根据观察结果提出问题，并大胆猜测答案""能对事物或现象进行观察比较，发现其相同与不同"。当遇到困难后，幼儿能在教师的问题引导下主动思考，并基于观察分析得出结论，通过比较材料之间的不同寻求问题解决的方法。

观察分析框架	具体内容
解释 结合幼儿发展水平，判断幼儿的发展需要。	幼儿需要继续在探索搭建的过程中，探究材料间长短、粗细、轻重的关系，并通过实践验证自己的方法，进行比较分析。作为教师，要基于幼儿的探究兴趣和探究能力，鼓励和支持幼儿猜测，为幼儿的探索行为提供支持，验证自己的猜测，寻找问题的答案。
支架 判断恰当的教育时机，实施教育策略。	(1)判断介入时机：当幼儿遇到困难，游戏无法进行，教师介入，推动了幼儿的游戏。 (2)材料支持：鼓励幼儿尝试寻找不同的积木进行搭建活动。 (3)语言支持：建议式和鼓励式语言——"为什么没法搭了呢？老师刚刚看了你搭的底座，是圆形的，然后你继续向上加高，非常有'小蛮腰'的特点，继续加油啊。"问题式语言——"你想过它为什么总是倒吗？""这次你是怎么搭的？"

②依据幼儿的个体差异进行分析与评价。

每名幼儿在沿着相似进程发展的过程中，存在着一定的发展速度的差异，在同一领域的能力水平、学习风格、性格、偏好也会存在差异。同时，幼儿的学习与发展还会受到家庭文化背景、生活条件、教养行为，以及社会环境的影响。为了促进幼儿的有效学习和发展，教师要先理解这种差异，再通过与家长沟通等，全面了解幼儿的发展信息，在此基础上进行评价和支持。

③依据幼儿的心理年龄特点进行分析与评价。

不同年龄阶段的幼儿呈现出普遍的心理发展规律和年龄特点，因此教师在评价幼儿学习与发展时，还应结合幼儿的心理年龄特点，有针对性地为幼儿的有效学习提供支持。

彩色的小椅子片段一

实录：甜甜很喜欢在益智区进行区域活动，在选择玩具的时候她发现了最新投放的"彩色的小椅子"，就果断地选择了这套玩具。打开玩具后，甜甜发现了小椅子的颜色不同，于是按照椅子的颜色进行分类摆放。在摆放的过程中，她又发现每个椅子的形状也不同，于是又按照形状进行摆放。

甜甜摆弄了一会儿后，没有找到其他的游戏方法，反而沉浸在旁边小朋友的游戏乐趣中。老师知道甜甜已经对这套材料失去了一些兴趣，尝试将她的注意力转移到材料上，于是为她提供了提示卡片（图5-5）。

图5-5　提示卡片

老师问她："这套玩具还有一个挑战卡片，你要不要尝试一下？""我要啊！"甜甜兴奋地回答。于是老师出示了第一张提示卡片。

甜甜观察了一会儿卡片上的内容后，说："我知道了！"她将卡片放在自己面前，一边说着卡片上的颜色一边寻找相同颜色的小椅子，找到后将小椅子依次放在对应的圆圈上。"橙色、蓝色、橙色、蓝色，不够了。"她又盯着卡片和椅子看了看，举着1根手指，说："还差一个蓝色！"于是她开始寻找蓝色的小椅子，找到后将蓝色的小椅子放在前一把蓝色椅子的旁边。尽管甜甜对卡片的理解是错误的，但是老师没有制止她的游戏行为，而是让她在思考、操作中发现问题。

解读：甜甜先按照椅子的颜色摆放，接着按照椅子的外形特征摆放，说明幼儿能够将材料按照不同的属性特征进行分类。小班幼儿有意注意时间短，很容易受外界因素干扰。甜甜在探究过程中注意力被邻桌幼儿吸引过去，继而转移目标，忘记对自己行为的结果进行观察与反思。教师投放提示卡片，鼓励她尝试。目前幼儿已经达到对物体进行分类的游戏水平，需要在教师的引导下认识模式规律，达到新的水平，通过提示卡，建立对"模式"的初步认知。幼儿的认知是通过建构、反思、延续、练习等过程形成的，在过程中会出现错误、矛盾。但是只有经历了这个过程，幼儿才会建构新的认知。甜甜看到卡片后，第一反应是将椅子放在圆圈上面，知道椅子要对应卡片上的内容进行摆放，但是忽略了椅子和圆圈的大小不同，无法一一对应，导致漏掉一把椅子。甜甜的行为说明她没有理解卡片的意思，还不能够认识模式。虽然幼儿对卡片的理解是错误的，但教师仍鼓励幼儿先自主尝试、验证。

（案例作者：北京市大兴区第七幼儿园　孙思维）

"彩色的小椅子片段一"案例是教师进行连续性观察中的一个片段。教师采用夹叙夹议的方式呈现了幼儿的学习过程，以及教师对幼儿学习行为的评价与支持。在评价过程中，教师不仅对接了此年龄段幼儿在数学领域上的认知经验，还结合小班幼儿的年龄特点、心理特点和认知规律进行了分析，具有客观性、全面性。

④进行纵向的分析与评价。

教师要积极看待幼儿成长的每一步。在观察评价的过程中，教师通过与之前的观察评价信息对接，可以纵向分析评价幼儿学习与发展的进程。这有利于教师借助幼儿的兴趣和优势，推动幼儿进一步学习和发展。

彩色的小椅子片段二

经历了一段时间的探索，甜甜每次游戏时，都能快速地按照卡片提示进行摆放。当她再次选择这套操作材料时，老师也坐了过去，和她一起游戏。但是老师并没有按照操作卡的提示摆放，而是在一旁摆出了一个卡片上没有的规律。

甜甜看到老师的摆放后，又看了看任务卡，说："老师你在干什么啊？"老师说："我在摆一个新的规律。你看看我摆的是什么啊。"甜甜看了一眼椅子的摆放顺序，自信地说："我知道，你这个是一个红色一个蓝色、一个红色一个蓝色、一个红色一个蓝色。"老师问："那你知道最后这把蓝色的椅子后面应该放什么颜色的椅子吗？"她说："应该放红色的！"老师点了点头，表示赞同。

甜甜紧接着说："我也可以摆出不一样的。"她一边说着一边拿起一把绿色的椅子又拿起一把蓝色的椅子，按照"绿蓝、绿蓝、绿蓝"的规律摆了出来。

甜甜摆完后紧接着说："我还能摆一个不一样的。"说完就开始寻找不同颜色的椅子，按照"橙绿、橙绿、橙绿"的规律摆了一个新的模式。老师说："甜甜，你摆了两种新规律，但是如果其他小朋友想挑战你这个新规律，都没有卡片可以看，我们把你摆的小椅子也做成任务卡吧！"甜甜找了水彩笔和纸，说："我画下来，其他小朋友就可以看着我画的挑战了，但是我可能不太会画圆。"老师说："没关系，我们只要画出两种不同的颜色，小朋友们就能明白是什么意思了。"甜甜说："那我需要用橙色和绿色的笔一起画。"于是她按照椅子的摆放将颜色规律用水彩笔记录下来（图5-6）。

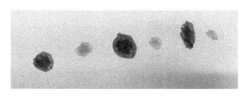

图 5-6　甜甜画出的椅子摆放颜色规律

解读：幼儿已经熟悉了提示卡片的含义，并且能够理解卡片上的模式规律，按规律进行摆放。教师没有按照操作卡摆放，是为了让幼儿能够发挥创造力，从众多颜色的椅子中发现不同的模式规律。教师和幼儿一起分析小椅子颜色的摆放规律同时按照规律向后延伸，能够验证幼儿是否真的理解了模式规律的含义。教师提出让幼儿自制任务卡，目的是让幼儿突破自己的最近发展区，尝试梳理自己摆放的规律，转换成模式。尽管教师提出了绘制任务卡的挑战，但是并没有让幼儿明确任务卡的制作方式。教师鼓励幼儿尝试按照椅子的摆放规律进行绘制，是幼儿自主建构模式知识的良好契机，也能促进幼儿的个性发展。"我可能不太会画圆"，说明幼儿理解任务卡要模仿已有操作卡的形式绘制，按照椅子的颜色画圆圈。教师可以为幼儿提供已经画好圆圈的纸条和彩笔，让幼儿按照自己的摆放规律涂色，之后，其他幼儿也能参与绘制任务卡的活动。

（案例作者：北京市大兴区第七幼儿园　孙思维）

"彩色的小椅子片段二"案例中，通过观察与对比分析，幼儿在模式的认知上已经有了进一步的发展，能够理解图卡的模式规律并进行模仿和扩展。在此基础上，教师进行了创造。幼儿观察后进行了模仿基础上的学习，并通过符号进行了表征。正是这样纵向分析的连续性发展过程，才不断地推动幼儿有意义的学习过程，支持幼儿的经验获得和后续的持续探究。

4. 支持

评价后教师的行动是支持幼儿有效学习与发展的重要条件。我们重点通过"五支架"来帮助教师适时地支持幼儿的学习与发展。

(1)创设支架境，调动幼儿主动参与兴趣

支架境，包括环境支持和情境支持。环境指向更为宏观的客观现实，是行为事件发生的大的场合与背景，包括精神环境与物质环境。精神环境支持即为幼儿营造宽松、自主的心理氛围及提供充足的探索时间，让幼儿敢问、敢想、敢做。物质环境支持即创设开放的探究空间、充足适宜的材料投入及推动探究的墙面环境的布置。情境则指向幼儿有效学习行为所依赖的问题情境，如在游戏和生活中出现的真实问题情境，以及教师创设的接近于真实世界或幼儿感兴趣的主题学习情境，关注幼儿自主探究的积极情绪体验，帮助幼儿产生好奇心和学习动机。

(2)借助支架语，引导幼儿感知体验

支架语，即语言支持。在幼儿感知体验过程中，教师通过语言启发引导，帮助幼儿明确目的，拓展思维，获得自信。语言指导分为问题式、建议式、鼓励式、应答式、澄清式五种。

问题式：以提问语言出现，目的是了解幼儿活动现状及幼儿的具体想法或进行启发引导，帮助幼儿把活动继续下去，对幼儿行为进行反馈，启发幼儿思维，具体可分为提问、追问、反问。

建议式：可以采用陈述或询问方式进行，不同于询问式语言之处在于不仅提出问题还给予具体暗示，如用"这样试试……""如果不行再想想别的办法""我要……，可是没有……"等来达到指导目的。

鼓励式：一是对幼儿表现出的创造性及正向游戏行为加以肯定并提出

希望，促进幼儿良好行为及规则意识的形成，帮助幼儿树立自信，感受游戏成功的体验；二是通过激励式的正面语言，把希望幼儿出现的行为要求提出来，让他们知道该怎么做，调动幼儿体验探究的主动性和积极性。

应答式：应答式的语言，是收到幼儿邀请或幼儿求助时最常使用的语言支持。回应聚焦在儿童正在做的事情上，认可而不是主导。回应是开放式的，这样才能更有效地促进幼儿的主动性。

澄清式：幼儿在操作过程中会出现一些不明白的事情，或模仿了一些不良行为，教师应引导幼儿来讨论、澄清，帮助他们形成正确价值观。

（3）利用支架物，调动幼儿操作兴趣

支架物，即物质材料支持。一方面，教师要基于幼儿的探究兴趣提供相应的活动材料支持。这也包括在主题探究过程中，为了丰富幼儿的认知体验，激励幼儿自主寻找各式各样的探究材料；在感知体验过程中，为了丰富幼儿的认知经验，通过多样化的感官刺激调动幼儿的兴趣。另一方面，幼儿在活动中遇到困难时，教师有针对性地对幼儿的游戏提供材料，帮助幼儿在活动中始终保持对活动的兴趣。

（4）营造支架场，为幼儿提供探究场域

为了推动幼儿深入探究，教师要基于幼儿探究点，以及幼儿群体的发展要求和个性的不同经验营造支架场，包括集体探究、小组探究和个别探究所需的物质空间、环境材料和情感氛围等。

集体探究场域是指教师针对幼儿发展水平，已有经验与主题活动目标之间差距的价值判断，有计划、有目的地组织开展集体活动。幼儿通过在群体中的经验分享、合作、概括和提升，发挥潜能，与教师共同归纳、提炼新经验。

小组探究场域是指教师依据幼儿在个体探究中积累的经验，根据不同的特质需要，巧妙安排的小组活动，幼儿按照自己的兴趣、需要、愿望，自主选择活动内容，自主选择同伴共同开展探究活动。

个别探究场域是指教师关注个别幼儿的探究兴趣，做到关注个体特征、因人而异，在探究中为幼儿提供层次性、多样性、个性化的探究材料。幼儿自主选择探究材料，主动探索发现，独立自主获得新经验。

（5）使用支架态，支持幼儿自主探究

支架态，主要指教师的态度、肢体语言等，具体来说，是教师利用动作、表情、眼神等对幼儿的探究行为做出反馈，以支持幼儿延续探究活动。

其中，动作可以分为动作示范和角色参与两种具体策略。动作示范是当幼儿遇到一些自己没有相关经验的活动，教师给予幼儿适当的示范、讲解，帮助他们掌握方法，理解并掌握规则。角色参与是教师以合作者身份参与幼儿的探究过程，以平行的身份和幼儿共同活动。

好玩的小火箭

活动由来

在主题探究活动"好玩的球"中，对瘪球的关注引发了幼儿对空气的兴趣，于是生成了科学探究区域主题游戏——好玩的空气。在空气流动实验中，幼儿对"按压瓶子里的空气能吹动什么"产生了探究的欲望，于是师幼共同收集了大小、薄厚不一的矿泉水瓶、小密封袋、纸筒、小火箭等。幼儿尝试利用按压矿泉水瓶，使瓶内空气流动形成压力，从而促使瓶子上的"小火箭"升空。在这个过程中，幼儿需要探究什么样的小火箭飞得更高。

活动过程

故事一 "小火箭"升空——寻找最佳游戏材料

实录： 科学区游戏中，佳一把密封袋套在矿泉水瓶上，双手用力拍水瓶，密封袋一下子飞了出去，乐乐看到后用小纸筒代替密封袋开始了游戏，十几分钟后，两人失去了兴趣。老师问："你们的新游戏真有意思，叫什么名字啊？"乐乐说："小火箭飞。"老师又问："密封袋和纸筒谁飞得高呢？"两个孩子产生不一致的意见，于是开始了比赛，三次都是相同结果——纸筒飞得更高。佳一很纳闷："密封袋怎么飞不高呢？"乐乐说："是不是纸筒里面的空气多了？""可是我往密封袋里和瓶子里都吹气了。"佳一显然不同意乐乐的观点。乐乐说："那就是因为密封袋漏气。"佳一问："哦？是哪里漏气？""是下面开口的地方。"乐乐肯定地说。佳一说："原来是袋子容易漏气，所以纸筒飞得更高。可是我们这只有一个纸筒呀。""我们再做几个不就行了。"佳一边说边和其他孩子开始了小火箭的制作。

解读：《指南》科学领域"科学探究"目标2"具有初步的探究能力"中描述了4~5岁幼儿的关键经验，即"能根据观察结果提出问题，并大胆猜测答案"。乐乐和佳一动手动脑，发明了一种新的游戏，并产生了一定的兴趣。幼儿在同伴学习和合作游戏中进行操作和对比验证，表明幼儿具有一定的探究兴趣和探究能力。乐乐在游戏中表现出更强的观察力，能够借助自己的观察和原有经验，分析问题的原因，表现出反思与解释的能力和品质。游戏中，教师能够有目的地观察。游戏无法拓展时，教师及时介入，通过提问的方式帮助幼儿保持探究的兴趣和热情，引导幼儿仔细观察与对比操作结果，大胆猜测答案。

在这个过程中，教师给予了鼓励式的语言支持："你们的新游戏真有意思，叫什么名字啊？"教师的及时介入确保了幼儿在活动中较为主动地进行游戏，使幼儿获得了自主学习的经验，并且引发了下一阶段的探究行为。

故事二　飞得最高的"小火箭"——多种材料的比较

实录：孩子们制作了各种各样的小纸筒，有尖的、上面镂空的、三角的、有口的、大小不同的。乐乐和梆梆开始了游戏，重复一段时间后不能拓展。老师问："这么多火箭哪个飞得最高啊？"梆梆说："我的小火箭比乐乐的飞得高。"老师问："那是不是你的火箭比所有人的飞得都高呢？"乐乐提议："我们一个一个地比。"梆梆说："不用一个一个地比，上面漏气的肯定飞不高。"老师问他："为什么呀？"梆梆说："因为漏气就不行。"说完，梆梆和乐乐开始了比赛。他们把剩下的小火箭进行了编号，反复实验发现，小火箭下面的口越小、火箭越尖、越长的，飞得越高。他们一起上网看到了真实的火箭的外形特征，发现了火箭升空的秘诀。他们还将自己的发现和经验告诉了其他孩子。乐乐在自然角的浇水工具中找到了一个大一点儿的矿泉水瓶，产生了新的问题，大的矿泉水瓶会不会让小火箭飞得更高呢？

解读：《指南》科学领域"科学探究"目标2"具有初步的探究能力"中指出4～5岁幼儿："能根据观察结果提出问题，并大胆猜测答案""能对事物或现象进行观察比较，发现其相同与不同"。幼儿在制作不同的小火箭后，教师可引导幼儿发现小火箭之间的相同与不同，比较不同小火箭产生的不同现象。梆梆和乐乐在游戏中喜欢进行探究活动，能积极地动手动脑进行操作和试验。《指南》中的教育建议是"支持和鼓励幼儿在探究的过程中积极动手动脑寻找答案或解决问题""鼓励幼儿根据观察或发现提出值得继续探究的问题，或成人提出有探究意义且能激发幼儿兴趣的问题"。在这个过程中，教师给予了材料支持和语言支持。(1)材料支持：幼儿制作的不同的小火箭、瓶子等，帮助幼儿进行观察和比较。(2)语言支持：问题式——"这么多火箭哪个飞得最高啊"；鼓励式——"那是不是你的火箭比所有人的飞得都高呢"。接下来，教师应支持幼儿观察火箭的外形特征，了解这种外形对火箭升空的帮助，帮助幼儿进行经验梳理和分享。

幼儿在活动中无法拓展时，教师介入提出新的探究问题，引导幼儿在操作中验证自己的猜想与假设，帮助幼儿发展初步的探究能力。幼儿在活动中通过探究获得了直接经验，并且将自己的经验进行分享与展示，是一个完整的探究过程。活动后幼儿寻找到了新的探究工具，并开启了新的探究游戏。

故事三 "力气"最大的瓶子——同等条件下的比较

实录：幼儿在家里收集了大小、厚薄不同的矿泉水瓶。乐乐和梆梆每人拿了一个瓶子，相约一起开始："预备！开始！"乐乐说："大瓶子空气多，所以比小瓶子吹得火箭高。"然后两人又同时换了两个瓶子进行游戏，重复几次后幼儿又回到了最开始的状态（幼儿无法拓展游戏，教师进行介入）。老师问："刚才乐乐说大瓶子吹得高，那这两个（同样大小、不同薄厚）比，谁吹得高呢？"梆梆说："我们比试比试。"几次比赛之后，乐乐说："还是薄的飞得高，因为它薄，所以好用劲儿。"老师问："那我们还可以用它和谁比赛呢？""可以用小的、薄的瓶子和它比。"乐乐说完，就拿起了一个小的薄的瓶子和梆梆比起赛来。梆梆说："是大的薄瓶子力气大。"老师问："那我们的瓶子越怎么样，火箭飞得越高呢？"乐乐和梆梆一起说："瓶子越大、越薄，力气越大，火箭飞得越高。"活动结束后，老师和两个孩子把研究结果和其他孩子进行了分享，然后对活动材料进行了相应的调整，开始了新的游戏。

解读：《指南》科学领域"科学探究"目标2"具有初步的探究能力"中指出4～5岁幼儿："能对事物或现象进行观察比较，发现其相同与不同"。教师引导幼儿通过多重比较发现不同瓶子的区别，找出飞得最高的小火箭和力气最大的瓶子。乐乐和梆梆对于探究活动的兴趣很浓厚，但是由于材料较多，出现了不会比较的问题，所以教师需要帮助幼儿学习比较的方法。《指南》中的教育建议是教师"通过提问等方式引导幼儿思考并对事物进行比较观察和连续观察"。在这个过程中，教师给了材料支持和语言支持。（1）材料支持：小火箭、不同的瓶子等，幼儿发现不同瓶子对小火箭的影响。（2）语言支持：问题式——"刚才乐乐说大瓶子吹得高，那这两个（同样大小、不同薄厚）比，谁吹得高呢""那我们还可以用它和谁比赛呢""那我们的瓶子越怎么样，火箭飞得越高呢"；回应式——及时梳理总结，帮助幼儿提升经验。

由于瓶子的种类多种多样，所以幼儿不能进行比较。教师在过程中通过提问的方式进行介入，引导幼儿发现材料的特质，从而学习对多种材料进行比较的一些技巧。幼儿在进行探究的过程中，不断调整游戏材料，最终挑选出"力气最大"的瓶子，在活动中建立了自信心和成就感。

（案例作者：北京市大兴区第七幼儿园 王艳玲）

从案例中可以看出，"小火箭"升空的游戏源于幼儿的发现，幼儿围绕

"小火箭"开展连续性探究活动。幼儿在活动中游离游戏情境时，或者在游戏中无法拓展经验时，教师会及时介入，采用支架物、支架语等多种方式，推动幼儿进行个别化探究和小组合作式学习，让幼儿在观察、比较的过程中，验证自己的猜想与假设，发现材料的特质，学习多种材料比较的技巧等。活动后，教师及时帮助幼儿归纳总结获得的经验，使幼儿对获得的经验进行进一步理解。在探究游戏中，幼儿的探究能力、问题解决的能力得到提升，获得了自信心和成就感。

二、作品取样评价

作品取样评价是一种真实性表现评价，能够协助教师运用真实的现象、活动和作品来记录和评价幼儿的技巧、知识和行为。

作品取样评价中包含三个基本的实施要素，即教师运用发展指引及检核表进行观察和记录、收集档案、将前两项资料进行综合作"综合报告"，三个要素形成一个整体。

（一）发展指引及检核表

发展指引及检核表即结构化的观察、记录及评价，以教师期望与《纲要》《指南》为评价依据，记录幼儿的成长和活动的发展。发展指引是一套用来评价幼儿在不同时期的表现与成就的合理期望。发展检核表是依据不同年龄幼儿的发展指引延伸出来的表现指标，用来总结和诠释教师的观察。

例如，教师在主题活动开展之前对幼儿的发展现状进行整体评价。评价包括各个领域，反映全班幼儿的整体发展水平。科学领域幼儿发展评价见表 5-4，能清楚地展示幼儿在科学领域的发展现状。

表 5-4　科学领域幼儿发展评价表

时间：2021 年 9 月　　　　　　　　　　　　　　班级：中二班

指标	评价标准	僮僮	梓馨	思远	晓晨	彭彭	川川	雨沫	大喆	恩恩	梓田	杨杨
对周围的自然事物感兴趣	(1)喜欢自然环境。							√				
	(2)喜欢接触大自然，对周围的很多事物和现象感兴趣。	√										
	(3)喜欢接触新事物，经常问一些与新事物有关的问题。				√	√					√	√
	(4)对自己感兴趣的问题总是刨根问底。		√		√		√		√	√		

指标	评价标准	僮僮	梓馨	思远	晓晨	彭彭	川川	雨沫	大喆	恩恩	梓田	杨杨
喜欢观察和探索事物	(1)对大自然中的事物现象有好奇心。									✓		
	(2)经常问各种问题，或好奇地摆弄物品。						✓					
	(3)常常动手动脑探索动植物和材料，并乐在其中。			✓	✓						✓	✓
	(4)能经常动手动脑寻找问题的答案，在探索中有所发现时感到兴奋和满足。	✓			✓	✓			✓	✓		
会对物体和事件进行比较	(1)对感兴趣的事物能仔细观察，发现其明显特征。									✓		
	(2)能通过看、摸、闻、听等多种感官体验，比较物体的相似和相异的一种特征。					✓						
	(3)会使用与数目、大小、形状、材质、重量、颜色、速度、体积等有关的比较级字眼。				✓				✓			✓
	(4)能通过观察、比较与分析，发现并描述不同种类物体的特征或某个事物前后的变化。	✓	✓			✓	✓		✓		✓	
	(5)能了解或运用与度量衡有关的词汇，也能了解或运用一些简单的测量工具。	✓	✓			✓	✓		✓		✓	

　　在课程活动确定之前，教师根据幼儿对"幼儿园的新装修"的高度兴趣，对幼儿提出的感兴趣的问题进行调查和整理，针对幼儿对新环境的了解进行了询问，结果见表 5-5。

表 5-5　幼儿对新环境的了解调查结果

幼儿姓名	开学后你发现幼儿园有什么新变化？	你有什么感受？	看到新的环境你想做些什么？
甬甬	我看见楼道的颜色变了。	楼梯变成森林了。	我想把我们的新幼儿园画下来。
思思	楼道里有很多果子，有石榴、苹果、海棠果、山楂、橘子……	我们是小精灵，像走进了童话森林。	我想在森林里拍照。
梓馨	墙上还有鸟窝。	楼道里摆放了我们的作品，展示出来，我很开心。	我想告诉大家要爱护我们的新幼儿园。
小圣	楼道里多了很多大树根。	我很开心，心情好。	我想穿着我的公主裙在楼道那儿拍照。
田田	墙上还贴了很多的画。	我很喜欢楼道的装饰。	我们一起做个温馨提示吧，请小朋友只欣赏，不要破坏。
浩川	楼道里多了很多的绿油油的树。	我喜欢一楼楼道里的小秋千，看着很好玩。	我要画楼梯间里的大森林。
……	……	……	……

新学期开始了，幼儿步入幼儿园的大门后，发现了许许多多的变化。他们用自己的小眼睛去观察每一个角落。走到楼梯间时便听到幼儿一声声"哇～""啊！""我的天啊"等令人赞叹的声音，能够看到、听到幼儿对新的环境产生了强烈的兴趣。在他们的交谈中听到比较多是"哪里不一样了""我们看到时有什么感受""我想干什么？"等。教师借助幼儿的问题和兴趣，引导幼儿对幼儿园进行一次大参观，并开展了一系列的课程活动。通过课程活动，幼儿能了解幼儿园的新变化，并能积极参与其中，从而在参观中获得满足感、愉快感。

在社会活动中，教师鼓励幼儿关注周围环境的情况，使幼儿乐于参与并观察周围的环境变化，鼓励幼儿大胆地与别人交流自己的感受，鼓励幼儿根据自己的想法制订计划并执行，如幼儿看到幼儿园的变化，想对幼儿园的新装饰制作温馨提示等。

健康领域观察记录见表 5-6，能看出子俊小朋友适应能力比较强，能够较快地适应集体生活；但动作的协调性与灵敏性方面缺乏经验，发展水平处于发展中；对幼儿园的球和跳绳的玩法方面还需进一步了解。

表 5-6　健康领域观察记录表

活动名称：我爱运动　　　活动日期：2021 年 9 月　　　班级：中一班

	阶段	指标	沐童		子俊	
幼儿健康领域	具有一定的适应能力	在帮助下能较快适应集体生活。	√	尚未发展□ 发展中☑ 熟练□	√	尚未发展□ 发展中□ 熟练☑
		换新环境时较少出现身体不适，能较快适应人际环境中发生的新变化。	√		√	
		能在较热或较冷的户外环境中连续活动半小时以上，天气变化时较少感冒。			√	
		能较快融入新的人际关系环境。			√	
	动作协调性、灵敏性	能身体平稳地双脚连续向前跳，分散跑时能躲避他人的碰撞。	√	尚未发展□ 发展中□ 熟练☑	√	尚未发展□ 发展中☑ 熟练□
		能助跑跨跳过一定距离，能与他人玩追逐、躲闪跑游戏。	√		√	
		能安全地爬攀爬架，躲避他人滚过来的球或扔过来的沙包。				
		能连续跳绳和连续拍球。	√		√	
	得出结论和解释结论	了解一些简单的运动项目，认识一些简单的运动器材。		尚未发展□ 发展中☑ 熟练□		尚未发展□ 发展中☑ 熟练□
		知道运动给人的身体带来的好处。	√		√	
		学会简单的自我保护身体主要器官和自身安全的方法、技能。			√	
	交流和应用	准确地描述出升入中班后的变化。		尚未发展□ 发展中☑ 熟练□		尚未发展☑ 发展中□ 熟练□
		发现玩具有了新变化。	√		√	
		与同伴交流自己的发现。				
		准确地画出自己最喜欢的体育运动。			√	
		根据已有的发现提出新的问题。				

作品取样系统的发展指引及检核表两者结合起来，为教师提供一个观察、记录和评价作品的架构。它可以帮助教师了解每一名孩子，提醒教师观察活动的全面性，协助教师判断自己的教学策略何时有效和无效，也可以指引主题活动下一步的开展。

（二）收集档案

收集档案即指收集、选择和评价幼儿的作品，以视觉的方式呈现幼儿的作品及幼儿的进步。教师收集档案的目的是要为课程活动提供更多的有关幼儿思考与学习的质性信息。教师要根据幼儿的表现、行为、语言和作品进行研究和思考，从而更加科学、有效地评价幼儿的学习，为幼儿提供发展支持。档案比发展检核表提供了更多的有凭据的信息。

档案由核心项目和个人项目组成，核心项目就是指在几个领域中针对一些特定的学习目标所收集的代表作品，如9月和10月幼儿的作品（图5-7）。

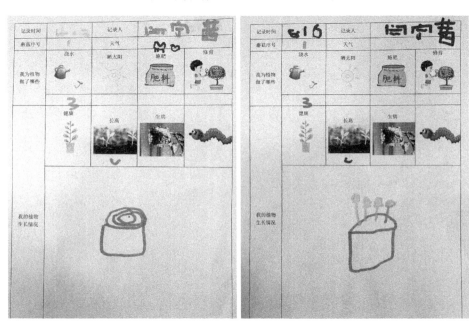

图5-7 9月和10月幼儿的作品

个人项目与核心项目的区别是，个人项目不需教师事先规划，也不限领域。

教师根据幼儿的作品和当时的表现，将幼儿的作品进行深入的分析和简单的记录，见表5-7。

表 5-7 幼儿作品分析记录表

幼儿姓名：莹莹	班级：中三班	活动时长：30 分钟 8:30—9:00
日期：5 月	指标：科学探究过程	核心项目□ 个人项目☑

活动名称： 小蘑菇 快长大	幼儿表现（照片附后）： 桐桐发现：蘑菇头开始是小小的，慢慢地蘑菇头也会跟着变大。
活动目标： (1)发现和提出问题 (2)探究和应用能力	
勾出作品背景信息： ☑幼儿主动发起 □教师发起 ☑新任务 □熟悉任务 ☑独立完成 □成人引导下完成 □小组合作完成 ☑用时 1～5 分 □用时 5～10 分 □用时 10～15 分 □达到期望 ☑需要发展	

注释：

评价与分析：
　　在探索过程中，幼儿能够进行长时间的观察，并进行记录，了解了蘑菇外部特征及生长条件，还发现了蘑菇开始长出需要的蜘蛛网状的菌丝，知道了菌丝就是蘑菇的根部。

　　除了记录和收集幼儿的作品，教师也会根据幼儿的一些突出表现或是语言进行文字记录，即在活动中进行的随机观察，见表5-8。

表 5-8　幼儿科学探究过程表现记录表

活动名称：我的幼儿园　　　活动日期：2021 年 5 月　　　班级：中二班

	阶段	幼儿姓名：梓扬	幼儿姓名：刁刁
幼儿科学探究过程	观察和提出问题	"幼儿园变成了新的幼儿园。""我们的楼道有了很多的树。""楼梯间太漂亮了，我想画下来，和我的妈妈分享。"	"幼儿园的楼梯变样子了。""楼梯间有了新的树、新的果子和新的小动物，真是太好看了。""想让它一直很漂亮。""我想给我们的楼梯间制作一个温馨提示，请小朋友们爱护我们漂亮的楼梯间。"
	提出研究假设		
	检验假设		
	得出结论和解释结论		
	交流和应用		
教师评价		梓扬是一个善于观察，但不爱表达的小朋友。他很喜欢绘画。在画画的过程中，他能按自己的观察进行绘画。教师可以鼓励他将自己绘画的内容进行分享，培养他的自信心。	刁刁对于幼儿园的班级环境还是有一定了解的，开学后看到幼儿园的变化很大，并能够清楚地表达出哪里出现了怎样的变化，而且能够通过自己的方式去爱护周围的环境。相信她的善意的举动也会温暖其他人，在观察中的探索也会越来越多。

与其他档案不同的是，作品取样系统的档案注重收集幼儿在不同阶段及不同领域的表现与进步的内容。而且，为了发现幼儿的进步，教师在主题活动开展时会有至少三个收集期，这样更能展现幼儿的进步和发展的水平。档案能够让教师了解每名幼儿的优缺点，为主题活动的下一步做指引，以便教师及时调整活动方案。

（三）综合报告

综合报告即总结表现及进步，将上述资料综合于一张报告表，是一种取代传统成绩单，用来向家长和幼儿园呈现幼儿表现及进步信息的形式。评价牵涉两个互补的历程，分别是记录和评鉴。在课程活动的评价过程中，教师主要采用的是标准版综合报告，见表5-9，可以清楚地看出幼儿在活动末期与之前的区别，能看到幼儿的进步与下一步努力的方向。在综合评述中，教师对幼儿在本次活动中的表现进行综合的点评，对幼儿进行深入的了解。

一系列的程序结束后，教师再对幼儿进行整体测查并做报告，这样一个系统的循环，为课程活动提供了有效的方法。

表 5-9　课程活动评价综合报告

语言表达	表现		进步		综合述评：在表现部分，如勾选"需要加油"者，请说明原因；在进步部分，勾选"异于期望"者，也请说明原因，并描述未来帮助幼儿成长的计划。
	符合期望	需要加油	符合期望	异于期望	
幼儿姓名：圈圈		√	√		在观察中发现该幼儿能结合语境理解一些表示因果、假设等相对复杂的句子。在今后的活动中，需要教师鼓励幼儿围绕一个话题进行思考、讨论。
幼儿姓名：诗雅		√	√		在观察中发现该幼儿能大胆提出问题，但灵活解决问题的能力有待提高。教师在今后的活动中需要鼓励和适当引导幼儿运用各种方法解决问题。
幼儿姓名：小门	√		√		在观察中发现该幼儿表现得积极性较高，思考问题能力需要进一步培养。教师需要在今后的生活中鼓励该幼儿积极回答问题，培养幼儿主动思考问题，大胆提出问题的能力。
幼儿姓名：瑞瑞		√		√	在观察中发现该幼儿能大体讲出所听故事的主要内容，根据画面能大致说出故事的主要情节。教师可以在今后的活动中鼓励该幼儿大胆表达自己的想法。

三、成长档案式的评价

成长档案式的评价指系统收集幼儿的发展信息和资料，并借助发展目标和评价指标对幼儿的学习与发展进行系统分析。幼儿的学习与发展是一个渐进的过程，每名幼儿又有着独特的发展速度和成长节奏，因此，借助成长档案式的评价能够提供幼儿个性化的信息资料，记录和呈现幼儿的学习过程和学习轨迹，呈现幼儿个性化成长和进步的情况，并及时满足每名幼儿的需要。此外，成长档案式的评价也能够为家长提供参与机会，家长、幼儿、教师共同交流和解读幼儿作品，参与幼儿园课程。这种阶段性、持续性的评价能够为教师提供关于幼儿发展的更为全面的信息，通过研究幼儿的作品、行为、语言等，能够帮助教师了解幼儿个性化的学习方式，更好地了解幼儿是如何思考、建构和表达自己的经验的，以便对不同幼儿进行个性化的支持。

（一）成长档案的内容

成长档案应是班级每个儿童的个人档案资料，档案的内容包含多种信息源，是由对幼儿和幼儿生活环境熟悉的人在生活环境中收集而成的。只有长期收集，才能清楚地显示出幼儿的进步。因此，教师应逐渐增添幼儿的作品、教师观察资料、照片甚至视频等，不断扩展和丰富档案。成长档案的具体内容包括以下三个方面。

1. 幼儿的作品

它包括幼儿的绘画、剪纸、粘贴及其他艺术作品；也包括幼儿建构作品，如建构的积木或沙土造型等；还括幼儿在各领域学习活动过程中的作品，如制订的计划图、行动路线图、游戏日志、创编的故事等。作品收集中，教师可以对作品的形成进行过程记录，如设计图、初稿、成品等。

2. 教师的记录

它可以是教师的观察记录，即教师对幼儿在学习、游戏、探究活动的过程中拍摄的照片、录像及文字资料的描述性记录；也可以是教师的访谈记录，即在开展探究活动中幼儿所表达的观点的记录；还可以是幼儿进行绘画表征，教师对幼儿表达的内容的记录。

3. 家长的记录

它指的是家长将幼儿的表达、成长用表格或文字的形式记录下来；也可以将幼儿送给家长的作品、幼儿和家长共同完成的书面作品放入档案袋中。

(二)成长档案式评价的实践路径

1. 准备阶段

教师和幼儿共同建立档案，借助书册、文件夹、文件盒的方式收集和整理，并在固定的位置进行存放。对于中大班幼儿来说，在档案收集开始之前，教师可以向幼儿介绍自己为什么需要观察他们的活动、为何需要收集幼儿的作品，让幼儿初步感知"评价"对自己的帮助，同时也吸引幼儿参与收集和选择作品，逐步和教师一起完善和丰富自己的档案。

在这个阶段，教师还需要了解档案中的主体内容。主体内容一般分为主要活动和个性化活动两个类别，见表5-10。

主要活动指在各领域中针对一些特定的核心目标所收集的作品。幼儿的学习与思维的发展可以通过语言、数学、艺术领域的具体作品来呈现，而动作的发展、情绪的把控、社会性领域的学习很少有作品的收集，那么就需要借助教师的直接观察而获得。主要活动对于班级中大部分幼儿都是统一的。

个性化活动指那些可以展现幼儿个人兴趣、学习方式、多领域融合知识运用能力的作品。在收集期间，教师无须做计划，对作品的数量也没有固定的要求。此外，个性化活动还可以收录那些展现幼儿重要成就的作品。在整个幼儿园阶段，每名幼儿都会有很多第一次质的发展：第一次准确地数出 10 以内的物品；第一次参加国旗下讲话；第一次能独立睡午觉；等等。这些重要的时刻都可以收录在幼儿的成长档案中。

表 5-10　档案中的主体内容

	主要活动	个性化活动
主要用途	能体现进步	能展现幼儿的个人特色
与领域之间关系	与一个领域相关	体现多领域间相互融合
与学习目标的关系	与学习目标相同	反映出不同的学习目标
计划性	有充分准备、计划	自主、自愿
收集数量	根据实际情况调整	无数量限制

2. 资料收集阶段

(1) 邀请幼儿参与资料收集

档案收集前，教师要与幼儿一起讨论和分享什么是成长档案，让幼儿作为自己档案的"知情者"。成长档案的形成需要幼儿的参与，鼓励幼儿做一些力所能及的事，可以激发幼儿参与整理收集的积极性。

①自己设计成长档案。

对于中大班幼儿，教师可以多鼓励他们设计出具有自己特色的成长档案封面、作品边框的装饰；小班幼儿也同样可以参与，教师可以准备一些半成品的材料请幼儿装饰，还可以让幼儿拿回家和父母共同设计属于自己的独具风格的幼儿成长档案，建立幼儿对档案的归属感。

②为自己的作品做时间标记。

教师可以为幼儿提供便于取放的姓名贴纸和印章，这样即便是小班的幼儿也能够参与其中。中大班幼儿可以自主选择，可以是教师提供的半成品材料，还可以是自己创作。

③将作品放入档案袋中。

教师请幼儿将自己完成的作品放入档案袋中，让幼儿能够及时了解档案袋中的内容。

(2) 提高档案收集的有效性

①活动前明确目的。

教师在请幼儿表达自己的想法前，要明确告诉幼儿把话说完整，让幼儿明确活动的目标，才能获得自己的档案。

②及时给予关注。

教师要及时反馈给幼儿一些适宜的建议，帮助幼儿知道自己接下来要做什么，还可以怎样做。

③简短批注。

在幼儿把作品放入档案袋前，教师应尽快地写一些简短的批注，描述幼儿完成作品时的情境，为以后活动提供具体信息。同时，教师要帮助幼儿记录作品内容与所感所想。

（3）制作档案记录表

在记录档案时，可以借助档案记录表来进行整理。档案记录表是幼儿发展性评价档案中整理和分析幼儿活动及作品的重要方式。它常常可以用照片和逸事记录的方式来具体呈现幼儿的学习过程，再通过教师的分析与反思提出接下来的教学计划，以及支持幼儿的后续学习的方式方法，见表5-11。

表5-11　档案记录表

幼儿姓名：	班级：	观察时间：
活动名称：	观察地点：	
活动背景：		
作品或活动过程照片：		
观察记录：		
幼儿介绍：		
教师分析：		
支持策略：		

3.整理评价阶段

（1）进行纵向分析与评价

档案袋记录了幼儿发展变化的过程，教师可以进行阶段性的整理和评价，如每学期末将幼儿的档案袋信息进行综合整理，结合幼儿发展目标，评价幼儿发展情况，并为下一阶段的发展提出建议和计划。

（2）与幼儿分享成长和期望

教师要和幼儿分享、回顾档案袋中所有的成果，在师幼共同翻阅的过程中幼儿不仅可以看到自己的成长，还能通过师幼互动了解到今后前进的方向。

(3)进行专业化的家园沟通

借助成长档案，教师能够向家长反馈幼儿学习与成长的细节，以及具体的表现，帮助家长直观感受幼儿在一段时间内的成长与变化，了解幼儿个性化的学习方式，从而更好地支持幼儿的学习与发展，并更好地支持班级活动。

成长档案式的评价需要教师不断学习儿童发展的专业知识，从而更好地感知幼儿的学习行为，同时要能够通过观察有效记录幼儿的进步，并能提供一些适宜儿童发展的活动和实践，以促进幼儿全面的综合的发展。

四、时间取样评价

时间取样法是指以一定时间间隔为取样标准，来观察记录预先确定的行为是否出现及出现次数和持续时间的一种观察方法。[①] 时间取样评价中的时间间隔取决于观察与评价的目标，间隔既可以是规律的，也可以是随机的。

(一)时间取样评价的特点

1. 具有较强的目标性和计划性

在时间取样评价前，教师需要确定具体的观察与评价目标；确定明确的观察对象，既可以是特定幼儿，也可以是多名幼儿；提前设计与制定观察记录量表，以便在自然观察的过程中进行客观记录。

2. 节约时间成本，客观高效

在时间取样评价前，教师需要通过设计观察记录量表，对幼儿的行为进行划定和分类。在观察、记录的过程中，教师就能够通过简便的记录方式，客观记录目标行为，在有效时间内收集大量的资料，从而进行评价。

(二)时间取样评价的实践路径

1. 确定观察目的和评价对象

教师要先确定观察目的，并基于观察目的选择观察对象。观察目的可以基于幼儿的学习兴趣、学习能力、学习行为和学习品质等维度进行有针对性的选择，确定目标行为。在确定评价对象时，教师要基于幼儿前期的学习行为表现，选择具有代表性的幼儿，这样的评价才会更加有效。时间取样的适用时机可以是：第一，当观察对象行为表现出现易于视为相同类

---

① 施燕，韩春红．学前儿童行为观察[M]．上海：华东师范大学出版社，2011：50．

别的行为时；第二，观察对象的行为表现比较频繁时。^① 这就需要教师对班级幼儿有较为充分的认识和了解，对于幼儿经常性的行为表现和可能出现的行为表现有比较明确的意识。

2. 收集并记录客观行为信息

教师在进行观察记录时，需要预先对观察的目标行为进行分类，但是要做到各类行为之间各自独立，没有交叉重叠的情况，行为划分不宜过于细碎，否则容易导致记录困难和耗时。分类时，教师可以依据相关的理论拟定观察目标行为。在幼儿社会性学习行为的观察和评价中，教师可以选择帕顿的社会游戏六分类作为观察依据，即无所事事行为、旁观者行为、单独游戏、平行游戏、联合游戏、合作游戏；也可以依据观察目的进行自主拟定。评价幼儿在集体教学过程中的专注力时，教师可以制作专注行为观察类型和不专注行为观察类型。其中专注行为包括安静听讲（倾听教师和同伴），能主动回答教师面向集体提出的问题，教师单独喊到时能及时并正确回应，认真观看或操作教师呈现的材料；不专注行为包括东张西望，离开座位，教师提问时无回应，做不相干行为。

通过目标行为，教师确定观察间隔，例如，社会交往行为的间隔时长一般可以以 20～30 分钟为一个间隔单元，而专注行为间隔时长可以以 20～60 秒为一个间隔单元。

3. 分析评价信息并提出支持建议

在收集信息后，教师需要对幼儿的学习行为进行分析，通过对幼儿目标行为出现的次数、频率、时长等进行综合性的分析，并结合幼儿发展理论、阶段性发展目标鉴别幼儿的发展现状和存在的问题，并以此为依据，为幼儿提出支持性的计划和教学改善的措施和建议等。

第三节　构建多元评价主体

《纲要》中提出："管理人员、教师、幼儿及其家长均是幼儿园教育评价工作的参与者。评价过程是各方共同参与、相互支持合作的过程。"幼儿发展受到教师、家长、同伴及自身所处环境的影响，幼儿发展评价的过程应是多主体共同参与的过程，这样能够更好地达成教育理念、教育方法的一

---

^①　蔡春美，等．幼儿行为观察与记录[M]．上海：华东师范大学出版社，2012：63.

致性，从而进一步支持幼儿的有效学习。最常见的评价主体即为教师、幼儿和家长。

一、教师作为评价主体

教师作为专业的教育工作者，作为课程实践的主体，自然而然地成为幼儿有效学习评价的重要参与者。教师完整经历幼儿在园学习活动和探究实践的全过程，有必要对幼儿的学习与发展进行专业、科学、有效的评价。同时，这也有助于教师反思教育实践，完善教育内容，改进教育方法和策略。教师作为重要的专业评价者，需要具有科学的评价理念，掌握有效的评价方法并进行专业评价，有效运用评价信息以促进幼儿进一步有效学习。

（一）收集并客观分析评价信息

教师可以采用多种方式收集评价信息，例如，在日常课程实践中，基于真实自然的活动情境收集记录幼儿的学习行为，围绕评价目的和内容有针对性地收集记录幼儿的学习行为，或者根据自身需要借助评价工具客观记录和分析幼儿的学习行为等。在收集信息过程中，教师可以综合运用多种评价方式，同时，不同的评价方式也可指向多种信息收集方法。例如，在上一节中介绍的基于叙事性观察的评价，可以是教师在日常教学实践过程中的自然的、随机的观察记录和评价；也可以是对幼儿持续性探究行为的观察记录和评价；还可以是基于一定的评价目的，有意识地观察与记录幼儿与此相关的学习行为。作品取样评价则运用了检核表，即依据一定评价目的，有意识地收集相关的行为信息、作品信息等，从而对幼儿的学习过程和学习结果进行评价。因此，在本节中，对于教师收集和评价幼儿学习的方式不再过多赘述。

（二）有效运用评价信息和结果

在评价信息的运用上，教师要重点根据完善课程与教学实施、与幼儿互动、与家长合作、完善评价指标等情况来使用评价信息，进而进一步促进幼儿的学习与发展。

1. 完善课程与教学实施

幼儿园课程与教学的实施与调整应该从幼儿的实际出发，而评价信息能够比较真实地反映幼儿的需要、兴趣及经验发展水平，幼儿园教师要能够合理分析和有效应用评价信息，使之成为改善教学、推动课程建设的有效载体。教师要基于幼儿作品取样、幼儿观察记录、档案袋收集等方式解释幼儿学习与发展过程，由此分析和判断教育环境、物质材料及支持策略的适宜性和有效性，并思考幼儿新的需求、发展需要，以及下一步的支持策略。

2. 与幼儿互动交流

在教育实践中，教师对幼儿的直接评价经常是碎片式的、非正式化的，如"你解决了你们之间的冲突，真有办法""你今天搭建的高塔比昨天更高、更稳固了"等。有效的评价能够激发幼儿的内在动力，调动幼儿的内部潜力，提高幼儿的积极性、主动性和创造性。因此，教师要主动与幼儿讨论他们的学习与发展，例如，利用图片和视频向幼儿讲述评价故事，或者将评价的内容放进幼儿成长档案袋，激发幼儿的自我反思和幼儿间的交流互动，这样既能给予他们心理上的满足感，又能激励他们不断进步。教师还应为幼儿制定发展评价表，引导幼儿基于评价内容进行讨论，为自己设定目标，并在实践后进行反思。

3. 与家长交流合作

教师与家长交流评价信息有两方面的意义。一是将评价信息有效应用于家园沟通的过程，能展现教师的专业性，进而提高家长对教师的信任程度。二是评价信息可以为家长提供调整家庭教育的依据，从而提高家长的育儿能力。家长可以根据教师的评价了解孩子个性化学习与发展的优势、不足和努力方向，从而更加明确家庭教育的改进措施。除了日常沟通外，教师与家长开展正式交流的方法有家长会、评价报告、等级评量表等。

（1）家长会

通过召开家长会，教师能够将班级幼儿整体评价信息向家长进行反馈，共同研读幼儿发展水平，和家长共同商定教育计划。

①会议前。

第一，教师要收集、整理和分析幼儿在园表现，明确近期发展目标。教师要通过数据、图文等形式全面展示幼儿在园的基本状况、学习情况、生活自理能力、习惯养成等方面，同时结合主题准备相应支持材料，以便全面系统地向家长进行呈现，并据此提出下一阶段的重点发展目标。第二，教师要提前基于本次家长会主题，收集体现幼儿学习和探究过程，或者在不同领域发展的相关资料，包括案例、作品、视频、观察记录、教育叙事等。第三，教师要提前请家长做好相关准备，例如，请家长带一些孩子在家制作的成果，可以是作息时间表、绘画作品、孩子喜欢的图书、记录的日记、游记等，以便会上能够将幼儿居家成果与在园评价信息有机结合，更为全面地解读幼儿的发展。

②会议中。

第一，评价信息要具体。教师在评价时要避免模糊地一概而论，如"幼儿的语言表达发展挺好的""部分幼儿在集体活动中专注度不够"，这种信息不能帮助家长理解幼儿具体在哪方面有优势，为什么会取得这些优势，还存在什么不足，应该怎么做。评价信息应充分而具体，教师应围绕关键事件、逸事记录、具体化的发展评量表结果等，帮助家长共同分析和解读幼儿的发展现状及能力水平表现。第二，形成互动讨论。教师可以组织家长围绕评价信息、观察与分析报告进行讨论，也可以邀请家长分享孩子在家的表现，如"你在家中看到了孩子的哪些表现""你有哪些经验想要和大家进行分享"，从而与在幼儿园的评价信息进行链接和对照，分析从评价信息中看到了什么，幼儿的优势领域有哪些，还可以提供怎样的支持。第三，为课程计划和家庭教育提供支持。通过评价信息分享，教师和家长更好地了解幼儿在学什么，学到了什么，如何学及为何学，看到孩子的真实需求，并制订下一步的支持计划。例如，每天进行亲子日记的记录，第二天来园后进行分享；每周和孩子共同制订周末计划，并在周末即将结束时运用图画、表格等形式进行回顾和记录。

③会议后。

教师要注意收集家长的反馈信息，及时总结反思并关注后续效果。

（2）评价报告

评价报告主要采用叙事的方式对幼儿的学习与发展情况进行描述，评价分析不需要面面俱到，要重点展现幼儿发展的优势领域，以及需要改善和提升的领域，并为家长提出可行性的、支持幼儿学习体验发展的建议，通过家园共育，更好地促进幼儿的发展。评价报告应该是具体翔实而且是客观公正的，能够展现出幼儿发展个体独特性的。教师一般在每学期末与家长交流评价报告。

（3）等级评量表

等级评价是基于教师观察，依据一定的评价指标对幼儿开展的评价。评价指标主要围绕3～6岁幼儿发展目标、关键指标、典型表现等相对权威的研究成果，从健康、语言、社会、科学、艺术、学习品质等领域，选择能够反映幼儿发展的相对重要的指标进行综合性建构。等级评量中可以采用三层等级或者五层等级，如三层等级可以基于评价指标，分为"很符合"

"比较符合""发展中"。其中"很符合"代表幼儿在日常学习和生活中表现出了与该项评价指标完全符合或者已经超过该项指标的行为;"比较符合"代表幼儿在日常学习和生活中出现过接近评价指标的行为,但还不够稳定;"发展中"代表幼儿还尚未出现符合评价指标的行为。教师一般在学期初、学期中、学期末与家长进行等级评量表的交流。

教师在日常生活和学习中对幼儿的发展进行系统的观察,全面、深入地了解幼儿的发展,并借助等级评量表帮助家长清晰地看到幼儿发展的阶段和水平,以及此年龄段的典型表现,使其全面了解幼儿的发展情况。

在使用等级评量表与家长进行交流时,教师需要注意以下方面:一是引导家长认识评量结果反映的是幼儿学习与发展的进程,而非幼儿表现得好与坏;二是评价指标描述应具体,是在日常生活中可观察的典型行为表现,家长能够在了解评价信息之后,通过评量表对幼儿日常行为进行观察;三是可以为家长提供一些观察或者与幼儿互动的情境和具体事件,引导家长在日常生活中能够有目的地观察和引导幼儿的学习与发展;四是做好能够解答家长疑惑或者为家长进行幼儿发展情况解释的准备,这就需要教师能够将日常幼儿行为观察记录、学习故事、成长档案等作为与家长进行分享的依据,具体来展现幼儿学习与发展情况。

4. 完善评价指标

幼儿的发展是一个复杂的过程,各个发展领域呈现出动态发展、渐进发展的趋势,并且在各个领域之间存在着互动,这也为评价指标的确立和完善增加了一定的难度。根据评价信息,教师可以进一步分析和鉴别评价工具、评价指标的使用情况,以便更加清晰地认识各年龄段幼儿各类能力应达到的水平或可达到的水平,再结合实践过程中幼儿日常表现的情况,进一步完善评价的指标。

二、幼儿作为评价主体

有效学习强调学习者的回顾反思与自我评价。幼儿参与评价反映了幼儿对自己学习过程、学习方法、学习结果的反思与解释。幼儿参与式评价主要指以幼儿为主体,在教师的支持下,幼儿能够通过适宜的方式进行分析、判断,尝试对自己和同伴的学习与发展进行评价,发表自己的看法和意见。基于幼儿的自我评价,能够提高幼儿的反思意识和反思能力;帮助幼儿实现自我认知,发现自己的优势,树立自信,正确面对自己的不足,在内在驱动下寻求改进的方法,从而获得进一步的发展;发展社会认知,发现同伴的优点,建立赏识的心态。

以幼儿为主体的发展评价可以通过对话式评价、图像式评价、量表式评价三种方式来开展。

(一)对话式评价

对话式评价通过师幼之间、幼幼之间的互动对话形式开展,主要借助关键问题的提出与回应进行口头评价。对话式评价的灵活性比较强,可以在不同场景中随时进行,参与的幼儿可以是小组或者个人。

1. 生活活动中的"规则与约定"

生活活动中,教师可以通过随机讨论的方式对幼儿的生活能力、为他人服务的能力等进行评价,形成一定的规则和约定,并以此来作为幼儿自我评价的依据。例如,在值日生工作中幼儿的态度、方法和效果不同,于是教师将值日生职责的关键问题抛给幼儿,商讨"大家都喜欢什么样的值日生?""什么样的值日生是认真负责任的?",形成《值日生公约》。每天离园前,通过谈话的方式,值日生对自己当天"工作"进行评价和反思,其他幼儿也可以对值日生的工作进行评价和建议。同时,幼儿还关注到新的问题"值日生在浇花的时候,怎样才能知道哪些植物用浇水,哪些植物不用浇水?",在商讨中总结出了触摸感知土壤干湿程度、观察叶子的状态及借助记录本和标签做提示等方法。在这样的对话和互动过程中,幼儿不仅对自我行为和表现进行了自我反思,还发挥了同伴激励作用,共同探讨出了解决问题的方法。

2. 自主游戏中的"分享与评价"

自主游戏中,教师可以借助"分享与评价"环节,让幼儿对游戏过程进行回顾,对游戏中的行为表现、完成的作品等进行自我反思和同伴评价。例如,区域游戏后辛辛分享了自己的作品——用磁力片拼成的球,他介绍了自己拼球过程中遇到的困难和解决的方法:"图片上的球只能看到一半,我觉得很难。但是后来我发现球的上面和下面是一样的,所以我先数出要用多少个磁力片可以拼出一半,然后另一半和这一半一样。我觉得这个游戏很有意思,下次我想更快地把球拼好。"教师:"你们觉得辛辛做得怎么样?"其他幼儿:"我觉得辛辛不怕困难,能够战胜困难。""我觉得辛辛的方法很好,可以拼成一个完整的球""我也想试试拼这个球。"在幼儿共同的分享与评价中,辛辛发现了自己的兴趣和特长,并为自己制订了新的挑战计划。其他幼儿在评价的过程中能够以欣赏的眼光看待同伴,包括解决问题的方法、不怕困难的品质等，这既能进一步激发辛辛继续探索的信心，又能激发其他幼儿参与挑战性游戏、敢于坚持的意愿。

3. 主题活动中的"回顾与反思"

"回顾与反思"不仅体现在主题活动的收尾，还体现在主题活动进程中的各个阶段，出现在一个又一个问题解决的过程中。在每一个问题解决的过程中，通过回顾与反思，幼儿共同对学习经验进行回顾和总结，对学习过程及结果进行价值上的判断。例如，当幼儿发现维修爷爷在给黄瓜围竹竿，"为什么要围竹竿呢？""黄瓜是怎样爬竿的呢？""黄瓜用哪儿爬竹竿？"……一系列问题自然而然产生。在问题链的探索中，幼儿通过猜想、观察、对比验证，发现黄瓜是攀缘茎的事实和特点。当幼儿看到西红柿、丝瓜、西瓜也都长着长长的藤，提出"它们是否也都是攀缘茎呢"。幼儿通过猜想、观察、讨论，形成结论。在回顾反思的过程中，幼儿认为之所以能够判断其他植物是否是攀缘茎，是因为大家发现了攀缘茎有着独特的特点——有丝蔓并且绕着竹竿向上爬。可见，在学习过程中，幼儿通过观察、对比的方法就能够获得结果。作为教师，要通过开放式问题引导幼儿边探究边反思，让幼儿从多个角度回顾、思考探索的过程并尝试解决问题，完成经验的意义建构和认知结构的重组。

（二）图像式评价

图像式评价主要指幼儿通过绘画表征的方式，对自己的学习和游戏行为进行反思与评价，或者表达自己对幼儿园生活的深入看法。

一方面，通过绘画表征，幼儿记录游戏过程中计划的完成性、材料的适宜性、遇到的问题及解决的办法，通过自我评价促进反思与解释的品质、批判性和创造性思维等的发展，并推动自己进一步探究的愿望和行动。为了给幼儿的自我评价提供支持，教师要帮助幼儿完整实践"计划—行动—反思"的学习过程，同时潜移默化地提高幼儿在学习过程中发现问题的意识和问题解决的能力，通过提供工具引导幼儿进行图画式表征，见表5-12。表征的结果既是幼儿有意识地自我评价，又是教师确立下一步活动和计划的依据。

表5-12　图像式评价工具

姓名		时间 🕐	

续表

我的计划	
完成情况 ✓	☆ ☆ ☆ ☆ ☆
遇到的问题 ?	
解决的办法 !	

　　另一方面，幼儿通过绘画的方式，表达自己的感受、看法和思考，尤其是当幼儿不愿意直接谈论自己的想法时，通过图画表征，教师能够更加直观地感受幼儿的情绪和心理，从而以更加适宜的引导语与幼儿交谈和互动，耐心倾听幼儿通过图像及图像背后所表达的信息。"我要上小学"主题关于"上小学"的投票结果（图 5-8）呈现了幼儿的内心想法。这能帮助教师感受幼儿情绪心理的变化，感受幼儿在期待背后的焦虑和不安，从而选择更加适宜幼儿需要的活动。

图 5-8　"我要上小学"主题关于"上小学"的投票结果

（三）量表式评价

量表式评价主要指幼儿依托评量工具和标准进行自主评价。由于3～6岁幼儿的依从性评价占主导地位，自主性评价相对欠佳，他们需要借助相对清晰的评价细则进行对标自评。评标工具和标准的制定，可以是教师基于活动目标的制定，也可以是在教师支持下，幼儿进行评量工具的制定。量表可以由幼儿通过绘画、标记等形式进行设计，既便于幼儿观看和理解，又能够激发幼儿主动学习的能力。

1. 幼儿自主制定

幼儿制定的评量表指的是幼儿在教师的支持下，通过讨论协商的方式，共同确立活动或作品的评价标准。

幼儿在游戏和活动的过程中，通过合作式学习常常会为自身的行为和作品制定一个标准。那么如何进行评价？教师可以引导幼儿通过集体讨论、分组讨论的形式将存在分歧的内容分析、细化，再鼓励幼儿通过多种形式记录，从而进行自我评价和同伴评价。如幼儿进行户外自主积木建构游戏时，可以怎样搭建一个壮观的作品？这个时候，教师可以给予幼儿讨论的机会，让幼儿能够围绕"壮观"进行关键问题的讨论，从而总结幼儿的表达，再和幼儿筛选适宜的衡量标准，从而制定评量表(图5-9)。

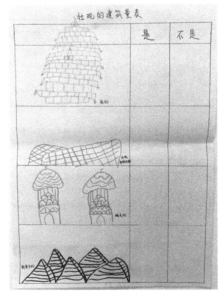

图5-9　壮观的建筑评量表

2. 教师基于目标制定

教师制定的评量表是指教师依据活动目标，将其以图画、符号的形式进行具体化、形象化、操作化的展现，让幼儿能够基于自身的理解对自己的学习进行量化评价。例如，在主题活动"我升中班啦"结束后，幼儿通过评量表对自己的学习进行评价，见表5-13。评价的过程本身是幼儿进行回顾与反思的过程，同时也是幼儿进一步形成自我认知的过程。

表 5-13　主题活动"我升中班啦"中的学习评量表

姓名		时间	

主题目标：
(1)通过观察、比较、讨论，发现班级环境的变化。
(2)了解自己和他人的本领，能够自己的事情自己做，愿意为他人服务。
(3)学习交朋友，与同伴建立良好稳定的关系，提高社会交往能力。

评价内容	具体表现
自信地表达和展现自己。	☆☆☆☆☆
和同伴友好相处。	☆☆☆☆☆
自己的事情自己做。	☆☆☆☆☆
积极为他人和班级服务。	☆☆☆☆☆
善于观察，能够比较身边事物的异同。	☆☆☆☆☆

注：幼儿根据自己在主题活动中的表现进行自我评价，涂上相应数量的☆。

三、家长作为评价主体

　　家长作为幼儿的第一任教师与最亲密的伙伴，和幼儿拥有共同的生活空间，能够捕捉幼儿最自然、真实的生活状态，能够与教师形成信息互补，从而形成较为全面和客观的评价。家长在参与观察评价的同时，也能更加深入地了解自己的孩子，与教师形成合力，支持幼儿的有效学习与发展。因此，家长参与评价是多元化主体评价的重要组成部分，对促进家园合作、促进幼儿全面发展具有重要意义。以家长为主体的评价，除了体现在参与教师所主导的幼儿学习评价，还要充分发挥家庭生活的场域影响。以家长为主体的评价可以采用叙事性评价和关键指标式评价两种方式来开展。

（一）叙事性评价

学习故事作为一种叙事性儿童学习评价方法，可以引发教师和家长共同参与评价，对于家长来说有一定的便捷性。家长可以通过学习故事来记录幼儿的行为表现，展现自身对孩子学习与发展的认识和理解；另外，在与教师分享、共读的过程中，也能感受教师眼中的儿童形象，从而将儿童形象表现得更加丰满与立体，为他们的学习提供更加适宜的支持。

学习故事的撰写没有通用的模板或蓝图，但需要遵循四个原则：第一，包含有关行动中的儿童或儿童作品的书面观察和照片；第二，成人对观察进行的书面分析；第三，提供一个可能拓展儿童学习的暂定计划，并等待教师与家长共同解读，对孩子的学习经验发表见解；第四，可选项，即与评价指标的具体链接。[①]

下面这则故事是从家长角度，基于儿童居家生活行为撰写的。通过家长与教师分享，能帮助教师更好地了解儿童在家中的行为表现，也使得儿童形象在沟通中更加多元。

手套？脚套？

观察对象：米可　3岁3个月19天

观察时间：2022.11.13 中午　观察地点：家中

发生了什么：

周日中午，妈妈在卧室忙碌着清扫卫生，奶奶在厨房忙碌着准备午饭，米可在客厅边玩儿边唱："我和我的祖国～一刻也不能分割～哈哈哈哈哈哈～"这首《我和我的祖国》是米可近期喜欢的歌曲，一般会在她特别得意的时刻唱起。这时听到奶奶说："你赶紧让妈妈看看去，给你拍个照，你可真会玩儿。"起初妈妈并未被吸引，因为米可"会玩儿"的时刻太多了。听到她

① （美）伊奥罗·M.埃斯卡米拉，琳达·R.克罗尔，丹尼尔·R.迈耶，等.早期教育中的真实性评价和审辨式教学：学习故事与教师探究的力量[M].周菁，译.北京：中国轻工业出版社，2022：23-24.

们两人哈哈大笑，妈妈才向客厅走去。看到米可把自己的小手套穿在了自己的小脚丫上（图5-10），妈妈赶忙拿起手机给她拍照。她问妈妈："妈妈你看，我可爱不？"妈妈不禁被她逗笑："可爱，你要不要把那只也穿上？"于是她坐在地上开始穿起了另一只。

图5-10　把小手套穿在了脚丫上

妈妈出于好奇，问她："你为什么要把手套穿在脚丫上呢？"米可说："因为我也想要一双那样的袜子。"妈妈又问："你的'手套袜子'合适吗？"米可说："不，脚丫穿不过去。"妈妈继续问："那你想不想要一双合适的？"米可说："想，网上就有卖的。妈妈，这个还叫'脚套'。"

原来她之前看到过"五指袜"，于是将五指袜与新买的五指手套进行了连接。因为之前她从未戴过五指手套，在尝试戴新手套时还不能顺利地将五个手指准确套在对应的指套里。但在尝试戴手套的过程中，她用双手可以顺利地把手套套在脚上，只是好像并不那么合适，就像她所说的"因为脚丫穿不过去"，但是她却愿意将自己的新发现与奶奶和妈妈分享。

什么样的学习发生了：

在小手的帮助下，米可用脚感知着手套的特点，用脚与手套产生着互动，感知手指头与脚指头之间的相同与不同。她大胆地探索、感知手套的特征。虽然手套穿在脚上没有那么合适，但在她看来，她的新发现是可以把妈妈逗开心的"可爱"表现。

下一步学习的机会和可能性：

在米可的眼中，手套是戴在手上的，袜子是穿在脚上的。但是它们又都有着相同的地方——材质、颜色、五个指套……她按照自己的理解在事物与事物中找到关联。她的尝试与发现可能是妈妈和奶奶从没有做过的。她乐于将她的发现与家人分享。妈妈欣喜于她的每一次发现，不否认她的任何观点，也愿意与自己的同伴分享她的成长。职业感使然，我也喜欢通过照片、视频的方式记录她的"哇时刻"，用更多的可能支持她的探索和发现。例如，适合米可的五指袜已经在路上了！对于手套，经过米可的一番研究，现在已经能熟练地戴好，并能为每个手指头找到对应的位置了。

来自班级教师回应：

米可在班级中特别善于观察，对她不熟悉的事物能够保持高度的兴趣。通过观察学习到的事物她可能不会立即表达出来，但是在不经意间就会说出来。例如，教师说了什么话，小朋友说了什么话，总是在不经意间就听到她模仿得惟妙惟肖。所以幼儿是不停地在生活中学习的。教师不仅要创设物质的环境，还要创设和谐的、充满学习线索的精神环境。

（案例作者：北京市大兴区旧宫镇第二中心幼儿园　张阔）

通过故事，教师听到了家长的心声，看到儿童更加多元的行为表现；家长也在教师的回应中了解到儿童在班级中的表现，同时在家园沟通中也建立了与教师的情感连接。

（二）关键指标式评价

幼儿的发展具有伴随性、全时空性和整体性，很多观察与评价相关的内容已延伸到园外的家庭和社会环境中，因此家长参与评价，能够补充完善信息，从而尽可能地对幼儿进行全面的分析与评价。例如，《指南》健康领域中"生活习惯与生活能力"部分，大班幼儿"养成每天按时睡觉和起床的习惯""每天早晚主动刷牙""未经大人允许不给陌生人开门"等日常起居、生活习惯、社会基本行为规范等方面的目标，需要从家长的角度在家庭与社会环境中观察，进而帮助教师补充幼儿在园外的行为信息，力求对幼儿进行较为全面的评价。

1. 内容选择

教师可以参考《指南》中的目标，将其与本园幼儿发展实际情况相结合，将其细化落实，制定适宜的符合本园幼儿发展的评价内容，或结合园本课程发展目标制定相应的幼儿发展评价指标，并从中选择适宜家庭情境或社会情境下进行观察与评价的内容作为家长评价的内容。

例如，《上海市幼儿园办园质量评价指南（试行稿）》中提出了"3—6岁儿童发展行为观察指引"，其领域二"习惯与自理"的子领域1"生活习惯和能力"中"具有基本的自我保护能力"的内容见表5-14。

表5-14　子领域"具有基本的自我保护能力"观察指引(部分)

子领域		表现行为描述		
		表现行为1	表现行为3	表现行为5
子领域1：生活习惯和能力	2. 具有基本的自我保护能力	1.2.1基本了解周围生活中的安全规则，知道不跟陌生人走，不乱穿马路。 1.2.2在提醒下，不做玩火、碰插座等危险的事。 1.2.3在公共场所走失时，能告诉警察或相关人员自己家长的姓名、电话号码等简单信息。 1.2.4在提醒下，不用脏手揉眼睛，不将异物放入口、鼻、耳中，连续看电视不超过15分钟。	1.2.1不让他人触碰自己身体的隐私部位。 1.2.2运动和游戏时能主动躲避危险。 1.2.3公共场所活动时不远离成人，走失或遇到紧急情况时知道简单的求助方式。 1.2.4不将异物放入口、鼻、耳中，知道保护眼睛的简单方法，在提醒下连续看电视等时间不超过20分钟。 1.2.5认识常见的安全标志，能遵守安全规则。 1.2.6遇到危险时，能听从家长或教师的要求行动。	1.2.1当他人触碰自己身体的隐私部位时，知道逃避和求助。 1.2.2运动和游戏时不给他人造成危险。 1.2.3运动中知道自我调节运动量，注意休息和放松。 1.2.4知道在走失或遇到紧急情况时向警察等提供家人的联系电话、家庭住址等，有自我保护的办法。 1.2.5主动保护眼睛，会运用保护眼睛的方法，在提醒下连续看电视等时间不超过30分钟。 1.2.6知道火灾、地震等自然灾害发生时的一些基本逃生方法。 1.2.7能识别危险，并告诉家长或教师。

表5-14中的幼儿行为表现都符合家庭情境和社会情境，能够为教师评价提供补缺和验证内容，因此适宜作为家长评价的内容。教师可以利用问卷的形式支持家长针对以上内容进行观察与评价，以"表现行为1"中1.2.1的目标为例，设计如下问题。

您的孩子是否能基本了解周围生活中的安全规则，知道不跟陌生人走，不乱穿马路？

A. 不能（孩子经成人的反复提醒都无法做到）

B. 很少能（孩子经成人的反复提醒勉强做到）

C. 基本能（孩子经成人的反复提醒能做到）

D. 能（孩子经成人的提醒能做到）

E. 经常能(孩子不经成人的提醒或经成人的稍加提醒就能做到)

说明：

•建议您在不同的场景中进行观察，如马路上、公园游乐场、小区等。同时，您可与孩子谈话："不认识的人带你去一个地方，能跟他走吗？你认识这个安全标识吗？"

•观察3次后均衡孩子遵守安全规则和不乱穿马路的表现，结合谈话内容在合适的选项上打钩。

2. 实践路径

家长不是专业的教育工作者与评价者，在教育理念、对幼儿学习方式的理解等方面存在个体差异。为了有效发挥家长参与评价作用，促进幼儿的有效学习与发展，需要教师与家长共同关注以下实施路径(图 5-11)。

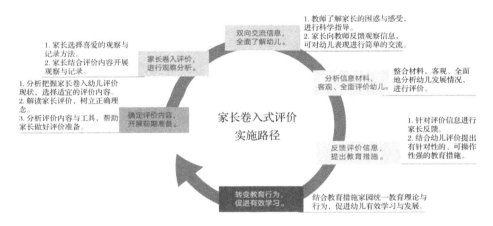

图 5-11　有效发挥家长参与评价作用的实施路径

(1)确定评价内容，开展前期准备

①分析把握家长卷入幼儿评价现状，选择适宜的评价内容。

家长参与评价前，教师要了解家长对于评价的认识、家长参与评价的意愿等，具体可包括：家长参与评价的主动性，对参与评价的角色、内容、方法和工具的了解，可参与的频率和程度，以往参与评价的满意度，对评价结果的反馈和利用，参与评价的实际需求和困难等，从而选择适宜的评价内容，设计适宜的评价方式。

②解读家长评价，树立正确理念。

家长参与幼儿发展评价普遍存在不清楚评价的内容、方法和工具，以及没有足够的时间和精力等问题。因此，教师需要通过对家长进行必要的培训和引导，帮助家长结合自己孩子的成长经历，树立正确的评价观念，分析解读评价的内容和方法，提升家长对于幼儿发展评价目的和意义的认识，激发家长参与的主动性和积极性，树立共同评价促进幼儿持续发展的正确理念。

③分析评价内容与工具，帮助家长做好评价准备。

教师需帮助家长了解参与评价的内容，为家长分析解读家庭及社会生活环境中所需要收集的幼儿表现行为，幼儿表现行为所针对的评价领域，把握不同等级的幼儿表现行为。教师还需为家长介绍观察、评价的方法，如常用的观察法、谈话法及情境测验法等，介绍这些方法的含义及使用注意事项，介绍家长记录或评价的方式，如问卷、逸事记录等，为后期的信息收集和价值判断做好准备。

（2）家长卷入评价，进行观察分析

①家长选择喜爱的观察与记录方法。

在了解评价内容与工具后，家长可以针对评价的内容选择适宜的观察方式，在适宜的场景内收集幼儿的行为表现信息，利用自己喜欢的方式进行记录。例如，对小班幼儿"是否能在提醒下，不用脏手揉眼睛，不将异物放入口、鼻、耳中，连续看电视不超过15分钟"的观察评价，家长可以在户外活动、玩玩具、吃东西等场景进行观察，可以根据自己的喜好选择教师提供的问卷进行简单的观察与评价，如以下内容。

您的孩子在家，是否能在提醒下做到不将异物放入口、鼻、耳中？

A. 不能（孩子经成人的反复提醒都无法做到）

B. 很少能（孩子经成人的反复提醒才勉强做到）

C. 基本能（孩子经成人的反复提醒能做到）

D. 能（孩子经成人的提醒能做到）

E. 经常能（孩子不经成人的提醒或经成人的稍加提醒就能做到）

提示：建议您在不同的场景中进行观察，如户外活动时、玩玩具时、吃东西时等。请您在观察3次后均衡孩子的表现，在合适的选项上打钩。

家长也可选择较为细致的记录方式，如逸事记录，通过白描的方式连续记录幼儿在不同场景下的行为表现并进行分析。呈现方式可以为故事记录，也可为记录表，见表5-15。

表 5-15　家长观察记录表

观察时间		观察者	
观察对象		观察场景	户外活动时、玩玩具时、吃东西时等，结合实际情境填写。
观察目的	是否能在提醒下做到不将异物放入口、鼻、耳中。		
观察内容与记录	结合观察场景与目的细致记录幼儿的行为表现。		
分析与评价	家长结合情境与观察进行简单的分析，也可预留给教师填写。		
原因与措施	家长可进行简单的分析、记录采用的措施和取得的效果，如无后续支持也可预留给教师填写。		

②家长结合评价内容开展观察与记录。

家长在家庭情境与社会生活情境中充分发挥自己的主动性与积极性，观察幼儿的行为表现，并用适宜的方式进行记录，帮助教师收集幼儿相关活动信息。

（3）双向交流信息，全面了解幼儿

①教师了解家长的困惑与感受，进行科学指导。

在家长卷入评价后，教师应积极与家长沟通交流，了解家长在问卷填写或行为观察与记录中的困惑和感受，做好家长评价的指导工作，及时给予交流和解决，以提高家长参与评价的积极性及评价的客观性。

②家长向教师反馈观察信息，可对幼儿表现进行简单的交流。

家长卷入评价的意义在于与教师获得的信息形成互补与验证，便于教师与家长更加全面、客观地分析评价幼儿。因此，家长在观察评价后，应将信息反馈给教师，教师可以针对评价内容与家长进行互动交流，也可在分析信息材料后进行整体反馈与沟通。

（4）分析信息材料，客观、全面评价幼儿

教师在获得家长提供的信息材料后，整合家园双方获得的幼儿行为表现材料，利用自身专业知识，结合幼儿年龄特点、发展评价目标、领域核心等知识，对幼儿进行客观、全面的评价，结合幼儿的发展需求选择适宜的教育措施。

（5）反馈评价信息，提出教育措施

①针对评价信息进行家长反馈。

在对幼儿进行客观、全面的分析后，教师应对幼儿的发展情况向家长进行反馈，让家长从专业的角度了解幼儿的发展情况，使家长更好地认识和利用评价结果，肯定家长参与的价值。此时，家长能更加清楚地认识到家长卷入式评价的意义，从而进一步调动家长参与幼儿发展评价的主动性与积极性，为后续可持续地开展家长卷入式评价奠定了良好的基础。

②结合评价结果提出有针对性的、可操作性强的教育措施。

在反馈幼儿评价信息的同时，教师应充分激发家长利用评价结果的意识，引导家长反思自身的教育观念和教育方法，结合幼儿发展的情况与需求，提出有针对性且可操作性强的教育建议与措施，帮助家长了解支持幼儿发展与解决问题的教育方式，指导家长进行实践，调整和改进现有的教育行为，从而促进幼儿的可持续发展。

（6）转变教育行为，促进有效学习

家长卷入评价的目的在于转变家长在幼儿发展评价过程中的角色，支持家长在深入观察幼儿的基础上细致、全面、客观地了解幼儿的发展，在教师的科学指导下尝试客观看待幼儿发展评价的结果，能够不断反思和转变自身的教育行为，并利用评价结果改善自身的教育观念和行为，树立正确的育儿观与幼儿发展评价观，从而达到家园统一教育理念与行为，促进幼儿有效学习与发展的目的。

支架教师成为有效支持者

教育大计，教师为本，有好的教师，才有好的教育。在幼儿的有效学习中，我们往往强调教师应给予幼儿必要、有效的支持以促进幼儿的学习，但同样教师也需要园所、业务干部提供适宜、有效的支架。在提供支架时，园所、业务干部应结合教师的最近发展区，满足不同教师的发展需求，提供适宜的支架，引导教师与同伴、环境、幼儿积极互动，提升教师的观察能力、分析能力、支持能力，从而促进幼儿的发展。幼儿园中对教师的培养最为常见的四种途径为：园本培训、园本教研、课题研究、深入班级指导，它们相辅相成、密不可分、互为补充，能够满足不同经验、不同问题的教师的发展需求。

第一节　园本培训助力教师成为有效支持者

教师的专业水平直接影响着教师能否观察到幼儿的兴趣与需要，能否有效解读幼儿经验和水平，并给予适宜支持，进而影响着幼儿有效学习的效果。园本培训对于更新教师教育理念、丰富专业知识、提升专业能力、提高岗位胜任力和内生学习力等具有重要意义，是促进教师专业成长的重要途径。因此，幼儿园的业务干部要以教师为本，根据教师的实际问题及需求，量体裁衣，通过多样的形式引导教师积极主动地参与园本培训，使培训内容内化于心、外化于行，切实提高教师的专业素养。

一、园本培训的意义和价值

只有教师树立正确理念，了解幼儿的年龄特点和认知发展规律，具有教育教学实践能力，幼儿观察、研究与支持等能力，才能够有针对性地支持幼儿的学习与发展。园本培训是立足于本园实际情况，充分利用各类资源，根据幼儿园与幼儿教师的发展需要，融"学习、研究、实践"于一体的培训模式。它旨在满足教师的需要，解决幼儿教师和幼儿园的实际问题，提高教师的专业水平。

园本培训是贴合实际需求，根据本园及教师的发展需要而制定。它具有长效性与系统性，能够缓解教师工作与学习的双重压力，可以在有限的成本中，促进幼儿园与教师双方的发展。同时，园本培训能提高教师终身学习意识、专业素养及职业认同感，使教师不断在培训中积累知识与经验，从而提高教师职业追求与自身价值。

二、园本培训的原则

（一）目标性原则

园本培训要紧扣教师专业发展需要，构建横向关注教师教育教学实践能力、纵向关注教师层次性发展的培训网络。例如，针对幼儿的有效学习，设计"幼儿游戏的组织与有效支持"的内容模块，使教师通过学习《指南》提升教学理念，通过案例分析学会观察与记录幼儿游戏过程、寻找和分析案例中的教育契机，找到可支持幼儿有效学习的支点，以此促进幼儿更深入地探究和学习。总之，结合目标导向选择的培训内容，能够很好地将支持幼儿深度学习的需求和教师发展的需求相结合，从而实现教师整体快速提升保教质量的发展前景。

（二）需求性原则

业务干部在对教师进行培训前要做好规划，发挥调研的作用，了解把握教师在支持、促进幼儿深度学习过程中的教育需求，适时调整培训内容。教师有共性需求，也有个性需求，根据不同需求提供适宜的培训内容，能够增强培训的实效性。教师都希望抓住幼儿有效学习的支点，顺势找到最为适合的支持策略，但是很多时候把握不清幼儿行为中的散点，错过了很多有价值的教育契机，导致支持策略不够聚焦、不够深入。因此，业务干部要从教师在研究中的需求入手，开展相应的培训，进而提升教师支持幼儿主动学习的专业能力。

（三）问题性原则

业务干部需要根据支持幼儿有效学习的总体目标和教师实践需求来设置具体的培训内容，以此来满足教师在研究中、在实践中的发展需求。在日常实践的过程中，教师会随时出现一些问题，需要业务干部认真对待和分析，并为其提供相应的指导与培训。例如，教师在实践中忽视教育契机时，业务干部要利用相关的培训引起教师对事件背后价值的关注，鼓励教师大胆表达自己对自身教育行为的分析与反思。可以开展论坛交流式培训，为教师提供展示思想的平台。教师们通过讲述自己和幼儿的故事，来挖掘日常工作中的闪光点，发现幼儿的新意和感受教育的智慧。

三、园本培训的流程

(一)明确培训对象的需求

在岗培训的对象涵盖了幼儿园所有年龄层次的教师，包括新教师、青年教师、骨干教师、资深教师。教师专业发展是一个动态的、复杂的发展过程，只有符合教师专业发展规律的培训才是最有效的。因此，前期业务干部通过多样化的调研，对教师进行现状分析和需求分析，就显得尤为重要。调研可以采用观察法、访谈法和问卷法来进行。

观察法：重点是业务干部结合日常下班检查指导过程中发现的问题，以及教师教育实践的现状，来分析和判断教师的专业发展需要，从而确定培训专题。

访谈法：主要通过个别化访谈或者小组会谈的方式，通过面对面沟通，了解教师在教育实践中面临的困惑及实际需求。

问卷法：设计问题，通过给定选项的选择及开放性问题的回答，了解教师当前的困惑和需要。

调研分析可以综合不同的方式，全面了解教师的现状及真实的想法，更好地判断教师的实际需要，从而有针对性地确定培训主题和具体内容。例如，基于支持幼儿游戏中的有效学习专题，业务干部要重点从观察方法、语言支持、评价反思等方面确定具体的培训内容。

(二)确定培训主题及相关人员

根据调研后得到的教师需求，业务干部要制定适宜的培训主题并选定相关培训人员。

1. 培训主题的制定

(1)教师支持幼儿有效学习的关键因素的培训

业务干部要考虑到幼儿在游戏和生活中的态度、习惯、学习方式，以及幼儿的学习环境等因素，针对这些实践中的问题来确定培训主题。

(2)教师观察有效性的系列培训

观察是教师在教育实践过程中的重点，也是复盘反思的重要依据，因此业务干部应围绕观察的方法、策略进行行之有效的专业培训。

（3）教师支持幼儿有效学习过程中指导语的培训

教师在幼儿生活、游戏中的指导语是启发幼儿不断探究与思考的关键，因此，业务干部可以根据时间、场地、人员状态等情境来安排相关的培训。

2. 相关人员的选定

（1）园内业务干部

因为园内业务干部是园里的业务引领者，在培训中又起到主导的作用，因此也会对培训的内容及相关内容有所见解和关注。

（2）骨干教师

骨干教师多次参加区级教研室业务相关的培训与指导，有具备从事培训的知识储备和能力。

（3）有经验的成熟型教师

这类教师在一线教育教学中有着丰富的宝贵经验，通过安排教师培训给予其传递经验的机会。

（4）外聘有经验的专家或导师

通过不断积累专家资源库，可根据需要邀请相关学术方面的专家来给教师做培训。

3. 培训知识结构

在相关学术研究中，教师的在岗培训被细化为专业知识、专业技能、专业情感三方面。从知识结构出发，呈现出不同的结构成分，具体如下。

（1）本体性知识

教师所具有的特定学科知识，如领域学科知识，是教师从事教学所拥有的基础知识。

（2）条件性知识

教师所具有的教育学、心理学知识，是教师从事教育教学的必要条件，是教师专业区别于其他专业的标志，需要教师经过实践体验来进行自我的内化。

（3）实践性知识

教师在面临实现有目的的行为中所具有的课程情境知识及与之相关的知识。这方面的知识与教师教育经验的积累密切相关。

（三）开展培训活动

培训过程中，形式是为内容服务的，根据幼儿有效学习支持策略的分析来确定不同的培训内容，选择最佳的培训方式，呈现灵活性与多样性的培训特点。

业务干部可以根据教育实践来确定培训的具体形式、内容和方式。

第一，结合师德涵养，每学期都会通过法律法规的学习、身边优秀的学习榜样事迹等形式来开展师德第一课，提高教职员工的职业道德水平。

第二，聚焦业务水平，定期组织教师围绕幼儿园教师专业技能的提升，开展讲座、研讨与培训，以此来提升教师专业素养。

第三，针对团队建设，组织召开团队向心力培训的拓展训练和培训，提高教师的集体归属感与上进心，从而提高教师积极高效工作的内驱力。

(四)培训后多形式复盘

1. 案例解析复盘模式

运用案例解析的形式来复盘教育效果和教师在培训之后的吸收程度，业务干部要相信教师是有思想、有能力的实践者、学习者和研究者，尊重教师的主体地位，为教师营造自由、快乐、民主的工作氛围，引领教师在案例复盘中做出科学的教育评价，并使其通过与同伴的共同反思，明确改进教育教学的方向。

2. 师带徒复盘模式

以全员之力促教师成长的师带徒培训复盘模式，采用师带徒的方式进行培训后的复盘，老教师带领新教师复盘教育教学过程中的优势与不足，帮助新教师走上专业成长的道路；同时也借力新教师的新思路、新方法，来带领老教师与时俱进，适应新时代的发展，发挥幼儿园教师之间相互影响和互帮互助的精神，促进每一位教师都有所成长。

3. 教科研活动复盘模式

教科研工作是园所教育工作的重要组成部分，也是促进幼儿园发展、提升幼儿园发展的生命之基、力量之源，因此，利用教科研的活动方式来复盘对教师支持幼儿有效学习具有重要的意义。复盘培训效果时，业务干部要以行动研究为主要方法，与实际工作相联系，脚踏实地地解决教育教学过程中遇到的实际问题。业务干部要把培训的重点放到教师专业发展及研究能力的提高上，积极开展丰富多彩的教科研活动，引导教师主动学习，为教师在支持幼儿有效学习上提供一个专业化的培训平台，引导教师树立起科研兴园的观念。

四、园本培训的形式

园本培训是有效支持教师专业发展的有效途径。它需要业务干部的引领，同时需要发挥骨干教师的专业示范与模范带头作用，营造一种互教互学的氛围。它需要自上而下地统一认识与部署，同时又重视自下而上的工作调查与研究，着眼于一线教师的真实需求和具体问题。它不仅要丰富教师的理论知识，更需要丰富教师的实践知识。它不是把教师单纯地作为培训内容的执行者，而是尊重教师的主体地位，培养教师成为积极的反思性实践者。

在以往的园本培训中，为了帮助教师更好地学《指南》、用《指南》，业务干部有时会连续两个多小时进行《指南》的理论解读，由于没有案例，也没有联系实际，导致培训听起来枯燥、抽象，很多教师眼神涣散，有的悄悄玩手机或者在本上乱涂乱画。虽然培训内容是正确的，但效果上却是低效的，原因在于培训形式出现了问题。照本宣科、灌输式的培训，不容易被教师理解与吸收，时间长、次数多的类似培训更会让教师产生倦怠感。想要培训的效果高效，真正地促进教师的发展，我们需要结合培训的内容、教师需求选择适宜的培训形式，建立适合本园实际情况、有体系的培训模式。下面我们就来说一说常见的培训形式及其开展的方式。

(一)讲座式的培训活动

1. 讲座式培训的内容

讲座式培训是指主讲人围绕专题向听讲人集中传授或者宣讲相关知识与信息的一种教育培训形式。主讲人与听讲人是一对多的关系，具有培训时间集中、培训内容密度大、受众人群较多、规模较大的特点。[①] 由于它可以在一定时间内向大多数听众传达大量信息，所以长期以来，讲座式培训是最为传统、最为常见、最为经济的一种培训方式。它有利于帮助教师统一认识，有利于帮助教师解决共性问题，有利于帮助教师了解新的教育形式或新发展。同时，让一些骨干教师、成熟期教师担任培训者，可以提升教师的总结归纳能力、培训能力。

从培训人员上来说，主要分为"外拓"和"内引"两部分：一方面，可以由大学的教授、教研员或者优质园所的教师来担任培训者；另一方面，可以由本园的业务干部或者骨干教师、成熟教师担任培训者。从培训形式来说，可以是集体的培训，也可以是分层的培训。例如，在有效学习的初期研究阶段，教师可能对如何观察幼儿都不了解，我们就可以进行集中的培训。通过1年或者多年的培训和研究，大部分教师对观察的原则、方法等

---

① 晏红. 园本培训促进幼儿教师专业发展[M]. 北京：中国轻工业出版社，2015：137.

都有了基本的了解，但新入职的教师不了解，我们就可以开展分层的培训，满足不同教师发展的需求。从培训的内容或次数来看，我们可以开展单次的培训，也可以开展系列的培训。例如，教师对"STEM活动"不了解时，可以进行一次单次的培训，帮助教师了解STEM的内涵、原则、实施路径等。之后的活动，我们可以直接转换为教研活动或者论坛交流式的培训，这样更有利于教师对于内容的内化。例如，教师对于区域活动的环境创设与材料投放不了解，因为内容面广，就可以进行系列培训活动，见表6-1。

表6-1 区域活动系列培训

序号	培训主题	培训内容	培训人
1	区域活动我知道	(1)什么是区域活动？ (2)区域活动分类及价值。 (3)如何设置活动区(班内的布局)？ (4)如何区分活动区：隔断法、悬挂法、地面法、标识法？ (5)如何更加有序地开展区域活动：进区卡、玩具标识？	
2	建构区(拼插区)	(1)建筑区的发展目标。 (2)不同年龄段的材料投放(成品材料、辅助材料)。 (3)搭建的技能有哪些？ (4)如何创设支持性墙饰？	
3	益智区	(1)益智区的发展目标。 (2)不同年龄段的材料投放。 (3)不同年龄段的环境创设(互动性墙饰、支持性墙饰等)。	
4	科学区(自然角)	(1)科学区的发展目标。 (2)不同年龄段的材料投放。 (3)一些常见的科学小实验。 (4)不同年龄段的环境创设(互动性墙饰、支持性墙饰等)。	
5	美工区	(1)美工区的发展目标及活动形式。 (2)不同年龄段的材料投放。 (3)不同年龄段的环境创设(互动性墙饰、支持性墙饰、展示性环境等)。	
6	表演区	(1)表演区的发展目标及表演形式。 (2)不同年龄段的材料投放。 (3)不同年龄段的环境创设(互动性墙饰、支持性墙饰等)。	
7	语言区	(1)语言区的发展目标及活动内容。 (2)不同年龄段的材料投放。 (3)不同年龄段的环境创设(互动性墙饰、支持性墙饰等)。	

续表

序号	培训主题	培训内容	培训人
8	角色区	(1)角色区的发展目标及角色内容。 (2)不同角色区的材料投放的原则。 (3)不同年龄段的环境创设。	
9	区域活动中的观察	(1)观察的方法。 (2)观察的路径及内容。 (3)如何分析及介入。	
10	区域活动中的支持	(1)游戏前如何丰富幼儿生活及游戏经验? (2)游戏中的支持方法。 (3)游戏后如何进行区域点评?	

此系列活动也并非固定,业务干部可以根据教师的实践问题与困惑进行顺序、内容等方面的调整;培训人可以由园外的专家、园内的业务干部、骨干教师、成熟教师结合自己的专长与研究进行担任,这样不仅帮助教师解决了困惑,同时也促进了培训者(专家、业务干部、骨干教师、成熟教师)的总结能力、研究能力、表达能力等。

2.讲座式培训的方法

(1)培训内容深思考

培训的内容要先满足听者的实际需求,因此业务干部可以在开展培训前利用线上调查问卷或者纸质问卷进行调研,当发现教师对于某一问题都了解时,我们就可以不讲这部分内容。设计问卷调查时,我们的问题可以是封闭性和开放性相结合,这样更加有利于我们了解教师的已有经验。例如,在开展区域游戏中观察的相关培训时,为了了解教师对于观察的认识及困惑,设计调查问卷,见表6-2。

表6-2 "区域游戏中的观察"培训调查问卷

1	观察是什么?
2	观察的方法有哪些?
3	你喜欢观察哪个活动区?为什么?
4	在观察幼儿时,你主要观察哪些方面?
5	在观察幼儿方面,你有哪些困惑?

通过调查问卷,不仅可以让培训者能够全面地了解受训教师的已有经

验，从而调整、丰富培训内容，而且在问题的填写时，也可以让受训教师提前进行思考，带着问题有针对性地去听，从而提高培训的效果。

（2）培训开场巧设计

现在的一线教师多为"80后""90后"，甚至"00后"，他们年轻有朝气，性格活泼，通过多种"接地气"的开场形式，更有利于调动他们参与培训的兴趣。

①游戏式开场。

幼儿教师喜欢做游戏，培训开场利用简短的游戏可以达到快速提神的效果，尤其是下午的培训。所以主讲人在开场可以带领大家一起做，也可以由教师带着做。游戏可以是一些音乐游戏、手指游戏，如"贪吃蛇来喽""向前向后"等；也可以是与培训主题相关的游戏，如"我来说，你来画"。培训者或者一名教师来描述下图（图6-1），其他人按照指令在自己的本上画下来，不能提问，揭晓答案后，教师会发现很多人画的不一样，从而使教师感受与幼儿互动的重要性。例如，玩"我们来撕纸"，给每个人一张A4纸，请教师闭着眼对折，再对折，撕掉左边一个角，撕掉右边一个角，然后睁开眼睛看一看。教师会发现很多人撕出来的都不一样，进而认识到每个人的已知经验、习惯不一样，呈现的效果就会不一样，同时认识到教师的指导语一定要具体、清晰，才能更好地达成目标。

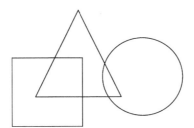

图6-1 "我来说，你来画"游戏图

②故事开场。

幼儿教师喜欢讲故事，也喜欢听故事。培训开场可以精心选择与讲座主题相关的故事、趣事等，启发教师思考问题。例如，培训内容以解读童心为主，那么主讲人不必直接讲儿童心理学知识，可以先讲一则寓言故事。小狐狸跨越篱笆时脚滑了一下，情急之中抓住一株蔷薇才没有摔倒，可是脚被蔷薇的刺扎伤流血了。狐狸埋怨蔷薇说："我请你帮个忙，你反而伤害我，为什么呢？"蔷薇回答说："小狐狸，不是我伤害你，我身上本来就有刺，是你自己不小心才被我刺到的。"故事讲完后，主讲人可与教师一起分析类似的儿童心理现象。主讲人也可以直接引用幼儿的真实案例或者一段视频，带领教师解读案例背后的心理原因。

③问题开场。

围绕讲座主题或者主要内容，主讲人可以在开场时提出两三个问题，让大家有所思考，在讲座过程中联系问题深入讲解主题内容，或者在讲座结束后与教师一起交流各自的想法。教师带着问题和思考听讲座，能够提高学习的效率。例如，主题活动相关的培训，在培训前主讲人提出 2～3 个问题：你们都做过哪些主题活动？为什么做这个主题？活动中如何体现幼儿的主体性？问题的设置要结合教师的实际工作，让教师有话可说。

（3）培训过程要落地

培训过程要落地是指我们要尽量避免一言堂，活动的内容要容易理解，并能够给予教师一定的方法，以便教师培训后进行实践。

①增加互动环节。

讲座式的培训有必要添加互动环节。主讲人可以设计几个与主题相关的小问题，也可以请教师结合培训内容，进行小组讨论，还可以请教师谈一谈自己工作中遇到的困难与困惑。例如，"幼儿园社会领域活动的设计与组织"的主题培训，主讲人在讲解完社会领域的目标、核心经验、社会活动设计的要点，社会与语言领域的关系后，请教师 2～3 人一组，选择一个核心经验进行设计活动，这样的形式能够及时地帮助教师将理论进行内化，同时能够让主讲人了解教师的具体问题，及时进行指导。讲座式培训添加互动环节的主要目的是创造主讲人与听讲人对话交流的机会，促进讲座"接地气"。

②增加具体案例。

教师与幼儿的学习方式相似，具体、形象的案例更有利于教师理解相关理论，从而与自己的实际工作相联结，引起教师的共鸣。案例分享的过程中，主讲人可以将活动的过程制作成图文并茂的课件进行讲述，也可以用视频讲述，还可以讲完理论后，请开展活动的教师亲自进行案例交流。这样培训活动不仅将理论与实践相结合了，也给了教师锻炼的机会，使其获得专业成长的自信，也会激励教师做出更好的活动。业务干部还需要注意在教师分享完案例后，要帮助教师分析、解读案例背后的科学性、逻辑性，它是如何与案例前的理论进行对接的，这样更有利于教师举一反三。

（二）分享交流式培训

你有一个苹果，我有一个苹果，我们交换一下，一人还是一个苹果；

你有一个思想，我有一个思想，我们交换一下，一人就有两个思想。分享交流式的培训就是让全体或者部分教师将自己的经验、想法进行分享、交流。因为每位教师的工作经历不同，对教育的理解也不同，通过教师间的相互交流、学习，能促进教育资源共享，整体提高教育教学效率。

1. 读书交流式的培训活动

"欲求教书好，先做读书人"，教师的学识、眼界直接影响着自身的教育观、儿童观、价值观，因此营造良好的阅读氛围，分享阅读经验，提升教育智慧，是很有必要的。读书交流的一种形式为同一主题，教师可以根据自己需求选择相关的书籍。例如，"与幼儿有效沟通"主题，教师可以分享《非暴力沟通》《有力的师幼互动——促进幼儿学习的策略》《我们是朋友——走进儿童内心世界》《用孩子的逻辑化解孩子的情绪》《小脑袋　大问题》等，每本书的角度不同，让其他教师对"与幼儿有效沟通"有了更多元的了解。通过同伴的分享，教师还可以选择自己喜欢的书，相互交换并继续深入阅读。另一种形式是共读一本书。一个人读书是学习，一群人读书是创造，通过从不同角度对同一本书进行解读，更容易让教师碰撞出新的火花，拓展不同的知识面。例如，共读《活教育》，有的教师着重分析的是活教育的方法论，有的教师分析的是活教育的原则，还有的教师是将陈鹤琴教育思想的产生与其他教育家的思想进行对比。在这个培训过程中，教师不仅通过读书拓展了自身的认知，还相互学习了读书方法，激发了教师自主发展的内驱力。读书交流培训，一般为一学期一次，教师可以利用寒暑假时间进行充分阅读。为了更好地支持教师有质量地读书，业务干部可以与教师协商书单，将书单分为必读书目和选读书目，见表 6-3。

表 6-3　"幼儿有效学习"主题三年书单

时间	必读书目	选读书目
20××年—20××年第一学期（以此类推）	《读懂幼儿的思维：幼儿的学习及幼儿教育的作用》	《张雪门幼儿园行为课程及时代价值》 《自主游戏：成就幼儿快乐而有意义的童年》 《如何培养儿童的高阶思维》
	《哲学与幼童》	《幼儿教师适宜行为研究》 《通过游戏来教——教师观念与课堂实践》 《游戏是孩子的功课》

续表

时间	必读书目	选读书目
	《幼儿教育的原点》	《学习品质：关键发展指标与支持性教学策略》 《深度学习：走向核心素养》 《你就是孩子最好的玩具》
	《与幼儿交流的艺术——促进幼儿的有效学习》	《透视幼儿心理世界——给幼儿教师和家长的心理学建议》 《支架儿童的主动探究——STEM 与个别化学习》 《幼儿园户外游戏——支持儿童在探索与挑战中学习》
	《幼儿园真谛》	《夏山学校》 《陶行知论生活教育》 《孩子如何学习》
	《陈鹤琴教育思想读本．活教育》	《终身幼儿园》 《保育的灵魂》 《走进儿童的世界》

在读书交流的培训中，主讲人可以与教师共同分享对一本书的想法，也可以在最后进行简练的分享。但要注意的是主持人要在最后将教师的不同观点进行梳理、分析，再帮助教师将观点进行归类、提升，以便教师将这些知识转化到今后的工作实践中。

2. 论坛交流式的培训活动

除了读书的交流，在教师大量的实践中会生成很多有价值的活动案例或将自身的教育观点、方法、策略写成论文。同样业务干部也需要给予教师分享的机会，开展活动案例或论文的论坛交流活动。业务干部可以针对本学期保教计划组织教师进行专题分享，如主题活动、自主游戏、生活活动、户外运动游戏等，让教师在相互交流中，更好地把握幼儿的年龄特点，掌握适宜的教育方法。分享后，可由主持人进行总结，也可以利用微论坛的形式，邀请教师来说一说最喜欢的案例或者受益最大的论文的缘由，也可以帮别人出谋划策、提出建议，使教师在相互的交流中，取长补短，发挥集体智慧的力量。活动结束后，业务干部可以将案例、论文结集成册，以供新教师或有需要的教师再次学习。

（三）观摩式的培训活动

观摩式的培训活动主要是指教师走进活动现场去观摩学习、交流、讨论，从实际情境中学习，感悟教育理念，学习好的教育方式、方法等。教师之间相互观察、相互切磋，能够取人之长、补己之短，达成被观摩者和观摩者相互学习、共同成长的效果。

1. 观摩式培训的内容分类

从观摩的内容上来说有教育活动、区域活动、班级环境创设、户外活动、半日活动，也可以是与前期讲座式培训相联系的现场观摩培训，如上次培训内容是区域活动的观察与支持，那么这次我们在观摩中就可以让观摩的教师去看看被观摩的教师都运用了哪种观察方法，都观察了哪些区，是如何进行支持与回应的。不同的观摩内容能够帮助教师解决不同的教育问题。最常见的 4 种观摩内容为半日常规活动、教育活动、区域活动、环境创设。

（1）半日常规活动

半日常规活动一般是从早上入园到幼儿上床午睡结束。教师通过观摩半日常规活动教学能够全面地了解被观摩教师对于每个环节及环节转换的活动设计、组织及教育能力。这样的观摩活动更适合新教师。新教师在入职初期可以观摩一些骨干教师的半日活动，直观地感受幼儿园生活，获得班级常规管理、活动的组织管理、班内人员协调等方面的知识。这样的观摩活动有利于教师之间的相互学习与切磋，例如，教师在观摩中能够学习到各班环节活动中的一些小方法或者新的活动形式，明白环节活动不仅是讲故事，还可以结合前后的活动做延伸或者铺垫。具体来说，来园到开餐前的环节，幼儿可以自主进行选区，小班幼儿可以和同伴、教师口头交流计划；中大班幼儿可以利用图画、符号、标记等进行计划，还可做值日、晨间阅读等。区域活动与教育活动的环节，教师可以根据幼儿收区的速度让幼儿自主进行小便、喝水，区域点评后直接进入教育活动，避免集中如厕。教育活动与户外活动前的环节，教师可以让幼儿在自主吃完加餐后去看一看在区域活动评价中其他幼儿介绍的作品，也可以听一听音频故事以等待其他没吃完的幼儿，还可以为中大班幼儿选择一些连续的故事，让幼儿自己记住听到的集数，提升记忆力及理解能力。户外活动回来后到午餐前的环节，教师可以让小班幼儿复习一下洗手儿歌，说一说吃完饭都需要做哪些事情，玩一玩穿鞋子的游戏，为接下来的午餐、午睡环节做铺垫，还可以听故事、自选手头玩具、小律动等，这些内容可以组合运用；可以让中大班幼儿在此环节开展一些合作性或成果性的小活动，如每名幼儿可以利用环节活动织一条围巾送给亲人或者自己。教师结合观察评价标准能更有针对性地进行观摩，见表6-4。

表6-4　半日观摩评价表

评价标准		感受
班级环境	1. 班级环境安全、卫生、整洁，整体环境符合本班幼儿年龄特点和实际情况。 (1)卫生：盥洗室地面无水，毛巾、水杯、小梳子、玩具、肥皂盒等干净整洁；幼儿被褥、地面、屋顶、设备、台面、幼儿衣柜、钢琴、植物角等干净、卫生。 (2)消毒：餐前进行桌面消毒，消毒配比操作熟练，擦拭流程正确、连贯。 (3)记录：各项记录填写完整。	优点：
	2. 尊重、接纳、关爱幼儿，让幼儿情绪稳定、愉悦、有安全感。 (1)幼儿哭闹时，教师能够及时安抚并使其情绪逐渐平复。 (2)幼儿愿意与教师进行交流。 (3)教师能够观察、了解幼儿，及时掌握幼儿需要，并做出恰当反应。	需要改进的地方：
	3. 环境体现幼儿的意愿和想法，对幼儿的学习与发展具有支持作用。 (1)环境能够随着活动的开展而创设，幼儿能够积极参与环境创设(如活动区域、保健墙、安全墙)。 (2)幼儿能够与墙饰进行互动。	
	4. 操作材料中有一定数量的自然物、废旧物，幼儿能够了解玩具、材料的玩法。	
	5. 班级教师分工明确，站位合理，默契配合。	
生活活动	6. 有符合幼儿年龄特点的、科学合理的生活常规，各环节过渡自然流畅。	优点：
	7. 保教结合，目标实施自然，注重个别指导。 (1)保育教师为幼儿介绍食物营养，激发幼儿食欲。 (2)教师提醒幼儿正确使用餐具，不边吃边玩；干稀搭配，细嚼慢咽，不挑食，鼓励幼儿不剩饭、不倒饭。	
	8. 幼儿有良好的生活卫生习惯和初步的自理能力，生活愉快、自主、有序。 (1)幼儿能够节约用水，用正确的方法洗手、擦手。 (2)幼儿能够自主、有序排队进行洗手、如厕。 (3)幼儿在轻松的氛围中进餐，会正确使用勺子。 (4)幼儿能在餐后按一定规律收拾卫生：擦桌子、送餐具(双手握住餐具)、擦嘴、漱口、搬椅子；漱口时水要在嘴里咕噜三次以上，再吐水。 (5)如厕时，幼儿能穿脱裤子，或知道寻求教师的帮助。 (6)午饭后，幼儿能够有序进行散步，不影响未吃完饭的幼儿。	需要改进的地方：

	评价标准	感受
活动区活动	9. 幼儿能进行自发、自由、自主的游戏，自主选择活动区和活动内容。幼儿能够根据自己的兴趣选择游戏内容、材料和同伴，不轻易换区。	优点：
	10. 幼儿游戏时积极、专注、自主，能遵守必要的游戏常规，有所发展，游戏中主动探索，积极解决问题。	
	11. 教师能有目的地投放游戏材料，游戏材料体现丰富性和层次性，能够及时调整和更新。	需要改进的地方：
	12. 教师有目的地观察幼儿的游戏行为，了解幼儿的发展情况，发现幼儿的需要，给予适时适度的、多种形式的支持和引导。	
	13. 近期教育目标自然渗透在活动区，符合幼儿发展需要。	
	14. 教师能为幼儿提供分享交流的机会和条件，并进行适当引导。	
教学活动	15. 教育活动计划环节明确，流程清晰，活动过程完整。	优点：
	16. 目标符合本班幼儿年龄特点和实际水平，具体明确可操作，并有一定挑战性。	
	17. 内容贴近幼儿的生活，幼儿感兴趣，尊重幼儿已有经验。	
	18. 过程层次清晰，突出重点、难点，体现本领域的核心价值。每名幼儿都有直接感知、实际操作和亲身体验的机会，探索时间充裕。	需要改进的地方：
	19. 教师关注幼儿的学习过程，能做出及时有效的应答，关注幼儿的个体差异；关注幼儿在活动中的表现，主动支持，正面引导，做出个性化的回应。	
	20. 幼儿积极、主动，思维活跃，在学习过程中有进步。	
户外活动	21. 目标科学、明确，符合幼儿身体发展需要。 (1)集体操，教师与幼儿动作熟练、整齐。对于没有做操的幼儿，保育老师有指导。 (2)集体活动中，运用集体游戏形式发展幼儿身体动作，幼儿基本可以掌握。 (3)分散活动中，幼儿既有自主选择和创造空间，又有安全规则意识。	优点：
	22. 活动安排科学合理，符合季节特点，动静交替，强度、密度适宜。 (1)游戏过程教师充分参与，有效指导。 (2)教师能根据幼儿的面色、呼吸、参与程度等状态及时调整活动器材、活动方式和内容、活动强度和密度。	需要改进的地方：
	23. 教师能有目的、有针对性地培养幼儿良好的意志品质和运动状态。	
	24. 幼儿情绪愉快，乐于尝试不同的运动器材或材料。	
	25. 幼儿动作发展良好，协调、灵敏。	

第六章 支架教师成为有效支持者

225

（2）教育活动

　　教育活动观摩是观摩式培训最常见的一种。影响教育活动实施效果的主要因素有目标的制定，内容的选择，活动方式的适宜性，幼儿与教师、同伴及材料等方面之间的互动情况，以及教育活动中对个体差异的关注。因此，在观摩前我们可以先开展一次讲座式培训"教育活动的设计与实施"，让教师先了解教育活动的主要因素，见表6-5，再了解其撰写形式及注意事项等。这样无论是被观摩者，还是观摩者，都有了实施或观摩的抓手。

表 6-5　教育活动主要因素

目标制定	活动目标符合本班幼儿的年龄特点和实际发展水平，并有一定挑战性。
	教育目标具体明确，有可操作性。
	活动组织实施过程中能根据幼儿的表现对目标进行动态调整。
教育活动的内容选择	教育内容选择注重尊重幼儿已有经验。
	活动内容能密切联系生活，符合幼儿兴趣与发展需要。
活动方式的适宜性	能根据教育目标、内容、幼儿发展水平等，灵活选择和运用集体、小组、个别等形式开展活动。
	重视幼儿学习过程，尊重幼儿学习方式和特点，注重鼓励支持幼儿通过直接感知、实际操作和亲身体验进行学习探索。
幼儿与教师、同伴及材料等之间的互动情况	积极关注幼儿在活动开展过程中的表现，并能根据幼儿的反应灵活调整教育活动。
	为幼儿提供多方互动的机会，有效支持与促进幼儿学习。
对个体差异的关注	在幼儿学习活动的过程中能尊重、接纳幼儿个体差异，注重兼顾不同发展水平的幼儿。

　　在观摩学习中，我们可以给教师提供观摩活动评价记录表，见表6-6，以供观摩后的交流、讨论。

表 6-6　教师观摩活动评价记录表

观摩时间＿＿＿＿＿＿＿＿　　听课人＿＿＿＿＿＿＿＿

活动名称：			领域：
班　级		授课教师	问题与分析
活动过程简录			

活动过程： 一、导入环节 教师的指导策略： 幼儿的表现： 二、体验/探索学习过程 教师的指导策略： 幼儿的表现： 三、结束部分 教师的指导策略： 幼儿的表现：		
找亮点（找出授课教师最成功的地方）	提问题（存在的问题及不足）	亮妙招

教育活动的观摩分为单次的展示、研究课观摩，一课三研的多轮观摩，同课异构的观摩。观摩教育活动可以结合培训的内容进行单次的展示、研究课，这样的形式更有利于年轻教师通过真实的现场感受到成熟教师是如何与幼儿互动的，环节是如何自然衔接的，活动过程中是如何观察、指导幼儿的，活动常规是如何建立的，等等。一课三研的多轮观摩研讨活动，是通过同一节活动的多次研讨形成一个优秀的案例，同时在多次的循环中，帮助教师将理念向行为转换，达到专业上螺旋式上升的效果。例如，针对图画书《跑跑镇》开展大班语言活动设计的多轮研讨，第一轮重点是研讨目标的制定与达成、各环节如何实现目标的问题；第二轮重点是操作材料、互动环节设置与目标达成的关系；第三轮聚焦师幼互动，关注个体与整体的问题。每一轮的研磨可以由同一位教师开展活动，也可以由一个研究小团队轮流担任活动的主讲，其他成员帮助完善活动的设计与材料。同课异构的观摩研讨活动是不同教师开展同一个活动，但分别从不同角度开展观摩活动。例如，共同开展以"春天"为主题的中班语言活动，每位教师都开展一次活动的观摩活动，有的教师以谈话的形式开展，有的教师以图画书为载体，有的教师带领幼儿仿编春天的诗歌，在相互观摩中，让教师拓展思维，取长补短，相互学习。一课三研与同课异构也可以结合开展。例如，先确定一个主题让教师们自由发挥，然后确定一节大家都比较感兴趣的课，以"团队研讨＋教学实践＋反思优化"的螺旋式观摩研讨模式，能够更好地助推青年教师的专业提升。业务干部可以选择适合本园教师的形式进行开展。

（3）区域活动

影响区域活动效果的主要因素包括：区域环境创设、材料投放、幼儿游戏状态、教师的观察与支持，因此教师在观摩中可结合这三方面进行观察、记录，见表6-7。

表 6-7　区域活动观摩表

观摩时间		观摩班级（人数）	
观摩教师		记录人	
区域环境创设 材料投放	幼儿游戏状态（每个区幼儿的分布）		教师的观察与支持
优点		改进建议	

（4）环境创设

环境是隐性的教育，能帮助幼儿了解材料的玩法，能够支持幼儿进行更有深度的游戏。环境创设主要是指主题、区域、生活墙饰的创设及材料的投放。在环境的观摩中，我们需要注意的是，环境在安全性的基础上，要体现幼儿的主体性、参与性、层次性、多元性，关注幼儿是否了解环境，能否与环境进行互动，能否满足幼儿不同的游戏与发展需要。环境观摩指标见表6-8，可以随着幼儿对环境的认识而调整。每次的观摩环境可以结合近期的重点，如只观摩主题环境或者区域活动。如果班级过多，我们可以选择部分班级观摩或分年龄段进行观摩。

表 6-8　环境观摩指标

		评价标准	感受
主题墙	时效	随主题进度及时创设，以往主题留有痕迹。	优点：
	互动	让幼儿通过多种形式参与主题墙的创设，能够了解环境呈现的内容，能进行互动。	
	目标	能将教育目标融入环境中，符合园所文化理念，能促进幼儿认知、情感和技能的发展。	需要改进的地方：
	童趣	符合幼儿年龄特点，美观自然，有班级特色。	
	发展	主题墙内容能够呈现幼儿成长过程。	

评价标准			感受
区域环境	空间	物品摆放合理，富有美感。	优点：
	目标	满足本年龄段幼儿发展目标，区域环境体现幼儿参与性及近期重点。	
	材料	(1)能够围绕主题投放不同层次的玩具。 (2)材料投放体现层次性。 (3)能够围绕主题投放自制玩具。	需要改进的地方：
	墙饰	能够根据幼儿兴趣提供一些支持性墙饰、探索性墙饰。	
	主体	能够以幼儿为主体，根据幼儿的问题调整材料、丰富环境。	
生活环境	互动	(1)环境中体现幼儿的想法及参与。 (2)引导幼儿了解墙饰的作用，并进行互动。	优点： 需要改进的地方：
	年龄特点	能够符合本年龄段幼儿的需求，支持幼儿养成良好的生活习惯。	

2. 观摩式培训的主要实施过程

观摩的过程大致分为四个步骤：观摩前准备—现场观摩—集体研讨—反思实践。

（1）观摩前准备

业务干部要选择观摩的内容、执教人。确定后，业务干部可以通过前期的指导或集体备课的形式进行准备，这样能够保证观摩时能够呈现出一个较好的效果，也能让执教教师更有底气。同时主持人要预设本次观摩活动的目标，让教师通过观摩活动有所收获。

（2）现场观摩

在观摩中，教师会接收丰富的信息，除了活动本身的内容、形式，还有来自执教教师的经验、风格、机智等，以及幼儿的年龄特点、个性特点和班级特点等。每一个点都值得关注，因此业务干部可以给观摩者提供相应的记录表，帮助教师有准备、有选择、有目的地参与活动，同时教师也能够有意识地带着自己的困惑和经验参与活动的观察、思考和研讨。

（3）集体研讨

观摩活动后及时组织教师进行研讨是一个非常重要的环节。观摩教师围绕观摩目标并结合自身的经验进行观摩，这种多种视角的观察、思考与反馈，既有利于执教者调整教育观念，丰富教育策略，又为教师营造了群体研究的氛围，提升了教师的观察、反思能力，丰富了观摩教师的经验，达成"取长补短，举一反三"的效果，提高了观摩活动的时效性。讨论中及讨论后，主持人还要及时地帮助大家梳理、提升、调整、丰富教育观念及教育策略。

（4）反思实践

观摩教师和执教教师后期的自我反思及实践尤为重要。执教教师研讨后，可以对观摩内容及时地进行反思、调整，如果是教育活动，调整完可以再次进行换班上课，这样有利于执教教师了解调整的内容是否适宜，引发深入探索的兴趣，从而获得专业的发展。观摩教师也可以根据在观摩中学习到的内容，在本班中进行尝试、探索，趁热打铁将别人好的"东西"内化为自己的。

（四）实地参观式的培训活动

实地参观式培训活动主要是指到本园外的幼儿园进行沉浸式的参观、学习，内容可以是幼儿园全方位的参观，也可以是有重点的学习，如幼儿园整体的环境、区域活动、户外活动、教研活动等。这种沉浸式的参观更有利于教师拓宽视野，在真实、具体的活动中，结合自己的需求进行学习。为了使实地参观更加有实效性，业务干部可以将其分为三个步骤：前期准备、实地参观、交流分享。前期准备，如果有组织单位，业务干部可以通过邀请函了解一下参观的内容；如果是单位之间建立的联系，业务干部可以通过该园的公众号等途径对其进行基本的了解，这样教师就能够带着兴趣、疑问，有目的地进行参观。实地参观过程中，教师可以通过照片、视频等多种形式记录，便于回来再次进行学习或者分享。除此之外，教师还可以与该园的教师进行对话，这样有利于教师更深入地了解该园。在回到幼儿园后，参观的教师结合自己的所看、所思进行分享。分享过程中，教师可以通过图片、视频的形式介绍该幼儿园，更为重要的是要说一说后期自己的设想或者已经尝试了哪些，又有什么感受，边看、边学、边说、边思、边做，这样的培训，更有利于教师专业的发展，也能让参观活动效果最大化。

第二节　园本教研助力教师成为有效支持者

园本教研是幼儿园保教工作中的重要部分之一，它是以幼儿园为研究基地，以全体幼儿教师为研究主体，立足于解决幼儿园保教工作中的实际问题，是促进教师专业发展和提升保教质量的重要途径，具有针对性、实践性、及时性和自主性的特点。

园本教研通过引导教师更深入地研究幼儿，解决教育实践中的真实问题，以此提升教师的教育实践能力，从而更好地支持幼儿的学习与发展。

一、园本教研的意义和价值

园本教研是自下而上、自上而下相结合的研究方式，它是调动幼儿园发展内驱力的重要途径，能促进幼儿园教育的整体发展；同时园本教研可指导教师树立正确教育观念，激发他们参与研究的主动性，更有效地提升他们的专业素养。此外，园本教研离不开以幼儿为本的宗旨，能推动幼儿的全面发展，为他们的终身可持续发展奠基。

二、园本教研的原则

（一）以幼儿为核心

园本教研的主体虽然是教师，但其指向应该是幼儿。幼儿有什么样的年龄特点，幼儿是如何学习的，什么是有效的、有意义的学习……只有教师真正走进幼儿世界，深入地观察幼儿、研究幼儿，理解幼儿行为的意义，解读幼儿内在发展的需要，才能够为幼儿提供有效的支持，这样的园本教研才是有意义的，教师才能够获得真正的发展。

（二）解决实际问题

园本教研以问题为导向，教研内容源自幼儿园真问题，也就是教研组织者与教师共同发掘的适宜本园需要的、有研究价值的问题。园本教研将教师不知如何支持幼儿有效学习的相关问题转化为研究内容，支持教师进行教育实践，引导教师用科学的研究方法研究探索，通过在实践中学习来丰富理论知识，通过研究解决实践中的困惑和迷茫，使教研成为教师解决支持幼儿发展问题的有效方式。

（三）促进教师专业发展

通过园本教研活动，教师在主动的、能动的、积极的状态中，与同伴互助，共同成长。通过园本教研活动，为教师提供自我感知、自我内化、自我发展的平台，使他们学会观察、学会分析、学会操作、学会学习、学会总结、学会反思，最终会支持、巧支持幼儿的学习与发展。

三、园本教研的途径

园本教研的组织与实施要围绕园所最需要解决的实际问题，主要途径：

以课程为依托的教研、研训一体化的教研、专题引领下的教研。

（一）以课程为依托的教研

园本课程引领教研活动，有助于整个园所的整体发展，更有助于保教工作的一致性。园所要建立以园长为核心、保教组牵头、全体教师共同参与的教研活动网络，同时根据教师能力层次和专长，将教师研究团队划分为核心组、大教研组、小教研组三部分。

1. 核心组

核心组成员包括核心保障成员与核心教研成员。核心保障成员包括后勤干部和教师代表；核心教研成员包括中层干部、骨干教师、年级组长、愿意参与并有一定业务基础的班长、教师、保育教师。核心组对园所文化、课程构建有引领作用。同时在核心组的助推下，教研团队能明确后续研究目标，开展相应的大教研活动。因此，核心组在园所发展及教师有效支持幼儿活动中要起到引领性的作用。

例如，首都师范大学附属幼儿园在"逐梦"教育背景下，核心组基于理论学习、案例分析，尝试构建幼儿园课程体系，通过多次学习与讨论，形成了"逐梦"课程体系，明确了课程目标和课程理念，并探索出了基于课程理念的幼儿学习方式，以及"寻源、思本、践真、悟新"的一级研究路径（寻源，顾名思义就是探寻源头；思本，意在对照教育初心对接目标；践真，谓之践行求真；悟新，旨在悟彻成长与新知）。这一路程不仅成为课程探索的路径，也成为教研的灵魂引领。

2. 大教研组

大教研组成员为全体带班教师。大教研组根据核心组的研究内容对接到全体教师的实践工作，由业务干部为引领，针对课程实践中的专题内容进行研究，形成新思路，把握新方向，为教师有效支持的课程实践奠定基础。

例如，首都师范大学附属幼儿园核心教研组在形成一级研究路径后，教研组尝试用记录法分析教师的支持策略，对支持策略进行论证与丰富。在"践真"环节，形成"产生兴趣、感知体验、深度探究、交流分享、延伸创造"二级研究路径，在"深度探究"环节形成多个台阶，帮助幼儿循序渐进地学习发展，在每层台阶下又形成"支架物、支架势、支架语、支架态"四条路径。在"支架语"的研究过程中，大教研组结合布卢姆的教育目标分类法，聚焦"教师的有效提问支持幼儿有效学习提问"进行园本研究，将理论与实践对接，形成支持教育实践的方法，更好地服务幼儿。几层路径是大教研团队在学习与实践的探索中提炼出来的，教师的策略支架越来越清晰、具体，研究的过程使教师获得支持幼儿的系统思维，引导教师运用不同的方式观察幼儿、倾听幼儿，从而提升自身的有效支持能力。

3. 小教研组

小教研组成员为各年级组人员。幼儿的学习与发展在于教师的有效支持，而小教研恰恰是根据幼儿不同年龄特点，在大教研组中心内容的引领下，根据本组的真问题进行研究的。这更有利于教师支持策略的落地。小教研组利用对口班级观摩、个案分享的形式，收集并完善教育成果，形成可推广的研究成果，如"神奇的线""蚕宝宝蜕皮记""我的小鸟朋友""我来做香水""陀螺转转转""狼的领地"等，形成园内可借鉴推广的指导策略案例集。

三个教研团队在这里的衔接作用明显突出，核心教研组、大教研组、小教研组，形成自上而下、自下而上循环的研究模式(图 6-2)。

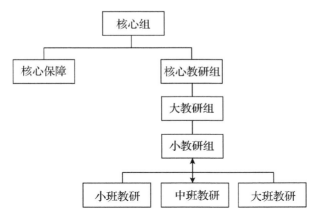

图 6-2　以课程为依据的教研路径

(二)研训一体化的教研

幼儿园应以幼儿发展为重点，以教师成长为根本，形成研训一体化机制，促进教师队伍高质量发展。

1. 建立一支研训管理领导小组

幼儿园可以成立以园长为组长、保教负责人为副组长，年级组长、班组长为组员的研训管理领导小组，坚持把教师队伍建设作为基础工作，牢固树立和贯彻落实创新、协调、绿色、开放、共享的新发展理念，从思想建设、作风建设、制度建设、专业建设四个方面落实培训任务与目标，从而培养教师专业理念，夯实教师基本功，丰富教师知识内涵，不断提高教师专业能力水平。

2. 建立一套系统完善的培训机制

面对新形势、新要求，园所要构建更加科学的教师研训体系和完善的研训制度，结合园所教师队伍实际制定符合教师发展需求、科学翔实的研训方案，有计划地促进教师的专业化发展和队伍整体水平的提升。园所要全面提升教师的自我管理能力，切实做到"以训促提升"，不断完善各项制度，建立健全理论学习和考核制度，通过建立学习制度及奖励机制，鼓励教师积极参加市区各级培训，积极协调，努力为教师搭建学习平台，确保不同类型的教师都能参加适合自己的、自己需要的研训活动，逐步提高教师研训的参与率。园所要用各项制度指导、监督工作的开展，促进研训质量的提高，从而提升队伍质量。

3. 五个层级的教师梯队，分层分类提升

幼儿园要对教师队伍专业能力进行分析，明确教师发展梯队，根据教师的工作年限、专业能力，将教师分为职初期、成长期、成熟期、骨干教师、中层干部五个层级，针对不同层级教师的专业发展需求开展培训，帮助教师转变教育理念，丰富指导策略，形成教学特色，增强专业素养，提升专业引领力。随着教师专业水平的不断提升，形成常态化、系统化的教师研训体系。

（三）专题引领下的教研

幼儿园要注重园外专家的专业引领与同伴互助，依托高校合作平台为教师学习提供便利条件，以培养教师的主动学习为出发点，采用自主学习、集中学习、实践观摩等学习方式，跟随专家的脚步，运用理论学习、案例分析、现场观摩、经验分享等形式开展多样化的教研学习活动，有效促进教师教育教学及教研能力的专业提升。

幼儿园开展专题教研对提升教育质量、促进教师专业成长、满足幼儿发展需求等方面都具有重要意义，可以使幼儿园更好地适应社会发展和教育改革的要求，为幼儿的成长和未来发展奠定坚实的基础。

1. 常见的教研专题

幼儿园可以根据教师的兴趣与特长，依托专家专业引领范围，鼓励教师申报专题教研并进行研究，从而更好地寻找有效支持策略促进幼儿发展。

其中包括研究游戏在幼儿教育中的作用和如何设计有效的游戏活动,针对幼儿的社会交往、情绪管理等方面的有效支持策略,探索如何利用现代信息技术提升教师支持策略等。

2.专题教研的结构

第一,确定专题:明确研究的主题,选择具有针对性和实际意义的专题。

第二,前期准备:收集相关资料,包括文献、数据、案例等,为研究提供充分的依据。

第三,研究方法:根据专题特点选择合适的研究方法,如文献分析、调查研究、案例分析、经验分享、主题讨论等。

第四,研究过程:组织教研团队,共同开展研究工作,攻克研究难关。

第五,分析与整理:对一段时间的研究进行分析和整理,提取有价值的信息。

第六,成果总结:总结研究成果,包括研究报告、论文、教学案例、教学设计等。

第七,交流与分享:通过研讨会等途径,与同行进行交流和分享研究成果。

在开展教研活动时,为教师营造积极的研讨氛围,提供与专家面对面沟通交流的机会,鼓励教师们积极参与、分享和合作。教师在专题教研中也体会到幼儿都是独立个体,他们的闪光点需要教师的关注和挖掘,因此教师的有效支持有助于幼儿身心双向健康发展。针对幼儿有效学习,教师有了明确的方向。

四、园本教研的形式

作为幼儿有效学习路上的支持者、引导者,教师必须具备较强的专业能力。但现实中,教师实践与理论的对接存在一定的困难,出现理论不够落地、策略不会使用的现象。为提高教研活动的实效性,切实解决教师在教育教学中存在的困惑,教研组织者应将传统的研讨式、说教式、培训式教研形式进行调整,通过"电影微教研""游戏体验式教研""模拟式教研""案例式教研""实践式教研"的形式帮助教师内化支持策略,提升师幼互动的有效性。

(一)电影微教研

教研组织者应结合教师喜欢接受感官刺激的特点,充分发挥优秀影片的作用，在电影中寻找有教育价值、值得借鉴的整部电影或部分节选片段，以此为教研工具，鼓励教师通过观看影片分析、反思、提炼相关教育行为，从而举一反三，获得适宜的支持策略。

例如，教师设计并构建"逐梦"课程的五步骤支持，即产生兴趣、感知体验、深度探究、分享交流、延伸创造时，对于"支架语、支架势、支架态、支架物"的四个支架理解不透彻，且对幼儿观察与分析不够，导致支架使用不正确，支架方式不适宜，错失良好的教育契机。于是，教师开展"当电影遇到追梦主题"微教研活动，在《银河补习班》这部电影中寻找"父亲"支持孩子追寻梦想的台阶有哪些。通过年级组小教研，教师一同观看电影，并记录每一个台阶。一场电影过后，教师再次观看电影，细心记录每一个台阶中的支架有哪些。在反复观看电影、不断补充记录的过程中使教师逐渐体会到，每一个台阶看似是一个单独的支持策略，其实是一个递进的过程，只有一层层递进，才会实现幼儿的梦想。

教师单纯依靠文字说明理解支架教学的四个支架，确实存在一定的困难。通过在教师感兴趣的视听和研讨中，教师回顾电影中的支持性语言、动作、神态、物质材料，讨论电影中"父亲"的这些行为表现给孩子带来的改变。此后，教师大胆寻找有支持策略存在的教育类电影，如《放牛班的春天》《地球上的星星》等，从而真正理解了支架语、支架势、支架态、支架物的含义。

（二）游戏体验式教研

游戏体验式教研即教研组织者在教研中利用"做中学"的理念，通过选择适宜的游戏内容，鼓励教师参与，启发教师多角度地关注幼儿行为，从而提升有效支持的质量。

例如，在一次教育活动中，教师设计了科学活动"好玩的哈哈镜"。幼儿对哈哈镜有很大兴趣，但教师却遇到了难题，即如何将幼儿的兴趣和经验迁移到生活中，形成幼儿有价值的生活经验。于是，教研组织者准备了各种各样的不锈钢勺子，让教师观察勺子里面的自己。教师根据对勺子不同位置的观察，发现了很多个不同的自己。由此，教师发现原来哈哈镜效应并非只停留在镜子上，生活中很多地方都用到了。当教师明确哈哈镜原理给人们带来的便利后，进一步明白教育并非为了教而教，而是要力求让幼儿受益于终身的教育。教师将"勺子里的哈哈小人"活动延续到教学实践中，鼓励幼儿寻找生活中的哈哈镜，如道路转角镜、反光镜等。幼儿真正了解到哈哈镜原理在生活中的应用，体会到科学的力量无处不在。

教研组织者可以开展"勺子里的哈哈镜"游戏体验式教研，将勺子作为教研材料，让教师学会从生活中发现有意义的现象，并反思活动组织对于幼儿的教育价值和意义，更重要的是提高教师观察、发现的能力。

游戏体验式教研让教师在轻松愉悦的氛围中思考问题、领悟精神，玩中有所获，在提升业务能力的同时，爱上了教研。

（三）模拟式教研

模拟式教研即教师通过角色扮演、换位思考等形式模拟幼儿的行为、预判幼儿的想法，从而更好地理解幼儿的思维和需要，进而对幼儿进行有效指导。

教师最常用的支架方法就是支架语，一个好的问题能够支持幼儿拓展思维。在实践中发现，如果提出的问题不恰当，会阻碍幼儿的思维拓展；如果提出的问题没有价值，会使幼儿对活动失去原有的兴趣。除了对问题本身的把握出现偏差，在调研中发现，多数教师对问题性的语言表达存在很大困惑。教师努力避免封闭性问题，尽量提出发散性问题，但过于发散的问题不够严谨，无法推动幼儿发展。面对诸多问题，教研组针对如何提出有效性的问题开展进一步研究。于是，在一次围绕教师与幼儿之间的"提问与对话"的教研活动中，教研组的教师们共同围绕"童心向党"的主题，根据幼儿的不同年龄段设计问题，依托布卢姆提问的六种类型，进行问题提炼，并利用表演游戏展现提问与回答的过程。

在角色扮演和情境表演中，教师通过互动，能很好地认识到提出适宜性问题的重要性，并现场调整，在进一步分析幼儿认知规律和年龄特点的基础上，结合布卢姆的提问法，形成小中大班的不同问题预设，见表6-9。通过体验式教研，教师进一步理解了提问的层次，并认识到，一个好的问题，答案不是唯一的，好的问题能够充分调动幼儿的原有经验，激发幼儿产生新的想法。

表6-9　小中大班的不同问题预设

	小班	中班	大班
第一类：记忆	你们过生日吗？	你知道祖国妈妈要过生日了吗？	你们知道什么是国庆节吗？
第二类：理解	还有谁过生日？	你是怎么知道祖国妈妈哪天生日的呢？	祖国妈妈为什么会在这一天过生日呢？

续表

	小班	中班	大班
第三类：应用	十月一日是谁的生日？	为什么要给祖国妈妈过生日？	你想用哪种方式为祖国妈妈庆祝生日？
第四类：分析	祖国妈妈过生日和自己过生日一样吗？	你觉得这样给祖国妈妈过生日怎么样？为什么？	你需要用哪些材料呢？
第五类：评价	怎么为祖国妈妈过生日？为什么？	你还有什么更好的方法为祖国妈妈庆祝生日吗？	你们觉得谁的礼物最好呢？为什么？
第六类：创造	可以用什么样的方式为祖国妈妈庆祝生日呢？	你可以用哪些材料制作礼物呢？	我们还可以用什么新的方式为祖国妈妈庆祝生日呢？

在情境模拟中，教师能够感受当下的情境，进行同伴之间的互动，从而更好地通过角色体验的方式，感知幼儿的心理状态和需求，感受幼儿的接受程度，从而更好地调整方法策略。

（四）案例式教研

案例式教研即通过案例分享，拓展教师支持策略的思路，为教师创造交流学习、展示分享的空间与平台。对教师而言，发展不是一蹴而就的，正是在"台阶"的积淀上循序渐进地获得的，每一次的案例分享都可以让教师在聆听别人的同时自我反思，逐渐丰富自身经验。

例如，案例分享中教师从关注幼儿行为到分析教育背后的价值，再到思考支持幼儿有效学习的途径，根据四个路径→五个步骤→多个台阶→四个支架→五个支架语类型→六个问题性语言（其中四个路径即寻源、思本、践真、悟新；五个步骤即产生兴趣、感知体验、深度探究、交流分享、延伸创造；多个台阶即台阶一、台阶二、台阶三等；四个支架即支架语、支架势、支架态、支架物；五个支架语类型即肯定、否定、提问、感叹、建议；六个问题性语言即记忆、理解、应用、分析、评价、创造）这一整套框架进行阐述，支持幼儿在活动中的深度学习。教师用心撰写，描述出看见幼儿、支持幼儿的整个过程，形成可推广的优秀案例。

（五）实践式教研

实践式教研即教研组人员深入班级实践、观摩研讨，从而验证教师支持策略的有效途径。

例如，以各年龄段为小组，教研组人员根据观摩内容设计跟踪实录表，记录教师的语言、动作、神态及支持性材料，见表6-10。

表 6-10　跟踪实录表

时间：	支持	内容详录	分析	调整
环节：	支架语			
被观察者：	支架势			
记录者：	支架态			
幼儿人数：	支架物			

观摩后，教研组人员分析教师支持行为，并进行交流与研讨。帮助被观察教师寻找问题的过程，也是观察教师自我反思与提升的过程。通过观点的碰撞，教师的支持行为更加有效。

总之，园本教研是提升教师有效支持策略，提升教师专业水平最为直接、有效的途径之一，教师的理论支撑、实践研究、素养提升都有赖于园本教研得到有效开展。

第三节　课题研究助力教师成为有效支持者

幼儿园课题研究是用科学研究的态度和方法，探索幼儿教育规律和解决幼儿园教育问题的实践活动。在参与课题研究的过程中，教师会深化对教育学、心理学和儿童发展相关理论的认识，不断加深对于幼儿的理解，提高发现问题和解决问题的能力，在专业素养得以提升的同时，能够更好地促进幼儿身心全面健康的发展。

一、课题研究的意义和价值

提及课题研究，很多教师发出感到困难的声音，如"课题研究太难了。""我分不清研究目的、目标还有内容，太多了!""我不会研究。""课题研究有什么用?"。面对这一现象，我们要引导教师转变观念，重新认识课题研究的意义和价值，明确课题研究不仅可以让教师更加敏锐地发现问题，积累专业知识，同时也能培养教师合作研究、共同进步的团队精神。

（一）提高教师的问题意识

教师的课题研究要立足于日常教育教学实践，基于教育过程中的真问题、真需要，指向幼儿的学习与发展。因此，这需要教师在日常工作中主动观察与思考，还需要业务干部经常走入教师实践，帮助教师观察实践中存在的问题，倾听教师的困惑和需求，帮助教师把这些现象、困惑转化为实际需要探索解决的问题。

（二）丰富教师的专业理论

幼儿教师理论知识功底和教育科研功底不扎实是造成教师畏难情绪的关键原因之一，因此，业务干部要注重专业引领，通过专家讲解、文献阅读、读书会、园本培训等多种方式，不断丰富教师的专业理论。

（三）构建研究共同体

课题研究不是一个人的单打独斗，需要团队共研共建，业务干部需要善于发现教师在日常教育教学实践中存在的关键问题，并组织感兴趣的教师共同分析，对问题进行筛选和辨析，提炼出需要共同解决的真问题，形成研究团队。研究共同体能够帮助教师在共同目标和愿景之下参与学习、实践和研究，促进教师之间相互依靠和相互助力，互相分享资源、方法、策略，扩大研究成果的验证范围，形成强大的心理支持和专业支持。

（四）降低难度，缓解压力

为了缓解教师对课题的"嫌麻烦"心理问题，研究团队可以采用"拆分式"课题撰写的方法，即把题目、概念、文献、内容等项目拆分成一个个的独立环节，利用每一次的科研会对每一个环节进行深入的讨论与分析，大家共同研究，共同进步。例如，幼儿园采用小组教研的形式，从问题的选择、课题名称的确立、文献的查阅和收集、文献综述的撰写、研究目标的确立、研究内容的制定等多个方面，小步骤地给予教师支持，帮助教师踏踏实实地走稳每一步，真正理解课题研究的意义，明确想要解决的问题和研究的方向与内容。

二、课题研究的原则

（一）问题引领原则

在实践中，教师应从幼儿的兴趣点出发，经过发现问题、确定问题，最终梳理出一系列可操作的解决问题的方法，把问题和研究结合在一起，从而开展有效的课题研究。例如，在开展课题"区域乡土资源开发及其在幼儿园主题活动中应用的策略研究"时，课题组教师使用"5W1H"提问法进行提问。"5W1H"就是围绕六个问题——什么（What）、谁（Who）、在哪里（Where）、什么时候（When）、怎样做（How）及为何这样做（Why）进行细致的分析。教师从这几个维度问幼儿的时候，幼儿和教师的思路都被打开了。

（二）文献贯穿原则

文献综述要贯穿课题研究始终，它对课题研究有着引领及随时调整的作用。为此，研究团队可以开展每月一篇"小综述"的活动，每位课题负责人每个月要阅读8～10篇相关文献，写一篇相关的综述。"小综述"的重点不是综合他人意见，而是阐述自己的观点。活动开展后，大家发现课题研究走进了一番新天地，文献让我们可以时时反思自己的研究，边开展课题边查阅文献可以更好地指导我们课题推进的方向，找到适合的方法，让课题研究更顺利。

（三）团队合作原则

课题研究虽然由负责人牵头，但绝不仅仅是一个人的工作，对幼儿的持续观察、与家长的连续性沟通、后期案例的整理等工作，需要一个团队合作完成。从管理的角度来说，让每一位教师都能参与课题研究，不仅可以迅速提高教师的专业素养，同时也有利于团队的协同发展。因此，在开展课题前，业务干部可以对教师的参与意愿进行调查，根据教师的能力，鼓励全员参与，有能力的申请主持课题，时间和精力有限的可以参与课题，而经验丰富、阅历深厚的老教师则可以担任课题研究的顾问，从第三方的角度支持课题研究的推进。

三、课题研究的流程及方法

为了避免研究"两头热"的现象，业务干部要对教师的研究进行全过程的关注和指导，在心理、资源、专业等方面给予支持和保障，帮助教师更好地探寻策略，形成研究成果，真正达成推动幼儿学习与发展的目的。

（一）支持教师合理选题

确定选题是课题研究的第一步，业务干部不能为了课题而找问题，而要基于问题解决的需要来开展研究。课题研究的选题要从实践出发，结合教师经验和工作情况，可以从微课题研究入手。选题的确定讲究明确、规范、言简意赅，既要清晰表达研究的内容，又要规范用语，不能出现语法错误，同时还要通俗易懂，让人能够简单明了地了解研究的内容。例如，在围绕支持幼儿有效学习的讨论中，业务干部确定了"通过积极心理学沙盘游戏提高幼儿叙事性讲述能力的研究""科学探究区域中支持幼儿科学探究能力的实践研究""美工区自主游戏支持策略的实践研究""入学准备视角下大班幼儿自我管理能力培养研究"等课题，都能够简单明确地表述自己要研究的内容，以及研究的重点。

（二）支持教师定位研究目标与研究内容

教师在确定研究目标和研究内容时，容易出现目标定位过高、内容分散不聚焦等问题，业务干部要帮助教师厘清在课题研究过程中具体要解决的问题，明确问题解决的线索，由此来确定研究目标和研究内容。研究目标、研究内容应与研究问题、研究目的、课题成果相互呼应，应贯穿课题研究的始终。教师在研究的过程中应时时回顾研究目标，保证研究的方向更加明确。

在支持幼儿有效学习的课题研究中，课题"入学准备视角下大班幼儿自我管理能力培养研究"的目标设定为：①梳理幼儿自我管理的内涵、维度及发展目标，帮助教师全面认识幼儿自我管理能力；②了解大班幼儿自我管理能力发展现状及存在问题，为教师有针对性地培养幼儿自我管理能力提供依据；③设计大班幼儿自我管理能力培养方案，包括发展目标、培养路径及策略等，提升大班幼儿自我管理能力，为教师提供实践指导及借鉴。研究内容确定为：①幼儿自我管理能力内涵、维度及发展目标；②大班幼儿自我管理能力发展现状及存在问题；③大班幼儿自我管理能力培养方案，包括发展目标、路径、策略及实施建议等。

（三）支持教师选择适宜的研究方法

研究方法是支持课题研究有效开展并取得成效的重要保障。幼儿园教师普遍对科学研究的方法缺少相关的经验和认识，在课题研究中容易出现把各种研究方法都列在研究设计中的问题。因此，业务干部可以结合研究方法进行培训，帮助教师明晰每一种研究方法的内涵、价值意义和适用情境及范围。教师再结合课题研究的实际需求和现实条件，选择能够支持研究过程并且在现有条件下能够开展的研究方法。

在"入学准备视角下大班幼儿自我管理能力培养研究"中，以行动研究为范式，具体研究方法包括观察法、访谈法和问卷法。其中在观察法的应用上，设计大班幼儿自我管理能力观察记录表，在研究的不同阶段观察、记录大班幼儿自我管理能力的发展情况；在访谈法的应用上，编制《大班幼儿自我管理能力——教师访谈提纲》及《大班幼儿自我管理能力培养方案实施——教师访谈提纲》，在调查研究及行动研究阶段访谈教师，了解其对大班幼儿自我管理能力的关注、培养策略、培养效果及困惑和问题等；在问卷法的应用上，编制"大班幼儿自我管理能力调查问卷"，以相对客观地了解大班阶段的幼儿自我管理能力发展的整体状况，并作为培养方案设计的依据。

同时，行动研究贯穿全过程，基于"计划—行动—观察—反思"四个步骤开展两轮循环研究。第一步"计划"：基于大班幼儿自我管理能力的发展现状，以幼儿自我管理的四个维度：调适能力、反省能力、坚韧性和进取心为框架，设计培养方案；第二步"行动"，实施培养方案；第三步"观察"，观察、记录大班幼儿自我管理能力的发展情况，通过问卷、访谈教师和家长了解方案实施情况；第四步"反思"，根据数据分析，反思实施效果，调整培养方案，使其更具适宜性，为第二轮行动研究做准备。两轮行动研究后，最终形成相对完善的培养方案。

（四）支持课题研究进程

课题研究的过程是团队协同开展工作的过程，也是逐步解决研究问题的过程。只有研究过程扎实有效，才能够取得有效的研究成果，因此，业务干部要帮助教师提供针对性的支持：①定期交流课题研究进程，确保研究始终保持进展的状态，同时确保研究朝着预期的方向和目标进行，始终围绕幼儿有效学习与发展；②定期总结课题研究经验和课题研究阶段性成果，及时发现课题研究中的问题并探讨解决，及时提炼固化研究成果；③确保团队合作的有效性，确保课题参与者始终以儿童为中心的理念，始终以儿童发展为价值追寻，在共商共研的氛围和状态中开展研究，并能够定期交流实践经验；④提供必备的资源保障，根据研究进程的需要，从文献资源、专业培训、研究方法拓展等方面为教师提供专业支持，以保障研究效果。

（五）帮助教师形成与应用研究成果

课题研究成果的提炼和表达是课题研究的必要过程，我们既不能过分强调成果导向，也不能够忽视研究成果的价值和意义，避免将"效果"和"成果"混淆。研究成果的形成需要研究者重新厘清研究过程，并通过反思性表达，将阶段性成果进行汇集和再梳理，这个过程也是对支持幼儿学习与发展规律和策略的挖掘与探索。在这一阶段，业务干部要基于教师的能力水平给予适宜的支持和帮助，有效地记录和形成成果，尽可能避免研究成果的流失。同时，业务干部要为教师提供分享研究成果、将研究成果进一步拓展应用的平台，以便更好地支持幼儿的学习与发展。

"入学准备视角下大班幼儿自我管理能力培养研究"的成果

在"入学准备视角下大班幼儿自我管理能力培养研究"中，课题研究者形成了一系列的研究成果。

第一，构建"大班幼儿自我管理能力培养目标体系"，将大班幼儿自我管理能力划分为生活管理、情绪管理、行为管理、人际管理 4 个领域，以及自理能力、情绪调控、行为调适、任务意识、冲突管理等 10 个关键能力，并明确了相应的标准，为相对应的关键能力提供信息说明。

第二，探索出在一日生活中渗透幼儿自我管理的具体策略，包括设置班级管理员、争做劳动小能手、做计划并坚持执行等，并确立了幼儿一日劳动的具体内容、幼儿计划的形式和支持引导策略等。

第三，形成了基于入学准备的自我管理主题活动，如"我是大班小朋友""我的好朋友"等，从同伴交往、规则意识、任务意识、计划能力、执行力及时间管理等方面，引导幼儿在大班的生活与学习中能够做到有目标、会计划、乐行动、善管理，帮助幼儿愉快、顺畅地适应大班新生活，并为一年后进入小学做准备。

第四，聚焦"情绪管理"，家园协同助力，设计儿童情绪观察记录表，通过家园合力关注幼儿心理健康，帮助幼儿获得积极健康的情绪情感。

（案例作者：北京市大兴区第十一幼儿园　孙亚男）

成果的形成，能够帮助教师再一次回归幼儿发展规律，不断丰富自己对研究问题的认识，反思和改进自我教学实践；通过成果的推广和应用，教师能够再次对研究成果进行验证和反思，不断完善支持幼儿学习与发展的实践策略，更好地为幼儿持续发展和教师专业发展提供帮助。

课题研究是教师走向专业的一条捷径，它能帮助教师了解研究意义，厘清研究思路，感受研究乐趣，最终更新教师的教育理念，提升教师的专业素养，丰富教师的支持方法，为幼儿提供更有效的支持。

第四节　深入班级指导助力教师成为有效支持者

深入班级指导作为幼儿园教育教学管理中的一种常规方式，是幼儿园管理过程中的重要环节，更是影响幼儿园保教质量提升的重要内容。

一、深入班级指导的意义和价值

深入班级指导，顾名思义就是保教管理者在某一段时间或某种目的下持续在班级中观察、了解教育教学的进展情况、教师实际需求等，切实引导或帮助教师从实践中发现问题、解决问题、获取信息，主动反思与学习，从而有效调整策略，使其在不断完善中提升专业水平及能力。

从教师角度来说，通过进班检查指导，保教管理者能够在真实的教育现场深入了解和识别教师的儿童观、教育观及对儿童发展基本规律的认识，判断教师对幼儿支持的适宜性和有效性等，从而给予教师更有针对性的指导，支持教师解决实践中的问题困惑及个性化的需求。

从幼儿角度来说，通过深入班级指导，一方面在转变教师观念过程中，为幼儿有效学习拓展平台，使幼儿有更多自主探究的空间；另一方面通过优化教师教育教学策略，为幼儿有效学习提供更多有效支持，支持幼儿在自主探究过程中通过"好奇发现—尝试探索—解决问题—梳理经验—再探索"的螺旋式学习过程，不断拓展认知经验，丰富学习品质，提升思维能力。

二、深入班级指导的原则

保教管理者要树立"以幼儿为本"的理念，和教师一起潜心探究幼儿及幼儿教育的独特规律，关注教育过程的适宜性和有效性，为幼儿创设和提供舒适、安全的生活环境与游戏、活动环境。由此可见，深入班级指导，必须关注教师的实际需求，给予必要的专业支持，使指导更具可操作性和适宜性。作为保教管理者，要遵循五个基本原则。

（一）目的性原则

深入班级指导一定是带有计划性、目的性的，只有这样才能提高指导的针对性和实效性。例如，保教管理者可以是结合教师原有经验和能力水平，基于教师个性化发展进行的连续性指导；可以是结合当前园内保教工作重点进行的针对性指导；也可以是针对区域自主游戏中教师指导的适宜性，重点进行区域游戏的进班观察指导，记录游戏中师幼互动的情形，分析与诊断教师教育行为的适宜性和有效性。

（二）平等性原则

深入班级指导应建立平等对话的关系，保教管理者要善于倾听教师的思考和想法，通过询问教师对某个现象、某个问题或者幼儿学习行为的看法、分析和解读，深入地了解教师观点背后的观念，共同站在儿童的视角，进行交流与探讨。例如，在过渡环节幼儿自主活动的指导中，幼儿确实在做不同的事情，如选择玩具或图书后到固定座位上玩或阅读，但存在玩具太大导致幼儿操作不方便，师幼共读影响了自主游戏的幼儿，照顾自然角的幼儿完成之后不知道去哪里等问题。业务干部用视频记录下这一场景，并倾听教师的看法，对教师想要把自主性还给幼儿的理念和想法给予肯定，同时，也与教师共同分析现象中反映出的问题，即如何更合理地引导幼儿做计划，怎样才能发挥幼儿的自主性。

（三）启发性原则

深入班级指导的关键在于"观察"后的"指导"或者"引导"，这种"引导"

不仅是方法上的指导，也是理念上的指导，更是帮助教师获得发现问题、分析问题的意识的指导。因此，当我们发现问题时，应不急于提出建议，可以通过记录或者请教师以旁观者身份进行观察，让教师先描述和分析现象，引导教师发现问题，并尝试分析问题，解决问题，使指导更具启发性。例如，在学期初，业务园长发现建构区环创中更倾向结果式呈现，而缺少幼儿在搭建过程中发现问题、解决问题的过程，图片内容与幼儿实际搭建主题之间也缺少关联等。于是，业务园长通过提问引导教师共同观察与思考："建构区中哪些能支持幼儿搭建呢？"通过现场观察与对话交流，教师反思到环境、材料与幼儿搭建主题、搭建行为之间的关系，为教师支持幼儿的有效学习提供了方向和策略的引导，引发了教师与幼儿共同完善环境材料，开展建构游戏的行动。

（四）随机性原则

深入班级指导除了按照既定的目标进行指导外，还可以根据班级的问题开展随机性的指导。例如，在一次日常巡班中，业务园长来到了职初期教师的班级，教师正进行区域小结，展示着拼插区的作品请幼儿观赏，然后以简短的几句表扬结束了小结。针对这一现象，业务园长提出一系列问题引发教师深度思考，即区域游戏后的分享环节有着什么样的作用？可以如何利用这一环节支持幼儿的学习？基于当天的分享，还可以如何引发幼儿持续的探究和游戏行为？并通过追问"怎样让拼插的作品更立体化？"引发教师对于支持幼儿深入探究的思考。

（五）多样性原则

深入班级指导还需要结合不同经验和能力水平的教师进行不同方式的指导，职初期教师可以通过示范，或者图片、视频解说的形式进行指导；成熟教师可以用对话、交流、探讨的方式进行指导；骨干教师可以针对一个话题，在问题思辨和相互探讨中进行指导。多元化指导方式的运用，在于针对教师成长进程中不同时期的不同问题，帮助教师形成系统式经验，最终实现深入指导的目的。

三、深入班级指导的角色定位

作为保教管理者，深入班级的初衷在于理解教师的专业发展需要，分析教师的实际专业水平，从而因地制宜地帮助教师分析出自身优势与问题，进行教育行为诊断，提出有效的改进策略，促使教师主动学习、主动思考、主动实践，最终促进幼儿的学习与发展。在深入班级指导中，保教管理者的角色应是不断变化的，做深入班级的同行者，既是对教师的尊重也是理解；做深入班级的支持者，捕捉教师的闪光点，支持教师大胆创新；做深入班级的引领者，发挥榜样示范作用。

（一）同行者

深入班级指导，了解教师的真实需求，保教管理者就要学会与教师同行，创设轻松、愉快、安全的对话氛围，留出更多空间倾听教师的想法和真实感受，既尊重教师的原有经验，又深入了解掌握教师的能力水平，结合教师特点运用平等对话的方式提供有针对性的建议或想法，与教师共同研究、探讨，解决问题，在共同成长中提升专业水平及能力。

（二）支持者

做教师的支持者，保教管理者要以欣赏的眼光观察教师，捕捉亮点，及时给予肯定和鼓励，激发教师的内驱力，进而使其积极主动地投入工作；要以恰当的方式引导教师聚焦实践问题，自觉审视教育方法，主动调整教育策略；与教师沟通时要注意内容的"尺度"，结合教师的性格特点采用不同的交谈方式，支持中实现"因材施教"，使每个教师都能获得认同感和价值感；要关注教师不同的优势及能力水平，支持中实现"取长补短"，为教师专业成长提供资源、搭建平台，推进专业水平不断提升。[①]

（三）引领者

保教管理者要做到时刻想着目标，要有正确的儿童观和教育观，以便更好地引领教师发展。针对不同发展阶段的教师，可采用分层引领的方式，关注个体差异。例如，对职初期教师进行陪伴式引领，与他们一同观察幼儿的行为，请他们先说说自己的发现，接下来会怎么做，以及为什么这么做等，然后再交流自己的发现，"如果是我，我会如何做""为什么这样做"等，双向对话，引发职初期教师对比两种不同做法对幼儿支持的有效性，从而调动教师自我反思教育行为，提升教育水平及能力。

四、深入班级指导的内容

深入班级指导既是保教管理者自我成长的主要途径，也是教师专业快速成长的重要方式之一。深入班级指导的具体内容包括以下方面。

（一）班级教育环境的指导

环境是幼儿园重要的教育资源，对幼儿身心健康发展发挥着重要作用。

---

① 马虹，等. 幼儿园保教管理工作指南[M]. 上海：华东师范大学出版社，2014：14.

有准备的环境和材料，能够激发幼儿兴趣，引发幼儿主动参与，产生互动。作为保教管理者，我们深入班级指导要能从环境创设中看出教育性、发展性、支持性。例如，透过主题活动环境和区域环境看幼儿是否能主动参与，是否有互动性区域，是否符合幼儿年龄段发展需要等；透过健康或安全环境等看是否符合幼儿当下需要，能否支持幼儿主动学习，是否能回顾探究过程等。其目的在于积极引导教师能够立足儿童视角，有目的地提供充足的材料、空间和环境，支持幼儿自主探究，使每名幼儿都有机会表现与表达，在与环境的互动中获得发展，如进班指导评估班级环境创设，见表6-11。

表 6-11 深入班级指导·班级环境创设评估表

板块内容（主题、区域、生活、健康、安全等）	指导内容					备注说明
	年龄特点（内容是否遵循各年龄段发展特点及需要）	参与性（内容是否有幼儿参与痕迹、参与价值是否有意义等）	互动性（内容是否有互动区域，互动内容是否有层次性，内容是否契合主题等）	趣味性（内容是否能激发幼儿兴趣等）	目的性（内容是否能体现阶段性目标、是否利用回顾探究过程、是否便于幼儿迁移经验等）	
指导建议						

注："指导内容"记录呈现内容中的优势与问题，"备注说明"记录和跟进时间及与哪位教师反馈交流等内容，"指导建议"记录针对问题提出合理化建议或改进策略。

（二）幼儿生活活动的指导

《指南》中指出要"理解幼儿的学习方式和特点"。幼儿学习的主要方式是直接感知、实际操作和亲身体验。在幼儿生活活动中，保教管理者要重点关注教师是否为幼儿提供自主发展的时间和空间，是否结合幼儿年龄特点采取适宜方式进行生活常规和习惯养成方面的指导，幼儿的生活和行为是否有序，是否指导幼儿参与公共服务等，以此来提高幼儿生活的自主性，逐步发展幼儿的自我管理能力，发展集体意识和为他人服务的意识，形成班级的良好常规和秩序，如进班指导评估幼儿生活活动，见表6-12。

表 6-12　深入班级指导·幼儿生活活动评估表

板块内容（进餐、午起、过渡环节、离园等）	指导内容					备注说明
	看教师			看幼儿		
	时间（一日生活组织是否科学、合理安排等）	语言（一日生活中，教师使用的指导语是否恰当、有效等）	行为（一日生活中，教师是否根据幼儿个体差异进行指导，指导是否有目的、适宜，是否有必要的管理行为等）	生活能力（幼儿生活技能是否提升，是否愿意主动进行自我服务，是否能参与集体劳动等）	形成习惯（幼儿是否能自主进行活动，是否形成良好的生活习惯等）	
指导建议						

注："指导内容"记录呈现内容中的优势与问题，"备注说明"包括指导时间、追查时间、与谁反馈等内容，"指导建议"指针对发现的问题提出改进建议。

（三）区域游戏的指导

区域游戏中指导要点主要包括教师能尊重幼儿意愿自主选择，观察中能辨别幼儿发展需求，及时给予有效支持，自然渗透教育目标，从而推动幼儿持续探究的兴趣、愿望和行为，如进班指导评估区域活动，见表 6-13和表 6-14。

表 6-13　深入班级指导·区域活动的材料投放评估表

板块内容（角色、美工、语言、科学等）	指导内容				备注说明
	丰富性（材料投放是否种类多样等）	目标性（材料投放是否能满足幼儿不同发展需求等）	探索性（材料投放使用频次是否高，是否有层次、可挑战等）	趣味性（投放材料幼儿是否感兴趣，幼儿是否爱玩等）	
指导建议					

注："指导内容"记录呈现可针对一个区域或多个区域中的优势与问题，"备注说明"包括指导时间、追查时间、与谁反馈等内容，"指导建议"针对发现的问题提出改进建议。

表 6-14　深入班级指导·区域活动的教师支持评估表

板块内容（角色、美工、语言、科学等）	指导内容			备注说明
	介入时机（何时采取的指导，时机是否恰当等）	介入方法（采用了什么方法进入指导，方法是否有效等）	教师站位（教师站位是否合理等）	
指导建议				

注："指导内容"记录呈现教师支持的优势与问题，"备注说明"包括指导时间、追查时间、与谁反馈等内容，"指导建议"针对发现的问题提出改进建议。

（四）教育教学活动的指导

教育教学活动的指导要关注教师能够尊重幼儿的发展规律、学习方式，能理解核心经验并通过适宜的方式进行引导，能有效地开展师幼互动，给予幼儿必要的支持等，如进班指导评估教育活动，见表 6-15。

表 6-15　深入班级指导·教育活动评估表

一级关注	二级关注	三级关注	具体内容
活动方案	目标合理性	(1)目标定位要准。 (2)目标具有可操作性和适宜性。 (3)目标具有弹性。	(1)目标包含情绪、知识、能力目标。 (2)目标不要过大，过于宽泛。
	活动程序层次性	(1)活动导入：激发幼儿学习兴趣。 (2)活动中：遵循结构严谨、层次清晰、环环相扣、过渡自然、时间分配合理、密度适中。 (3)活动后：帮助幼儿消除身心疲劳。	程序形成由浅入深的递进关系。
	重难点处理	(1)充分、灵活、渐变调动幼儿已有知识、经验。 (2)通过引导比较、直观演示等方式帮助幼儿突破重难点。	(1)重难点的提炼，不是复制目标。 (2)提炼出关键词、重要内容，并用恰当的语言表述。

一级关注	二级关注	三级关注	具体内容
教师表现	教法、学法的指导	方法多样化、个性化、因材施教。	情境创设法、提问法、体验法、引导法、假设法等。
	肢体语言的运用	表情、眼神等肢体动作。	面带笑容、语言亲切、眼神温和。
	幼儿的回应方式	(1)肯定式的应答。 (2)提升式的应答。 (3)拓展式的应答。	(1)"你真棒，刚才你说的××特别对"等具体的鼓励。 (2)总结提炼：刚才我们发现×××的规律。 (3)补充完善，拓展知识。
	提问方式	(1)具有开放性和挑战性。 (2)引发幼儿思考。 (3)提升幼儿的智力。	(1)你看到了什么？ (2)你是怎么想的？ (3)还可以怎样做？
幼儿表现	真正做到自主学习	(1)创设自主学习环境。 (2)提供自主探究的空间和材料。 (3)创造与同伴相互学习、探讨、分享、交流的机会。 (4)提供基于反思性学习、选择性学习的机会。	活动来源于幼儿探究需求，能引发学习，材料多样，有选择空间，有与同伴相互学习的留白空间，能引发经验迁移。
	创造性的表达与交流	(1)创设宽松的学习氛围。 (2)提高活动方式、材料、空间、伙伴的自由度。 (3)对创造表达给予及时的肯定和鼓励。	场域很愉快，有留白空间，教师能给予正向语言鼓励。
	主动质疑、发问	(1)给予幼儿发问的机会。 (2)针对幼儿的疑问，启发幼儿提问。	对此你有什么想法或疑问吗？
	体验、感受	(1)重视幼儿亲身体验。 (2)鼓励幼儿对活动材料的自我解读、自我理解。 (3)尊重幼儿的个人感受和独特见解。	允许幼儿不断尝试。

续表

一级关注	二级关注	三级关注	具体内容
活动效果	活动目标的达成度	(1)掌握预定的教学内容。 (2)能力得到发展。 (3)挖掘教学内容情感因素。	回看目标。
	整体活动氛围	(1)注意幼儿活动中的情绪表现。 (2)善于用眼神、语言、表情等肢体动作与幼儿进行情感沟通。 (3)善于用激励性的语言进行评价。 (4)乐于学习、体验成功乐趣。	幼儿是否热衷在同一话题或事件中。
	幼儿在活动中的发展	(1)把握教育的科学性。 (2)教育方法有效性。 (3)关注每名幼儿发展。 (4)主动探究、合作交流。 (5)提出有价值的问题。	积极思考,主动探究。

(五)户外运动游戏指导

户外运动游戏指导要引导教师选择符合幼儿年龄特点和实际水平的内容组织活动,能在游戏状态下尊重和保护幼儿的好奇心和学习兴趣,借助切实可行的方式方法帮助幼儿逐渐养成积极主动、认真专注、不怕困难、敢于探究和尝试、乐于想象和创造等良好学习品质,如深入班级指导评估户外运动游戏,见表 6-16 和表 6-17。

表 6-16　深入班级指导·户外运动游戏的环境及材料投放评估表

板块内容 (体能锻炼、自主游戏等)	指导内容				备注说明
	丰富性 (环境及材料是否种类多样,数量充足等)	目标性 (环境及材料是否能满足幼儿不同阶段、类型、内容、发展等方面的需要)	探索性 (环境及材料的使用频次是否高,是否有层次,可挑战,有创造性等)	趣味性 (环境及材料是否激发幼儿兴趣、幼儿是否爱玩等)	
指导建议					

注:"指导内容"记录呈现可针对一个区域或多个区域中的优势与问题,"备注说明"包括指导时间、追查时间、与谁反馈等内容,"指导建议"针对发现的问题提出改进建议。

表 6-17　深入班级指导·户外运动游戏的教师支持评估表

板块内容（体能锻炼、自主游戏等）	指导内容				备注说明
	教师站位（教师站位是否合理，是否既能关注整体又兼顾重点观察对象等）	介入时机（何时采取现场指导，时机是否恰当，是否有干预游戏倾向等）	介入方法（采用的是显性还是隐性的方法现场支持，方法是否有效等）	支持策略（游戏中的支持是否多以观察为主，以拍照、录视频方式捕捉发现、游戏变化或问题等；游戏后支持是否引发持续探索、是否引发学习与发展等）	
指导建议					

注："指导内容"记录呈现教师支持的优势与问题，"备注说明"包括指导时间、追查时间、与谁反馈等内容，"指导建议"针对发现的问题提出改进建议。

五、深入班级指导的方法

有效的方法是推动深入班级指导质量的关键，保教管理者要根据不同目的、对象和实践采取不同的方法深入班级指导，促进教师专业发展。

（一）平行扫描式指导法

保教管理者借助平行扫描式指导法深入班级指导可以全面地了解教师整体的工作状态和教育现状。尤其是指导职初期教师开展幼儿生活活动的方式方法，利用此方法很是有效。例如，开学初，保教指导的重点落在了班级幼儿习惯的养成上，教师是否能激发幼儿学习生活能力的兴趣，是否能采用多种路径有效支持幼儿在掌握方法的同时，持续运用在生活之中呢？带着这样的思考，保教管理者每日深入班级都会以平行扫描式指导，用"看—听—跟"三步法来全面了解教师实际工作情况。"看"是观察教师在组织幼儿生活活动中，是否有计划、有条理地指导幼儿进行生活活动。"听"是了解教师在组织生活活动时，是否运用儿歌或童话语言巩固和强化幼儿对基本生活技能的方法掌握。"跟"是跟随教师的步伐，了解教师组织生活活动时，几位教师的站位定点是否既能照顾全面又能兼顾个别。随后保教管理者再实施有效的复盘，和教师同步回顾组织生活活动过程，通过教师的引导和幼儿的生活常态去分析引导是否具体且恰当，幼儿在生活中会用哪些生活基本技能等问题。保教管理者应不急于指导与介入，更多用于观察和梳理问题，使教师能自觉捕捉不具体的引导、缺乏趣味的指导及幼儿行为的常态等，驱动教师形成自我反思模式。教师在主动思考中重新梳理方式方法，革新方法与策略，学会在观察与指导中帮助幼儿在趣味游戏中掌握洗手、叠衣服、穿脱衣服、用餐具等方法，日常能以多频次提示与指导相结合的形式帮助幼儿加强记忆，使其从中获得自我服务的成功体验，从而主动自我服务。

（二）专项聚焦式指导法

根据教学或研究的某个重点，进行有目的、有计划的重点分析、识别分析，这是专项聚焦式指导法的重点内容，尤其对于指导教师教育教学活动十分有效，如家长分离焦虑问题的优化、职初期教师组织教学活动的策略问题等。对于职初期教师组织教学活动的问题，保教管理者深入指导的重点在于引领教师关注幼儿在活动中是否对活动持续感兴趣，活动能否引发幼儿产生强烈的话题感，活动中幼儿是否愿意主动思考并积极化解问题等。采用专项聚焦式深入指导能很巧妙地进行"焦—教—交"，帮助教师找到方法。"焦"是与教师共同聚焦教育教学活动设计与组织的核心经验，反观自己组织的教学活动是否有价值，复盘在教育教学活动中，使用的教法和学法是否有效支持幼儿深度学习。"教"是借助保教管理者的亲自示范或模拟讲解，使教师在亲身体验、直接感知中掌握支持幼儿自主学习的有效方法策略，从而提升专业水平及能力。"交"是"放权"给幼儿，让教师在与幼儿共同体验、探究中，享受解决问题的乐趣，从程序化完成活动向基于儿童视角转变，在师幼互动中与幼儿一同感受深度学习的乐趣。聚焦专项，直击根源，促使深入班级指导更见实效。

（三）分段评估式深入班级指导法

在深入班级指导中，为了能准确了解各阶段教师开展班级工作的情况，保教管理者有时会采用分段评估式指导法。此法顾名思义，就是有计划、有目的地将指导任务划分出几个节点，一般分为三段。第一段为了解教师开展某项工作的规划与预设进程，针对规划内容提出合理化建议，指导完善预设内容，使预设能有效支持幼儿自主学习。第二段为识别判断教师推进实际情况，引导教师梳理进程，分析进展与预计是否有偏差，为什么会出现延迟等，引导教师定位适宜的方法策略，从而提升教师效能。第三段为引导教师复盘某项工作内容，使其在自我反思中系统梳理经验，如借助思维导图或图表进行表征，使教师在反观中形成有效策略。例如，班级教育环境的指导，使用此指导法能帮助教师有效发挥环境育人的隐性作用。在大班开展的主题活动"寒冷的冬天"中，保教管理者通过进班看主题环创和教师交流主题设想及规划，了解到一开始教师认为幼儿的关注点在于冬天的颜色、冬天的水果、冬眠的小动物等，此时不以评价为导向，而是以示范引领利用过渡环节与班里的幼儿及教师一起讨论这个话题，透过交谈使教师发现幼儿热衷的话题是"怎么样能让花不凋谢""早上我的嘴巴里为什么吐出白雾呀"等，由此引发教师自我觉醒并及时调整主题规划。教师开始与幼儿深入交谈，通过几次谈话找到思路，积极听取幼儿的声音，来推进主题活动。教师通过参与话题的方式发现幼儿感兴趣的事物。接着在一周后，保教管理者会采用追问与观察活动的方式评估教师开展主题活动的进程，梳理问题点诱发教师思考的主题活动走向是否让幼儿保持深度探究，帮助教师辨识问题，调整主题活动进程。随后在隔周后，保教管理者会走进幼儿之中来评估活动后的成果，检验教师的教育路径及策略是否有效支持幼儿深度学习，从而对教师提出合理化建议，帮助教师梳理主题活动中的不足等。由此可见，三段式分段既能使评估有针对性，又能留出空间使教师积极尝试有效路径支持幼儿深度探究，促使教师在不断审视中提升反思能力。

（四）个案追踪式深入班级指导法

深入班级发现某一个连续出现的问题，对其进行逐步剖析的过程，就是个案追踪式深入班级指导法。此法关键在于对个案的连续性递进式的关注，例如，中班有一名过于"活泼"的幼儿，每次户外活动时，总是游离在班级之外，这让班里的教师很头疼，在组织户外活动时也经常出现自乱阵脚的情况。为此，为了有效帮助教师化解难题，保教管理者可运用个案追踪指导法，此法归纳为四段式"观察现象—评估问题—方法尝试—检验成效"，形成闭环模式，从而找准突破口。对这名幼儿，保教管理者不断尝试，发现他特别喜欢玩球，只要有球就能安静下来，跟随教师参与活动。因此，保教管理者及时指导教师利用他喜欢球这一特点，慢慢走进他的世界，让他接纳教师，使他愿意和教师一起游戏。就这样，每次户外活动时保教管理者都去了解情况，并适当提出有效建议或方法，支持教师继续解决问题。一段时间下来，这名"活泼"的幼儿不再利用大声喊叫和无目的奔跑来吸引教师的注意了，能跟随教师融入集体活动。教师的教育行为也发生了改变，不再过多要求他，而是为他多留一些空间，甚至因为他喜欢玩球，在户外活动中特别增加各种球类游戏来吸引他的注意。教师的后期指导也转化为倾听与欣赏，不再专注问题，能欣赏他为班里带来的独特之处。这也使深入班级的指导变得更有意义。

（五）问题导向式深入班级指导法

问题分为共性问题和个别化问题，不同的问题采用不同的指导方式。尤其是区域游戏指导，很容易出现共性问题和个别化问题，因此使用此方法显得尤为重要。此法重点在于识别问题和解决问题，如共性问题，解决职初期教师出现的经验少、问题多的现象。保教管理者应先梳理问题类别，并系统地、有针对性地和教师一起复盘区域游戏情境，使教师及时发现问题，积极尝试改进策略，促进教师专业不断成长。针对个别化问题，保教管理者要采用诊断分析了解教育行为背后的出处，找寻出口，破解难点，促使教师辨识问题，找到根源。例如，开学初，班级里投放了大量新玩具，但教师在区域指导中并未关注到玩具怎样玩、有多少幼儿不会玩、哪些玩具又不太适宜现阶段玩等，区域指导偏表面化。因此，保教管理者可以利用区域时间进行观察，用离园后的时间以体验式教研的方式，使教师发现玩具的多样性和适宜性，从而回顾幼儿游戏的状态，模拟游戏，知道观察与支持幼儿游戏的重要性；对区域指导的方法展开探究，发现对幼儿的支持不单单是投放材料，陪伴游戏，而是需要不断丰富幼儿游戏经验，不断熟悉材料，合理支持，才能使幼儿不断深入游戏，使其在积极探索游戏中不断发展。保教管理者在实践和研究中，应以相互对接的方式引导教师在关注问题、解决问题中学会观察幼儿的玩，发现幼儿的学，在分析与诊断中有效支持幼儿不断发展。这是问题导向式深入班级指导的关键。

第七章

家园共育支持幼儿有效学习

家园共育，即家庭和幼儿园共同完成对孩子的教育。家园共育既不是所谓的一方主导与另一方的"协作"，也不是传统概念上的"家长工作"，而是家长和幼儿园之间相互配合、相互尊重，以促进孩子的身心和谐发展为共同目的而实施的一种教育实践活动。

幼儿园和家庭是幼儿学习与发展的两个重要场所，教师和家长都是幼儿学习与成长过程中的重要他人。幼儿的学习就是在成人的引领下，积极主动地有效应用学习资源、学习策略的加工过程。因此，家园沟通对幼儿的成长发挥着重要的影响。

幼儿园要充分发挥协同育人的主导作用，及时做好家园沟通，加强教育指导，以助推幼儿的有效学习和健康、全面发展；家庭也要履行家庭教育主体责任，提高家庭教育水平，主动协同幼儿园教育。家园共育大致可以分为以幼儿园为核心的家园合作活动和以家长为核心的家园合作活动两种模式。其中，以幼儿园为核心的家园合作活动的主要目的是让家长了解孩子在幼儿园内的各方面的表现，了解教师是如何教育孩子的，通过观察教师的教育行为和孩子的表现，反思自己的家庭教育的内容和方法；同时充分发挥家长的教育资源作用，支持幼儿园的教育活动。以家长为核心的家园合作活动，是指"为了提高家长素质和家教质量，对家长的家庭教育提供帮助和进行指导的过程。家长既是受教育者又是教育者，一方面，他们需要向亲职教育的指导者学习科学的家庭教育方法；另一方面，他们又要把学到的东西运用到自己的家庭教育实践中"[①]。

---

① 田栋天. 我国学前儿童亲职教育研究[D]. 成都：四川师范大学，2011.

第一节　定位家园沟通主题　关注幼儿有效学习

《中华人民共和国家庭教育促进法》的颁布，赋予了幼儿园和教师以专业的教育知识和教育智慧创造性地开展家庭教育指导的使命和责任。幼儿园和教师关注到幼儿有效学习对其终身发展的奠基作用的同时，也要通过家园沟通，启迪家长关注幼儿的有效学习，以理性心态正确看待幼儿的成长过程，从而更好地通过家园共育促进幼儿的有效学习。

一、树立正确家庭教育观，奠定有效学习的基础

幼儿园阶段，许多家长因工作繁忙、家务琐碎等原因，会放任幼儿按照"船到桥头自然直"的错误理念"自由"生长，因而错过幼儿期这个对于人的发展有着重要奠基作用的重要时期，对幼儿的发展产生不良影响。还有很多家长因缺乏专业的育儿理念和知识而导致其以传统意义上的思维模式教育幼儿，认为幼儿"学会唱几首儿歌、能读几首古诗"便是好的，忽视了幼儿自主、合作的探究式学习过程，忽视了幼儿学习思维和学习品质的发展。通过家园沟通和协作，构建和谐、统一的家园工作体系，树立正确的教育观念，能够帮助教师和家长共同学习关于幼儿学习与成长的规律、理念、专业知识和方法，为更好地促进幼儿的有效学习储备知识。

辰辰不一样了

中班第一学期，班里有位辰辰小朋友，他的行为表现引起了班里老师的关注。老师在持续的观察中，发现辰辰在集体教育活动时在小椅子上安静倾听和等待的时间不超过 3 分钟，就会开始自由活动，有时会坐在地上玩，有时直接进入活动区域，甚至还会跑到睡眠室玩捉迷藏的游戏。在户外活动中辰辰也是喜欢单独玩，要玩自己喜欢的玩具。老师提供的玩具不是他喜欢的玩具时，他会通过哭闹的方式表达自己的不满，甚至会在户外场地跑来跑去，直到找到自己喜欢的玩具为止。老师和辰辰沟通时，他会表现出转过头或者向你吐口水，甚至不文明的语言行为。针对辰辰的行为表现，老师及时与家长进行沟通，了解到辰辰从小和奶奶一起生活，每天由奶奶照顾和陪伴，爸爸妈妈陪伴的时间非常少。爸爸妈妈对孩子的情况了解得也很少，妈妈只说："孩子脾气非常拧，他想要的东西必须得给他，不然他会一直闹。我们一直觉得他就是皮，男孩子皮点儿没事，他吃好长结实就行。我们忽视了对他的教育。"通过了解辰辰的家庭情况，老师分析辰辰出现的行为与家庭的陪伴和教育有很大的关系。首先，家长的陪伴太

少，对于幼儿的成长关注少，不了解幼儿成长中的需求和容易出现的问题，在幼儿需要正确的指导时家长却缺位了，导致幼儿不知道正确的行为表现应该是什么样的，所以会出现各种不遵守规则的情况。其次，奶奶"隔辈亲"，不管辰辰提出什么要求，甚至是不合理的要求，都会满足，导致辰辰在需求得不到满足时会发脾气。最后，家庭环境对幼儿的影响也很大。辰辰妈妈说道："自己有时候着急，情绪控制不住，会出现不文明的语言行为，可能孩子无意中听到就开始模仿了。"通过沟通与分析，老师也为辰辰的家长提供了教育建议和教育策略。每天必须有效陪伴幼儿一小时，包括陪幼儿一起阅读，在阅读的过程中培养幼儿的专注力和耐心，和幼儿一起玩益智类游戏，尤其是互动类的游戏，增强亲子关系，满足幼儿的情感需求，建立安全感。每天陪幼儿进行户外运动，在亲子活动或游戏前提出规则，如阅读时必须认真读完一本书，读完后进行简单复述，游戏中选择好游戏材料后，就不能再进行更换，每个游戏必须坚持十分钟等。通过制定规则，培养幼儿的规则意识，发展社会性行为。家长还要为幼儿创造良好的家庭环境，从自身做起，有良好的语言习惯和行为习惯，为幼儿树立榜样。在班级里，老师为辰辰制定了一份活动清单。在完成和其他幼儿集体的活动后，老师也会适当满足他的游戏需求，循序渐进地培养他的规则意识、社会交往意识和集体意识。同时，每天老师也会与辰辰家长进行沟通，双向反馈辰辰的情况。经过一段时间的实施，老师发现辰辰变得不一样了，入园时会主动和老师、小朋友们打招呼了，能够和小朋友们一起进行绘画活动、科学活动，愿意主动与他人分享他的作品。辰辰妈妈也给老师打电话说："辰辰真的不一样了，愿意和我们聊了，也能每天坚持阅读了，谢谢老师的关注和引导。"孩子的进步是老师最开心的事情。看到辰辰的进步，老师更加意识到家园沟通的重要性、家庭教育能力的价值，以及教师家庭教育指导能力的重要性。只有帮助家长树立正确的家庭教育观，老师才能帮助幼儿形成良好的行为习惯，为幼儿的有效学习奠定基础。

（案例作者：北京市大兴区第五幼儿园　李绵绵）

二、育儿经验分享，落地有效学习

幼儿的有效学习是在与外界环境的互动中，在成人的有效引导中形成的。当幼儿园和家庭的教育目标、引导方向相统一时，家园形成合力，使幼儿不论在家还是在园都能受到统一的教育和引导。因此，加强家园间的沟通，明确家园共育的目标，能更好地构建促进幼儿有效学习的路径，从而更有针对性地促进幼儿的有效学习。

（一）家长云电台，引领幼儿有效学习

新媒体时代，家园共育的形式逐步由线下转到线上。尽管形式发生改变，但家长对幼儿成长的关注度仍旧不变。为此，幼儿园可以通过组织"家长云电台"，更好地发挥家长的能动性，给予"专家型"家长介绍自己教育经验的机会，引发家长的共鸣，促进家长教育观念的转变，促使家长更多地关注家庭教育对幼儿发展的影响，从而更多地反思自己的教育，更多地参与对幼儿有效学习的引导。

（二）家长论坛，分享家长育儿经验

家长论坛，是家长根据幼儿园提供的论坛话题，梳理自身家庭教育方法，通过幼儿成长案例的形式呈现给家长朋友们的家园共育形式。它是供家长展示自己教育经验、分享自己教育方法的平台。

在开展家长论坛的过程中，可以重点聚焦在家庭教育中，家长是如何促进幼儿的成长和发展的话题。家长通过创设适宜幼儿有效学习的家庭教育环境，通过与幼儿间的互动，通过语言、动作、陪伴等形式的引导，促进幼儿的学习和发展。当然，幼儿园作为专业的教育机构，要在家长梳理出的案例基础上帮助家长进行教育方法、教育策略的总结，更要让家长直观地看到家长对于促进幼儿有效学习不可忽视的重要作用。

第二节　家长参与课程建设　聚焦幼儿有效学习

一、家长出谋划策，共同建构主题活动

班级主题活动的选择、活动设计与活动的开展对幼儿的发展具有重要的价值。主题活动能够丰富幼儿知识结构，帮助幼儿积累生活经验，提高幼儿动手能力和解决问题的能力，促进幼儿有效学习。教师不仅是主题活动选择与设计的主导者，还要为家长赋权，让家长积极参与主题活动的制定，真正参与幼儿园课程的实施，深入融入班级活动。家长只有了解班级的活动，才能够为幼儿提供物质和精神支持。

中班主题活动"小鸡来班里了"

教育源于生活，生活中的事物都可以成为探究的对象。在一次班级分享活动中，然然和班里其他孩子分享了自己家里养了两只小鸡，还描述了自己是如何照顾小鸡的。孩子们听得津津有味，还分别提出了自己的问题，如"小鸡能叫吗？""小鸡是怎么走路的？""小鸡喜欢吃什么？"等。回家后孩子们带着这些问题和爸爸妈妈分享了这件事。于是很多家庭都开始养起了小

鸡，还在班级群里分享了孩子们照顾小鸡的视频。家长们在群里纷纷留言："老师，看来孩子们非常喜欢小动物，想去了解小动物的饮食、习惯，想要照顾小动物。""孩子们喜欢探究生活中有生命的事物，也能激发他们热爱小动物的情感，我们可以和孩子们一起探究。"于是在孩子们的探究兴趣下，在家长们的支持和鼓励下，班级开展了主题活动"小鸡来班里了"。

为了满足幼儿的探究欲望，深入了解孩子们的探究兴趣，班级制定了调查问卷，请家长和孩子们共同完成。问卷内容包括"我想研究的问题"、"我制订的研究计划"及"我需要的帮助"。家长需要和孩子们共同商量讨论，选择自己最想研究的问题，并进行前期的查阅资料、观察，进而制订属于自己的计划。在这个过程中，孩子们在家长的帮助下，学习利用工具查阅资料获取信息，学会如何有针对性地观察，掌握观察的基本方法，达到有效学习的目的。经过对全班家长和孩子们的调研，老师梳理总结了孩子们的探究问题，并形成了相应的实施路径（图 7-1）。

（案例作者：北京市大兴区第五幼儿园　李绵绵）

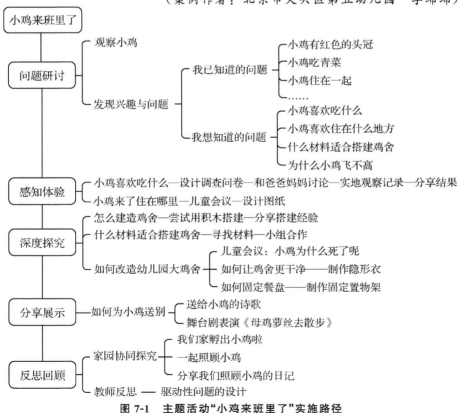

图 7-1　主题活动"小鸡来班里了"实施路径

二、提供资源支持，满足活动需求

家长资源的利用是家园合作形成教育合力的有效手段，发挥家长资源的优势开展主题活动，能更好地促进幼儿有效学习。在参与课程建设的过程中，家长可以提供相应的物质支持，也可以充分利用自己的专业优势为幼儿创设有利的学习环境，以有形和无形的方式陪伴幼儿的成长。

"走"进新机场

家长社团是近些年来被幼儿园广泛关注和使用的家园共育形式。幼儿园注重挖掘家长中优质的教育资源，根据家长学历、职业、特长等优势，进行家长社区招募活动，充分发挥家长在幼儿成长和家园共育中的重要作用，深化家园互动，逐步构建三位一体的教育模式，共同为幼儿的有效学习提供支撑。

孩子们喜欢谈论自己去过哪里旅游，坐过的飞机是什么样子的。于是，老师引导孩子们对自己的旅游故事进行讲述，引发了孩子们对"大飞机"及身边的大兴机场的兴趣。家长社团里小河马的爸爸正好在大兴机场工作，老师将孩子们对机场的兴趣点与他进行沟通后，他表示虽不能带孩子们亲自进入机场，但可以通过线上直播的形式为孩子们展示机场内部结构。于是，在线上直播厅里，孩子们"走"进了新机场，并在专业解说员的指引下看到了机场的停车场、候机楼、运输区、购物区、安检区、购票托运行李区等不同的区域，简单了解了新机场航站楼的内部结构，还近距离地看到了漂亮的大飞机。直播结束后，孩子们还根据视频里的所见，画出自己心目中的大飞机和机场，并送给了小河马的爸爸。家长通过自己的职业优势帮助孩子们了解了感兴趣的大飞机。孩子们在家长的介绍、老师的引导下，构思新机场和大飞机，主动进行了有效学习。

（案例作者：北京市大兴区第二幼儿园　翟慧怡）

三、及时交流评价，看见幼儿成长

交流是促进学习发生的有效手段，家长的交流反馈是优化课程建设的基本途径，也是促进幼儿有效学习的路径。交流反馈不仅包括家长与教师的互动、家长与幼儿的互动，还包括家长对活动的评价。对活动中幼儿的表现、变化和成长做出一定的评价，这是家长深入参与课程建设的表现，也是对幼儿成长的见证。只有深入参与课程建设，才能让幼儿的有效学习发生。

主题活动"二十四节气"

季节的变化为自然万物变换外貌，孩子们追随季节的变化，在班级开展了主题活动"二十四节气"。老师先找出了白露、秋分、寒露和霜降四个节气，然后根据节气的思维导图，和孩子们一起梳理节气的习俗、特点及节气的气候等，最后根据孩子们的兴趣特点，选取其中的一项或者两项风俗习惯开展教育活动。例如，白露时节，老师选取了采棉花、做棉花，让孩子们通过制作棉花来感受节气特点；秋分正是秋收时节，老师主要通过鼓励家长带孩子们去田里体验感受丰收的喜悦，带领孩子们寻找观察秋天的落叶果实，并与孩子们一起制作属于自己秋天的作品。家长们在活动过程中积极分享自己对活动的看法，有的家长说："活动很有意义，既让孩子们了解了不同季节的特点，以及适合做的事情，又锻炼了孩子们的动手能力，让孩子们体验到乐趣。这些活动的开展，从德智体美劳各方面培养了孩子们。"还有的家长提到了自己的期待："希望幼儿园以后结合社会实践和幼儿特点，开展更多丰富多彩的活动。"有的家长分享了自家孩子的成长变化："阳阳变得比以前更大胆了，爱说了，以前问在学校的事情都不说，现在喜欢主动和我们分享在学校做了哪些活动，探究了哪些有意义的事情。我们能真真切切地感受到孩子的成长。"老师在家长的交流分享后也及时回复家长的反馈，双向沟通营造良好的班级氛围，为孩子们的有效学习创设积极的环境。

（案例作者：北京市大兴区第五幼儿园　李绵绵）

第三节　构建专业家长课堂　引领幼儿有效学习

成功的幼儿教育，离不开教师的专业引领，更离不开家长的科学陪伴。提高家长科学育儿的能力，是实现家园共育，引领幼儿健康成长，助力幼儿有效学习的保障。作为幼儿园，要积极构建专业的家长课堂，通过聘请幼儿教育专家、育儿书籍推荐共读、育儿经验讨论等活动形式，将科学的儿童观、专业的育儿知识向家长进行传递，引发家长的教育共鸣，提升家长科学育儿的知识储备和能力储备，实现家园教育目标的统一性，助推家园共育的质量提升，实现家园共同引领幼儿有效学习的共育目标。

一、家长好书推荐，共读共研齐成长

家长的支持不仅仅是为幼儿提供物质支持，还包括家长的专业支持，如家长通过好书推荐的活动，在班级内营造良好的学习氛围，家庭推动家庭，共同为幼儿的有效学习提供精神支持。

好书推荐，让陪伴更有意义

为了更好地构建班级学习氛围，幼儿园开展了"好书推荐"的活动，请家长每人推荐一本好看有意义的幼儿读物。在这个倡议发起后，家长都积极响应。有的家长还会私信班级教师，询问推荐的读物是否合适，可见家长对班级工作的支持，对孩子的用心。家长分别推荐了图画书《自然百科》《恐龙时代》《再见了，小怪物》等。家委会的家长负责将家长推荐的书目整理并进行分类，包括情绪类、社会交往类、科普类、健康运动类。家长自愿选取其中的图书每天在群内发起领读，带领孩子们共读，读后进行简单的分享，激发孩子们表达的欲望，提升孩子们的表达能力。

（案例作者：北京市大兴区第二幼儿园　李征　魏晓娇）

家园能量站，让陪伴更温暖

幼儿园通过家长问卷调查、家长访谈等形式充分挖掘家长中的优质教育资源，建立家园能量站。第一期家园能量站，将家长和孩子们共同感兴趣的亲子活动分为以科学探索活动为主的"创意空间站"，以亲子共读培养幼儿阅读兴趣为目的的"故事大放送"，以共享游戏快乐为目的的"乐动童年"等板块。老师和家长利用早来园和晚离园的时光一起聚焦活动内容，一起陪伴孩子的成长，在欢声笑语和温馨陪伴下共同助力孩子们的成长。新媒体时代，家长能量站活动从线下改到线上。线上"家园能量站"，利用家长资源开展家园共育活动。结合家长的职业特点，本着家长自主、自愿的原则挖掘家长资源，根据家长的职业特点成立"家长资源库"。围绕"社会大课堂""安全主题教育""爱国故事"三方面内容，通过录制微视频、爱国故事音频等"线上参助"的形式，让家长参与幼儿园的教育教学活动，促进家园在有限的空间内进行无限的沟通，通过家园共育的途径促进孩子们的学习兴趣与学习能力的提升。

（案例作者：北京市大兴区第二幼儿园　李征　魏晓娇）

二、家园研习社，聚焦幼儿有效学习的途径

家园研习社，是家庭和幼儿园共同研究和学习的组织。构建家园研习社，加强家园间的交流沟通，能更好地聚焦幼儿的学习和成长过程，通过共同学习达成共识，实现共育。

共读，作为新型的学习组织形式，更加聚焦主题，学习的针对性更强。

在家园沟通的过程中，也可采用共读的形式，聚焦幼儿成长和发展过程。通过开展主题式的共读活动，教师和家长共同学习关于幼儿有效学习的相关知识，统一教育思想，从而进一步理解促进幼儿有效学习的意义。

（一）共读理论书籍，统一教育思想

书籍不仅能带给我们知识，更能带给我们思考。如果给家长推荐育儿知识类的图书，家长往往会作为任务被动学习，热度不过三分钟。通过组织家长读书会的形式，教师和家长一起共读育儿书籍，能够使其了解幼儿有效学习的相关知识，明确促进幼儿有效学习对其终身发展的意义，并在沟通和分享中产生思想的碰撞、理念的统一与教育观点的统一。

（二）共读教育案例，明确教育目标

家园共读中，还可以通过共读教师的教育案例来实现家长对幼儿园教育目标的理解。在共读中，家长能够通过教师的案例描述了解到教师是如何引导和促进幼儿有效学习的，教师实施了哪些指导措施和教育策略来促进幼儿的有效学习，进而迁移到家庭教育环境中。在共读教师案例时，家长也能更真实地感受到教师在与幼儿进行交流时的专业视角、对幼儿的尊重和呵护，以及教育引导的方式，从而提升家长对教师的信任度和认可度，以此促进家园更好地合作。

（三）共读图画书故事，挖掘教育价值

图画书因其独特的故事呈现方式、蕴含的丰富教育价值，而被幼儿、教师和家长所认可。图画书能够为人们提供一种认识世界的独特视角，同时图画书教学也是实现幼儿园五大领域教育相互渗透、有机整合的一种有效途径。[①] 在组织图画书共读的过程中，组织者要注重对图画书内涵的挖掘。通过挖掘其中蕴含的教育价值，引发家长、教师及幼儿的共鸣，从而实现家园共育，促进幼儿有效学习。例如，在主题活动"好玩的皮影戏"中，幼儿选择《西游记》作为剧本，并选择了其中五个章节故事。为了更好地理解故事内容和情节，我们开展了亲子共读活动。通过分享，我们共同预设了亲子讨论问题："章节中最喜欢的片段是什么？""在这一章节中师徒四人遇到了什么困难？""孙悟空使用了什么本领？""他们是如何化险为夷的？"在读完所有的章节后，请幼儿选择一个自己最喜欢的章节，并说明原因；再说一说在《西游记》中自己最喜欢的人物是谁，为什么喜欢，他在取经的过

---

① 刘江艳. 幼儿园绘本教学的价值与实施策略[J]：学前教育研究，2015(7)：70-72.

程中做了哪些事情，他身上有什么品质值得我们去学习，为什么不选择其他的人物。通过亲子共读，家长重新看到了幼儿自我的力量和能力，了解到了与幼儿共同进行有效学习的意义和途径，也提高了幼儿的阅读兴趣、阅读与表达能力、对信息进行整合的能力及批判性思维。

亲子故事盒子主题活动"小盒子，大世界"

为提升幼儿阅读兴趣，以"好书推荐"活动为契机，幼儿园开展了故事盒子创意大赛。活动初期是在老师之间开展的，老师们依据孩子们的年龄特点及班内近期流行的故事书，制作了生动形象的故事盒子，并邀请孩子们及家委会成员作为评委，为故事盒子打分、点评。随后，老师们把故事盒子投入班内图书区，引起了孩子们浓厚的兴趣，继而催生了亲子故事盒子大赛。孩子们和家长运用废旧纸盒、彩泥、彩纸、毛根、石头等丰富的材料，通过剪、贴、拼、画等各种方法，共同制作故事盒子。在亲子故事盒子展览中，有孩子们熟悉的经典故事《小蝌蚪找妈妈》《小红帽》《三只小猪》《猴子捞月》《蚂蚁和西瓜》，还有中华经典名著故事《西游记之三打白骨精》《西游记之大闹天宫》及红色故事《董存瑞炸碉堡》《王二小放牛》《鸡毛信》等，内容丰富，生动立体。在亲子故事盒子大赛评比展览过程中，孩子们兴奋不已，看到自己喜欢的作品时，还不忘给旁边的爸爸妈妈讲一讲。孩子们向来看展的其他孩子和家长一遍一遍不厌其烦地讲解着自己的故事盒子。

亲子故事盒子大赛，不仅让平面的故事人物活了起来，丰富了孩子们的故事世界，充分调动了孩子们的阅读兴趣，提升了孩子们语言表达能力、逻辑思维能力及社会交往能力，而且有助于增进亲子关系，让家长在活动过程中看到孩子们的力量和能力。

（案例作者：北京市大兴区庞各庄镇中心幼儿园　李明明）

三、家园辩论会，提炼幼儿有效学习的方法

家园辩论会，是家园共育的创新组织形式。它是家园双方通过一个或几个话题的意见辩论，最终形成更加适宜幼儿发展，更能促进幼儿主动学习和发展的家园共育方式。

组织家园辩论会，需要教师提前收集关于幼儿发展、学习、家庭教育等方面的案例、做法，并通过专业理论知识的支撑、实践经验的阐述等方式进行，最终目的是在辩论中用专业的知识引发家长的共鸣，使其转变自身教育观念，更好地形成教育合力，共同努力为促进幼儿有效学习提供支撑。

教师可以通过开展"幼儿教育之我见""假如我是孩子""如果是我的孩子""当孩子遇到这种情况你会怎么做"等多主题、多角度的辩论，引导家长换位思考，互相交换建议，实现教育思想在辩论中的升华，教育方法在辩论中的提升，最终共同提炼引导和促进幼儿有效学习的做法。

假期期间，幼儿如何有效学习？

在假期期间，很多家长不知如何在家带孩子进行有效学习，有的家长提出"假期就是让孩子们玩，想怎么玩就怎么玩"，有的家长认为"假期期间是充电加油的时期，正好利用这个时期给孩子学习的机会"，针对家长的两种观点，班级开展了"线上辩论会"，以这种形式讨论假期期间幼儿有效学习的方法。在讨论中，正方提倡玩的家长指出："我们所说的玩也是有意义的玩，玩游戏，玩玩具，在玩中享受快乐，感受乐趣。"在讨论中有家长分享了小案例："我身边一个小朋友画的画，主题是'我的爸爸'，她画的爸爸拿着一个手机躺在沙发上，手机画得很大。当时看见后给我触动还是挺大的，我也反思自己，告诫孩子爸爸要进行有效和高质量陪伴。""假期在家的时间长，孩子会有小懒惰，会耍脾气，但父母要先调整好自己，以身作则，不要把小问题升级。我有时候控制不住，容易急躁。我也得努力改变，要耐心听孩子说，尊重孩子意见，犯错不要紧，要告诉她如何改正，孩子知道被理解了，就会听话了，孩子们都是聪明的，向善的。""平时我们在家跟孩子做手工，她剪雪花很上瘾，因为雪花的形状可以百变，每次剪出的图案都有新的惊喜。""在屋里踢气球，气球有静电，有时会踢到房顶上下不来，很有趣。""一家人一起玩棋牌游戏，能对数字认知有帮助，玩输了我们家孩子会生气，会哭，需要提前讲好规则。""一起做家务、一起进行户外运动，如户外滑雪就很好，但要戴好护具，做好安全防护措施。"有的家长提出了假期在家还要坚持每天准点上床睡觉，并分享了自己家的经验做法，如家里设定归家小条令，就是工作日固定1~2小时，周末2~4小时，孩子不看任何电子产品，大人放下手机，打开静音，和孩子一起做点儿事。这样家长就能做到有效陪伴，总说陪伴，但是不能时时事事陪伴，能在一段时间内，做到有效陪伴，对于大人孩子来说，都是有效活动。有的家长分享了成功案例："我们下班回家以后，确实累也乏。而且信息时代，其实我们也是被手机和电脑不停地支配。我们要放下手机，轻松一下，陪伴孩子，也能给孩子做一个榜样。我们家一开始也做不到，从20分钟到现在能坚持1~2小时，大概经历了七八个月。不过还是有成效的，孩子能找到除了电子产品带来的乐趣以外更多的东西，大人也能在这一小时内陪伴孩子，发现孩子的一些问题，还能够放松一下自己的心情。整体感觉还不错，所以想分享给大家，就感觉这样的小规则对大人孩子之间相互的了解，能多多少少有些作用。"

在辩论中，家长的意见逐渐达成一致，互相分享自己的经验做法，互相学习好的家庭教育方法和促进幼儿有效学习的方法，从有效陪伴开始，从做一个游戏开始，规划好作息时间，开展各种亲子游戏，一起做家务，进行户外运动等，在陪伴中与幼儿一起成长。

（案例作者：北京市大兴区第五幼儿园　李绵绵）

第四节　多形式亲子活动　助力幼儿有效学习

亲子活动是实现家庭教育同一性、密切亲子关系、促进幼儿发展的有效方式。在家园共育理念的引领下，幼儿园教师发挥自己的专业特长，通过组织主题探究活动、节日节气活动、爱国主义教育活动、半日开放、亲子运动会等形式的活动，多方位、多角度纵深推进亲子活动，提升家长参与幼儿活动的质量，切实发挥亲子活动促进幼儿有效学习的作用，实现家园共同为幼儿的发展助力添彩。

一、参与式亲子活动，拓展幼儿学习资源

参与式亲子活动，能够让家长在开展家庭教育或参与幼儿园组织的活动中，了解幼儿的学习、游戏及发展情况。通过教师的简单介绍和"参与任务"的布置，明确幼儿正在参与的活动目标及对幼儿成长的意义。在此基础上，家长通过自身的参与，积极陪伴幼儿一起探索、发现，拓展幼儿的学习资源，并通过实践逐渐掌握支持、引导幼儿有效学习的方法，感受促进幼儿有效学习对幼儿发展的重要意义，从而达到家园同步教育、协同促进幼儿发展的目的。

（一）参与式亲子活动的组织原则

在组织参与式亲子活动中，要把握以下几个原则。

1. 主体性原则

在家长参与幼儿活动的过程中，要在充分发挥自身引导优势的基础上，关注幼儿作为活动主体的地位，要充分调动幼儿参与活动的兴趣，积极引导幼儿通过观察、体验、猜想、验证等实践过程掌握和获得知识和技能，

但不能包办代替，剥夺幼儿有效学习的机会。

2. 互动性原则

在家长参与幼儿活动的过程中，要积极引导幼儿与周围的人、事物、环境等进行主动互动，在互动过程中获得发展。另外，不管教师还是家长都要认识到，幼儿的发展是需要循序渐进的，在幼儿与外界的互动中，要给予幼儿失败和试错的机会，不过分追求结果，更多关注幼儿在互动中的学习过程和点滴成长，在赞美和鼓励中促进幼儿积极互动，实现有效学习。

3. 全面性原则

在设计参与式亲子活动时，教师要注意家长和幼儿双方参与的广度和全面性，既要兼顾活动对于幼儿意志品质、情感态度、知识技能、社会交往、学习习惯养成等方面的培养要求，又要注重发挥幼儿参与的积极性，通过手眼口等多感官探索促进其主动获取知识。同时，既要满足家长的参与，又不失孩子在与周围人事物的互动中的有效学习，避免形式化的参与，提高亲子活动的质量。①

4. 实效性原则

在参与式亲子活动开展之前，教师要充分介绍活动开展的目的和意义，取得家长的支持，树立家长主动参与的意识。同时，教师要多主题、多角度安排活动内容供家长根据自己的关注点进行选择，合理安排亲子活动的时间，在不给家长造成负担的同时，促进亲子陪伴，保证家长的参与度。同时，教师要根据幼儿发展现状及活动需要创设亲子活动内容，让家长在参与幼儿活动的过程中，与教师的教育目标达成一致，从而实现家园共育，确保亲子活动的时效性，切实满足幼儿在近阶段的发展需求，提升幼儿有效学习的实效。

（二）参与式亲子活动的组织策略

在参与式亲子活动中，幼儿、家长、教师应成为活动的参与者。教师作为活动的组织者，应精心策划活动内容，协调教师、幼儿、家长三者的分工，明确三方在亲子活动中应遵守的"规则"、自身的职责等，确保高效率地开展亲子活动。② 家长作为参与者，要配合教师对幼儿进行有效的引

---

① 何秀英．关于幼儿园亲子活动教育价值的思考［J］．教育导刊（下半月），2005（3）：53-56．

② 徐莹莹，张璟．幼儿园家长开放日活动实施现状的调查与建议［J］．早期教育（教科研版），2016（3）：48-52．

导，激发幼儿参与活动的兴趣，提高亲子活动的质量，配合教师共同梳理总结教育孩子的方法策略，提高家园共育质量。幼儿作为活动的主体，能够在教师和家长的共同引导下，通过实践获得知识和技能，掌握学习方法，实现有效学习。

参与式亲子活动，在参与内容上可涵盖幼儿园一日活动的各个阶段。在参与形式上，可以单独参与，也可以家庭为单位形成小组式参与，亦可全员参与。教师可根据幼儿活动内容发布家长参与征集令，这样更便于不同活动的组织，以此确保家长参与的质量。当然，幼儿园亦可吸纳家长作为亲子活动的策划与组织者，转变教师与家长之间单向传输，家长只是被动的接受者的现象。

1. 家长资源式参与，保障幼儿有效学习

教育应来源于幼儿生活。家庭作为幼儿接受教育的第一场所，是开展生活教育的"主阵地"。在家园共育理念的引领下，幼儿园应与家长建立起良好的合作关系，充分挖掘家庭教育中蕴含的优质资源，丰富亲子活动的内涵，为幼儿开展深度的有效学习提供多方面的支撑。

主题活动"让家长'大显身手'"

中华民族历史悠久，中国传统文化博大精深，蕴含着古人们的智慧和丰富的教育价值。在开展传统文化主题活动中，不仅能更直观地帮助幼儿了解中国传统文化，弘扬文化内涵，还能赋予幼儿更多探索和发现的机会，促进幼儿的有效学习。

但在主题活动开展过程中，孩子们仅仅对节日吃食有接触，对于节气中的传统习俗、节气的意义、相关人物故事、不同地区的节日节气庆祝活动、地域差异等知之甚少。老师单人的知识储备肯定没有整个家长团队的丰富，因此，为了深入挖掘组织节日节气活动的内涵，满足孩子们对节日节气活动的兴趣和发展需要，幼儿园便充分给予家长"大显身手"的机会，挖掘家长的隐含资源，通过参与式亲子活动收集节日节气的相关知识，促进孩子们的有效学习。

活动前，老师需要向家长进行主题活动的介绍，促进家长对于节日节气活动的认知，明确家长参与和支持孩子们活动的内容。例如，端午节活动中，老家在南方的妈妈与孩子一起通过电脑、给老家人打电话、看图画书等多种方式收集整理了自己家乡的粽子与其他地区在包法、馅料等方面的区别，还亲手为孩子们制作了家乡的粽子。孩子向全班小朋友介绍和妈妈一起收集到的端午节知识时，端午节的知识便进一步内化了。孩子们初步了解了我国南北地区的差异、吃粽子的习俗及来源等，有效学习正在悄悄进行。

（案例作者：北京市大兴区第二幼儿园　翟慧怡）

老红军征集令——革命薪火代代传

在开展爱国主义教育过程中，单凭老师的说教会显得很空泛，不能激发孩子们的活动兴趣。为了真正培养孩子们对党和祖国的热爱，老师发布网上征集令，寻找"老红军"活动。征集令发出后，一位家长给老师打来电话，说家中孩子的太爷爷就是老红军。老师随即与老红军进行连线，在向老红军致敬后，把幼儿园正在开展的爱国主义教育活动向老爷爷进行了介绍。老人家听后也非常激动，表示现在的孩子们很缺乏这样的爱国教育，对他们这些为祖国奉献了自己的青春甚至生命的老一辈革命人了解得太少了。在一番沟通后，老爷爷主动将自己留存的参军时的服装、照片、军功章等让家长带到幼儿园，还录了一段视频讲述了自己参加革命的经历。同步进行的，是孩子们和家长一起搜集的红军的照片、衣服、草鞋等。爱国主义教育如火如荼地开展起来。

老师相信，当孩子们听着老爷爷讲革命，看着老革命们身上被枪炮留下的疤痕，感受穿着草鞋重走长征路的艰辛，再对照现在的幸福生活时，一颗颗爱党爱国的小种子已经悄悄种在了他们的心底。

（案例作者：北京市大兴区第二幼儿园　李征）

2. 家长理念式参与，提升幼儿有效学习的深度

通过家园共育促进幼儿的有效学习，不仅需要在行动上的努力，更需要家园双方在理念上的统一。因此，在参与式亲子活动中，教师要通过活动引领家长在教育理念构架上的参与，以此引发家长与教师的教育共鸣，形成家园教育理念和目标的高度统一，携手助力幼儿的成长，促进幼儿有效学习。

亲子共读，助力幼儿情绪管理

亲子共读，是家长参与孩子们读书学习的过程的教育方式。在家长与孩子们"平行"阅读的过程中，既能帮助孩子们初步养成坚持阅读的好习惯，亦可通过家长的陪伴阅读，引导孩子们在词语的积累、外扩知识、语感的加强等方面的发展，更切实促进孩子们的有效学习。

大班初期，部分孩子变得活跃且自我，情绪控制能力较弱，不会与同伴有效沟通，几句话就会"吵"起来。老师分配任务时会因为没有得到自己想做的任务而哭泣；区域活动时会因为自己的意见没有被同伴采纳而争执；户外活动时会因为自己的小组比赛输了而"奋起"反抗，慷慨激昂地约着放学后再"战"……孩子们的种种表现让老师意识到引导孩子们学习自己的情绪管理迫在眉睫。因此，老师从众多图画书中选择了关于幼儿情绪管理的《杰瑞的冷静太空》《杰克的担心》等，引导孩子们通过读图画书来反思自己的行为，讨论如何管理自己的行为。这样的共读活动，不仅仅在幼儿园中进行。老师还积极与家长进行沟通，了解孩子们在家的情绪管理情况，并通过家长参与孩子们共读的活动，引导孩子们反思在家里发脾气、耍性子时的表现，从而意识到好的情绪会带给他人快乐的体验，不好的情绪对于自己和他人的感受都不好，引导孩子们学会正确表达自己的情绪。在家长参与共读的过程中，双方都有了非常积极的沟通及情绪体验，亲子关系在共读中得到进一步提升，孩子们也在家长和老师共同的引导中尝试控制和表达自己的情绪和感受。

（案例作者：北京市大兴区第二幼儿园　冯文骁）

参与赋能，彰显各自力量

参与式亲子活动，因其参与广度和维度，受到幼儿园、家长和孩子们的喜爱。幼儿园结合家庭中不同身份家长特长及对幼儿成长带来的特殊意义，分别开展了不同主题的家长参助活动。在幼儿园组织的"妈到成功"活动中，妈妈们通过一个剪纸钻圈的小游戏，反思到自己被固有的思维模式所束缚的问题时，才发现，孩子们天马行空的方法太伟大了。原来，自己平时不用说的那么多，不用管的那么多，孩子们也能够用很多的招数解决遇到的小困难，自主学习，自主成长。"老当益壮"团队里，爷爷奶奶们带着孩子们一起玩起了他们儿时的小游戏，叠四角、跳皮筋、滚铁环、抖空竹。老人们和孩子们都沉浸在无尽的欢乐中。孩子们也在参与这些传统游戏的过程中感受到中国传统文化的博大精深。"爸气来袭"可谓是让老师和孩子们都眼前一亮的活动。很少陪伴孩子一起游戏、看书、运动的爸爸们难得在一起探讨几乎从不涉及的育儿话题。参与户外活动时，爸爸的一句"这个不高，我就在下面保护你，加油，儿子，走过来！"带给孩子坚定的自信；女孩攀爬很高的梯架时，爸爸温柔地伸出强壮的手臂，小心呵护着，给孩子内心注入无尽的力量，点燃了她勇敢挑战、无畏艰险的好品质。

（案例作者：北京市大兴区第二幼儿园　郭青）

3. 家长体验式参与，拓宽幼儿有效学习路径

幼儿的成长离不开社会大课堂的熏陶。家长作为社会大课堂中与幼儿关系最为亲密的互动对象，能带给幼儿丰富的社会生活体验、社会交往经验等幼儿园独立实施困难的活动内容的支撑。因此，教师要充分利用家长经验拓宽家园共育活动的广度，为幼儿有效学习提供多样的路径。

家园同行赋成长

社会实践活动，是家长参与幼儿园外活动的一种形式。孩子们走出幼儿园，开阔视野，锻炼体魄，增长知识。在老师公布"出行方案"后，家长可以在充分了解活动内容的基础上，根据自身经验引导孩子制订自家的"出行计划"，如梳理外出的注意事项、筹备餐饮、关注天气及服装等，帮助孩子们为自己即将参加的社会实践活动做好充足的准备。

在活动的过程中，家长全程参与孩子们的活动。每一项挑战活动，老师与家长共同鼓励孩子们克服各种困难，建立孩子们之间的团结意识，通过拓展活动锻炼孩子们的体能，促进孩子们身心健康发展，帮助家长建立陪伴意识。社会实践活动的趣味性、场地的特殊性更能吸引孩子们与家长参与的兴趣，同时也为家长与家长之间的交流搭建了很好的平台。中午的午餐环节，大家坐在一起，讨论着活动当中的趣事，也相互分享自己的美食，增进了孩子与孩子之间的友谊，家长与老师之间的关系。

整个活动从计划开始家长全程参与，尊重家长的意愿，制订可实施的计划，大大提高了家长对活动的参与度，也激发了家长参与活动的积极性。家长会有"主人翁"的意识，愿意将活动以最好形式呈现给孩子们，也会为自己的付出感到骄傲和欣慰，从而成为教育路上老师的同行者。

（案例作者：北京市大兴区第二幼儿园　翟慧怡）

4. 家长"云"式参与，促进幼儿有效学习

在组织亲子活动过程中，要充分考虑家长的参与度和参与兴趣。依据幼儿园亲子活动的内容、现实情况、家长自身工作情况等，多形式、多角度组织亲子活动，打破传统的参与形式，确保家长的参与度，实现家园共育统一战线的构建，在空间和时间上保障家长参与幼儿的有效学习。

"云"上相见，弥补陪伴的缺失

一些家长其实很想参与孩子们的活动，但由于工作忙等原因不能来幼

儿园，幼儿园又能做些什么来拉近亲子之间的关系，促进家园共育？在信息技术 2.0 的大背景下，在信息技术带给我们生活便捷和惊喜的时代，如何充分利用它开展家园共育活动呢？

在一次母亲节的活动当中，孩子们在老师的引导下，每人画了一幅妈妈的画，准备了一段自己想对妈妈说的话。老师与家长沟通好时间，以腾讯会议的方式与孩子们进行互动。到了约定的时间，妈妈们纷纷上线，准备迎接孩子们的惊喜。孩子们真挚的话语、充满童趣的绘画让妈妈们感到无比的欣慰，最后通过一首《萱草花》的歌曲将活动推向高潮。在孩子们稚嫩的歌声中，家长感受到了孩子们真实情感的表达。感动不已的同时，家长也纷纷表示虽然不能亲自到场参与活动，但是新形式的互动带来的感受更加惊喜，通过视频的形式参与孩子们的活动感到非常欣慰，同时也感受到老师对孩子们教育的用心，增进了与孩子的情感，更使得家长与老师之间拉近关系，共同为孩子们的健康成长做出努力。

（案例作者：北京市大兴区第二幼儿园　翟慧怡）

在参与式亲子活动的过程中，教师不仅要注意参与的广度，也要追求参与的深度；不仅要注意参与的过程性，更要充分挖掘参与的科学性；不仅要关注亲子双方的感受，还要提高家长对幼儿活动的关注和陪伴，从而实现家园共育的质量提升。

二、体验式亲子活动，丰富学习方式

体验式亲子活动，是集"体验"于"亲子活动"，即通过家长与幼儿共同参与、共同体验，从而了解幼儿的学习方式，引导其获得认知、情感和技能发展的一种活动形式。[①] 在体验式亲子活动中，家长能真正地融入和体验孩子的学习游戏过程，且更好地感受到成人的引导、帮助、鼓励等对幼儿有效学习和发展的重要作用。[②]

（一）体验式亲子活动的组织原则

在组织体验式亲子活动中，要遵循以下几个原则。

1. 体验内容的多元性

在组织体验式亲子活动中，教师要注意体验内容的多元性。从幼儿一

---

① 张雅慧. 基于开展体验式亲子活动试析如何提升家园共育实效[J]. 知识文库，2022(9)：13-15.

② 董艳娇. 昆明市 M 亲子教育机构中亲子体验式活动的研究[D]. 昆明：云南师范大学，2017.

日生活流程中的细小环节到幼儿园主题课程，从幼儿区域活动到户外活动，从知识获取到手工制作等，教师都可以组织家长与幼儿一起体验。教师要让家长在充分的体验中感受到生活中处处都是教育，每一个环节中孩子都能在成人的引导、自主的探索和同伴的交流中获得有效学习。

2. 体验过程的主体性

体验式亲子活动中，要注重家长和幼儿作为体验活动的主体地位的特殊性，教师要充分给予家长和幼儿共同体验的自由度，减少干预。教师要让家长和幼儿在自由的活动氛围中更自主地进行体验、交流、观察、思考，切实发挥体验活动对家长了解幼儿有效学习、促进幼儿有效学习的作用。

3. 体验结果的积极运用

在组织体验式亲子活动后，家园双方要及时对体验感受进行收集整理，从而更好地总结本阶段幼儿的发展情况，帮助家长掌握促进幼儿有效学习的方法；家长在陪伴幼儿游戏的过程中，亲子关系更加亲密，对家庭教育观念亦能产生更多的影响。

（二）体验式亲子活动的组织策略

体验式亲子活动的开展，教师可在前期调研的基础上，收集家长对于幼儿发展、幼儿园活动的兴趣和关注点，根据调研数据有针对性地组织开展主题式的家长体验日。体验式亲子活动在组织过程中，要充分考虑对于家园共育意义的提升。教师要通过多种形式的体验式亲子活动，让家长了解幼儿园的教育理念和培养目标，明确幼儿期不同阶段发展的重点目标及幼儿发展情况、认同幼儿园教育中使用的方法和策略，由此产生家园教育的共鸣。在组织形式上，体验式亲子活动可依据内容或主题进行划分。

1. 入园体验活动，缓解家长焦虑，形成统一目标

小班入园前，幼儿园常通过亲子入园体验活动，帮助家长提前了解幼儿在幼儿园一日活动的内容，初步明确幼儿入园后需家园配合引导养成的生活卫生习惯、自主表达等方面的内容等，以此缓解家长对幼儿初入园的担心和焦虑，便于家园形成统一的教育引导目标，共同助力幼儿尽快适应幼儿园的生活。

生活体验，缓解分离焦虑

在小班入园初期，孩子们的分离焦虑现象十分严重。家长也似热锅上的蚂蚁忐忑不安，心存疑虑：孩子在幼儿园都干什么，老师会不会不让孩子动？孩子什么时候去小便，不敢说怎么办，尿湿了有没有人发现？孩子

喝水没有，不会打开杯子怎么办？……家长心目中一连串的问号怎么解决？家长体验日便解决了所有的顾虑。家长"扮演"孩子，在老师的组织下参与幼儿园半日活动体验。老师通过抚摸"孩子"的头，拉拉"孩子"的手等温柔的动作，来缓解"孩子"因来到陌生环境的恐惧和焦虑。老师从幼儿园半日活动的流程及小班幼儿年龄特点、身体动作和习惯的了解为出发点安排活动，让"孩子"在"慢动作"中感受老师对孩子初入园阶段的温暖呵护，从而解决了家长心中的疑虑，初步建立家园间的信任。

通过家长的体验活动，家长们感受到老师是如何用自己的爱和专业耐心地提醒、及时地鼓励引导孩子逐渐适应幼儿园的生活，并逐渐尝试自主地进行生活和游戏。通过与老师进行角色互换，让家长在老师的提示下按照班级幼儿发展目标组织孩子游戏，从而深刻体验到老师的专业性和带这么多孩子的辛苦。入园体验活动缓解了家长的分离焦虑，使其与老师初步建立信任，从而更好地为家园共育促进幼儿的有效学习和成长奠定基础。

（案例作者：北京市大兴区第二幼儿园　李征）

2. 管理体验活动，更换教育角度，和谐亲子关系

在当今的家庭教育中，部分家长对幼儿的成长期望值超过幼儿的阶段成长指标。家长成为幼儿成长的主宰者、控制者，他们总是在"尽心尽力"地安排幼儿的学习、生活，"居高临下"地训导幼儿养成各种好习惯，呈现出权威无边、积极有为的态度。这样的做法与幼儿的成长背道而驰，不仅阻碍了幼儿的自然成长，更影响了家长在幼儿心目中的形象，让家长和幼儿的关系变得被动、紧张。因此，幼儿园采用教育管理体验活动，引导家长站在幼儿的角度进行体验，从而使其感知家庭教育中存在的问题，并及时调整管理方法和策略，让家长和幼儿的关系更为亲密、和谐。

假如我听到这些话

近阶段，总有孩子跟老师发牢骚，说家长逼着他们学这个、做那个，做不好的时候就会挨批评，甚至责骂。通过与家长的交流，老师也发现，很多家长觉得了解自己的孩子，知道孩子需要什么，但有时候教育起来却发现力不从心，有时候也感觉自己的教育方法有问题。于是，老师组织家长进行了小的体验活动：请家长把平时批评孩子和表扬孩子的话分别写出来，让家长把眼睛蒙起来，想象自己是个孩子，听到批评的话时感触是什么？听到有效的表扬的话时又有什么感觉？对孩子进行教育，怎样的话语更加有效？

通过活动，家长感受到了负面语言对于孩子心理的伤害，而这些负面语言正是家长平时不经意间所流露的语言。因此家长感触都非常深，在平时说话时也会尽量避免用这些对孩子发展不利的语言。

（案例作者：北京市大兴区第二幼儿园　郭青）

3. 课程体验活动，聚焦幼儿成长，实现科学衔接

科学的幼小衔接，能帮助幼儿在入学后尽快摆脱幼儿园时段对教师和家长产生的依赖性，使幼儿从心理、能力、社会性等方面快速适应小学的学习生活模式。幼儿园通过课程体验活动，引导家长同幼儿一起参与课程实施的全过程，在教师的引导下追随幼儿的兴趣点进行课程内容的推进，让家长和幼儿一起挖掘课程内涵，帮助幼儿丰富课程知识、提炼经验，从而使家长更加明确幼儿园课程开展对幼儿发展的意义。

课程体验，与孩子共成长

在幼儿园课程实施过程中，为了让家长更明确课程体系带给幼儿成长的意义，幼儿园通过组织家长体验日，让家长跟随教师及幼儿的视角一起探索、游戏。

孩子们进入大班后，离小学生活就更近了一步。幼小衔接，成为幼儿园和家长们热议的话题。幼小衔接，到底要衔接什么呢？幼儿园实施的教育与家长心目中孩子们需要掌握的知识到底哪个更重要？幼儿园和老师帮助孩子们做了哪些必要而有益的入学准备了呢？家长体验日里，家长跟随孩子们一起参与小学生活的讨论，谈论着距离他们很近却很陌生的小学生活。孩子们有序地举手回答问题，对脑海中小学的生活侃侃而谈。老师通过引导激发孩子们对小学生活的期望，让孩子们和家长一起写下"时空胶囊"静待毕业，引导孩子们组建"情绪联合国"，一起商量如何控制自己的情绪，如何更好地与同伴交往，讨论并设计班级公约……一系列的活动，让家长见证了幼儿园幼小衔接的独特视角和对孩子们全面发展的巨大意义。家长也因此发现，他们所认为的衔接只是片面的、单纯的知识层面的，而幼儿园是在全方位、科学系统的引导中进行有效的幼小衔接。

（案例作者：北京市大兴区第二幼儿园　冯文骁）

家长体验日是实现家园共育的一种重要的形式，家长通过自身的切身体验来感受教育行为带给幼儿的影响，从而促使其主动调整家庭教育模式，给予幼儿发展的时间和空间，相信幼儿是有能力的学习者，不再催促和拔苗助长中"反助力"幼儿成长。这一活动能让家长不仅知其然，更知其所

以然。

　　教育是一种双向互动,既体现在教师与幼儿间,同样体现在家长与幼儿间、教师与家长间,这样的双向互动,能让互动双方保持开放、自由、包容的态度。① 互动式家园工作的开展不仅拉近了家长与孩子们之间的距离,更是在与教师的互动中深入了解了幼儿园的教育理念。活动过程中家长与教师为了孩子一次次碰撞出教育的火花,为了孩子更好地发展献计献策,家长们在付出时间与精力的同时,更加明确了家长在幼儿教育中所肩负的责任。同时,参与的家长自己也是受益者,在磨合的过程当中,幼儿园的教育理念被家长所认同,家园配合变得更加默契,家长和教师充分交流、相互学习,双方共同成长进步,从而更好促进幼儿的有效学习。

---

　　① 吴芳.构建和谐家园关系,发展完美教育形态[J].家教世界,2020(30):49-50.

参考文献

[1][丹]伊列雷斯.我们如何学习：全视角学习理论[M].孙玫璐，译.北京：教育科学出版社，2010.

[2]王丹丹.幼儿园主题活动中环境创设的研究——以大班主题活动"我们的城市"为例[J].安徽教育科研，2020(6)：12，68-69.

[3]杨晓莉.关于幼儿园主题墙环境创设的思考[J].考试周刊，2020(93)：161-162.

[4]张海豫.自主游戏中教师观察分析的要领[J].今日教育（幼教金刊），2021(10)：6-9.

[5]孙晶晶.教师支持幼儿深度学习的路径、特征与影响因素的研究——基于沈阳市 S 幼儿园主题活动的个案[D].沈阳：沈阳师范大学，2020.

[6]李季湄，冯晓霞.《3～6 岁儿童学习与发展指南》解读[M].北京：人民教育出版社，2013.

[7][美]贾尼斯·斯特拉瑟(Janis Strasser)，[美]莉萨·穆夫森·布雷森(Lisa Mufson Bresson).小脑袋，大问题——促进幼儿深度学习的高水平提问[M].孟晨，译.北京：中国轻工业出版社，2019.

[8]黄瑁.在生活活动中识别与支持幼儿的学习品质[J].教师，2021(23)：73-74.

[9]杨丽芳.在生活活动中培养幼儿良好学习品质的支持策略研究——以福建省莆田市城厢区第一实验幼儿园为例[J].教师，2022(17)：84-86.

[10]刘哲雨，周继慧，周加仙.教育神经科学视角下促进心流体验的智慧教学活动设计[J].现代教育技术，2022，32(7)：14-21.

[11]何珊珊.幼儿园区域活动分享环节教师提问及反馈的观察研究[J].教育观察，2022，11(33)：45-49.

[12]唐利平.幼儿园生成课程的内涵与建构——以贵州省适应性课程为例[J].学前教育研究，2013(12)：38-40.

[13]邹慧敏.幼儿园自主运动区域的创设与利用[J].学前教育研究，

2015(8)：67-69.

　　[14][英]东尼·博赞（Buzan，T.），[英]巴利·博赞（Buzan，B.）. 思维导图[M]. 卜煜婷，译. 北京：化学工业出版社，2015.

　　[15]张艳霞. 使用思维导图支持探究性学习的教学案例研究[D]. 北京：首都师范大学，2012.

　　[16]Clark，A.. How to listen to very young children：the mosaic approach[J]. Child Care in Practice，2001，7(4)：333-341.

　　[17]Clark，A.. Views from inside the shed：young children's perspectives of the outdoor environment[J]. Education 3-13，2007，35（4）：349-363.

　　[18]李敏谊，秦思语，李峰. 支持儿童参与，提升幼儿园教育质量——马赛克方法中国化的理论与实践探索[J]. 学前教育，2022（1）：16-20.

　　[19]Skrobot，C.. Using the mosaic approach to inform action research：implementation of playscape features in an urban family child care program[D]. Newark：Vniv. of Delaware，2016.

　　[20]李晓文. 幼儿视野中的区域活动——基于马赛克研究方法[D]. 南京：南京师范大学，2017.

　　[21]段兰兰. 从儿童视角审视幼儿园班级区域环境——马赛克方法的实践[D]. 上海：上海师范大学，2018.

　　[22]洪文元. 基于儿童视角的美工区研究[D]. 南京：南京师范大学，2017.

　　[23]姜辉. 基于儿童视角的幼儿园中班室内科学活动区创设研究[D]. 武汉：华中师范大学，2019.

　　[24]胡娜. 3—6岁幼儿区域活动中合作行为研究[D]. 南宁：南宁师范大学，2019.

　　[25]李玉侠，杨香香，张焕荣. 幼儿园教育评价[M]. 北京：北京师范大学出版社，2017.

　　[26]毛海燕. 幼儿园教育多元化评价的建构[J]. 学前教育研究，2008（9）：66-67.

　　[27]佘玮. 教师使用高瞻学前儿童发展评价工具的现状研究——以四川四所幼儿园为例[D]. 成都：四川师范大学，2018.

　　[28]穆子璇. 大班幼儿参与自身发展评价的行动研究[D]. 上海：上海师范大学，2020.

[29][英]安妮·伍兹(Annie Woods)，等. 儿童发起的游戏和学习——为无限的可能性而规划[M]. 叶小红，译. 北京：中国轻工业出版社，2020.

[30]叶小红. 小主人议事厅：支持儿童参与评价[N]. 中国教育报. 2018-11-18(3).

[31][美]安. S. 爱泼斯坦(Ann S. Epstein). 学前教育中的主动学习精要——认识高瞻课程模式[M]. 霍力岩，等，译. 2版. 北京：教育科学出版社，2019.

[32][英]艾莉森. 克拉克(Alison Clark). 倾听幼儿——马赛克方法[M]. 刘宇，译. 北京：中国轻工业出版社，2020.

[33][美]尼尔森. 一周又一周——儿童发展记录[M]. 叶平枝，等，译. 北京：人民教育出版社，2011.

[34]黄珊. 幼儿发展性评价手册[M]. 北京：北京师范大学出版社，2020.

[35]闫灵麟. 幼儿园的家园共育研究——以禅城区为例[D]. 武汉：华中师范大学，2012.

[36]朱丽君. 幼儿园家园共育的积极互动策略研究——以森林幼儿园为例[D]. 上海：上海师范大学，2017.

[37][意]蒙台梭利(Montessori，M.). 童年的秘密[M]. 马荣根，译. 北京：人民教育出版社，1990.